华东政法大学“65芳华”校庆系列丛书
2017年 · 华东政法大学博士精品文库

经济违法犯罪法律责任立法一体化研究

郑旭江　著

法律出版社
LAW PRESS · CHINA

总　序

我们组织“华政博士精品文库”丛书，每年遴选若干部优秀博士学位论文出版，以期助推博士生学术发展，鼓励博士生精心治学。我们希望“华政博士精品文库”能够像一川清流，如一缕烛光，展现新时期学术青年的深思与创造，为我国的法学研究和法治实践事业注入自己的理想与力量！可以这样说，文库的每一本著作都满含着博士们的追求、志向与期望。这种志气和期望，体现着青年学子对我们国家法治建设的期许和信心，是博士们品德修养和科研底蕴的展现。他们将这种底蕴和情怀幻化为一种博大的向往，包含着对法治和真理的不懈追求，并将其内化为一种既定的生活方式。正如彼得·德恩里科所说，“每个人都有一个博大的襟怀：通过法治来构建并维系一个和谐社会，通过彼此努力和共同参与来解决社会冲突。这不仅是我们的襟怀，也是我们寻求的生活方式”。

——摘自《2014 年·华东政法大学博士精品文库》总序

序　言

郑旭江博士的学位论文《经济违法犯罪法律责任立法一体化研究》，经过补充修改和润色，不啻是锦上添花，现在作为专著出版了，真是可喜可贺。郑君嘱我为其著作作序，真是荣耀之至。于是在此不揣陋识，欣然应命提笔击键，言至笔端键盘直抒心意，以为快事。

经济犯罪和经济刑法是当前我国刑法学界一直予以高度关注的重要领域。在我国社会经济规模和经济质量高速发展的今天，经济领域的违法犯罪行为也花样百出、层出不穷、屡禁不止。对于日益严重和高发的经济犯罪而言，除了刑法理论不断研究其新的犯罪形式和内容，司法实践不断处置其具体的定罪和量刑外，在经济犯罪的立法模式上是否需要不断更新我们的观念，作出各种大胆的理论设想，也已经为众多的刑法学者所关注。其实从本质上讲，经济犯罪立法模式所要研究的是以何种方式建立经济犯罪的责任体系，已有刑法学者也提出了众多的立法模式方案。在这众多的立法模式建议中，郑旭江博士以其独有的慧眼和钻研精神，在总结了经济犯罪的属性和特点、梳理了经济犯罪立法模式的理论基础、考察了我国古代经济犯罪的立法模式、比较了中外具有代表性国家的立法模式、揭示了当前我国经济犯罪立法模式存在的问题并进行了反思后，提出了经济违法犯罪法律责任应当实行立法一体化作为我国未来经济犯罪立法的主要模式。郑旭江博士的这一理论观点和研究成果是建立在坚实的理论基础之上的。本书的全部理论从自然犯和法定犯的演变过程作为逻辑起点，指出了法定犯具有不固定性的特点；又从法定犯与行政犯的名称区分、自然犯与行政犯的范畴确立，指出了经济犯罪不过是行政犯和法定犯的结合体，所以在刑事立法上应当采取与一般的自然犯不同的立法模式。并且，郑旭江博士更进一步分析了经济犯罪具有的人与自然、人与物、人与人（恩格斯说过：经济关系说到底是人与人的关系）的复杂关系，认为只有通过经济违法犯罪责任一体化的立法模式，才能将复杂的法律责任放在一个既为刑事立法者所涵摄，又为刑事司法者所统览的视野中做整体性的考虑和处置。无疑，这一理论研究成果和立法建议具有重大的理论价值和实践意义。作为其著作的作序者，也情不自禁为这一理论成果和立法建议鼓与呼。

古人云，“法者，天下之准绳也”，“律者，所以定分止争也”。在依法治国的今天，“法律”二字是人们耳熟能详的高频词汇，也是法律专业人士生活处世的信仰观念。从 1997 年刑法典正式确立“罪刑法定”原则算起，我们是否已经如愿地生活在了“法治国”的理想世界？那些“无形却有质”的法律规范是否能够有效指导我们去面对这个不断变迁的社会？当这些问题时时盘桓在心脑之际时，我们有必要、有责任去审视我们所处的“法律帝国”，它的砖石是否牢固，它的结构是否合理，而它的生命力又是否能够历经风雨？

作为研究犯罪与刑罚的古老学科，刑法学一向被人认为是最精密的法学学科。但是在日新月异的当今时代，我们不得不承认刑法学面临着巨大的挑战。今天的中国不仅是经济全球化的参与者，也是经济全球化的推动者。我们开着德国人的汽车，戴着瑞士人的手表，看着美国人的电影，也将我们中国自己的产品和技术销往远方。这些经济行为的背后镶嵌着专利、商标和著作权等法律权利,也暗含着经济违法甚至犯罪的内在动因。今天的中国从农业社会到工业社会再到金融社会,我们的生活离不开保险、银行甚至支付宝,庞杂的金融体系和繁复的金融法规也给了“有心人”可乘之机。各种金融违法犯罪的行为也许只是伪造一份文件或点击一下鼠标,但其造成的社会危害性却令人胆战心惊、不寒而栗。今天的中国不但是金融社会,而且是一个风险社会。德国社会学家乌尔里希·贝克(Ulrich Beck)早在1986年《风险社会》、1999年《世界风险社会》、2000年《风险社会理论修正》等书中就力图告诉公众:人类生活在自己创造的,由工业文明而引起的风险社会及其社会风险之中。英国社会学家安东尼·吉登斯(Anthony Giddens)在1990年的《现代性的后果》一书中就认为:“生态灾难、不可遏制的人口爆炸、全球经济交流的崩溃以及其他潜在的全球性灾难,为我们每个人勾画出了风险社会的一幅令人不安的危险前景。”面对人类社会发展有时的“失控”态势,已有不少的学者显得忧心忡忡,悲观有时也是一种远见。罗马俱乐部提出了社会“增长的极限”,弗朗西斯·福山(Francis Fukuyama)发表了一个有关“大分裂”的预言,而塞缪尔·亨廷顿(Samuel P. Huntington)揭示了“文明的冲突”。在这些展望面前,我们也不得不承认中国社会的某些风险的确在增长和积聚。片面追求GDP的增长导致了生态环境的日益破坏,空气、水源、土壤等我们赖以生存的自然资源正面临枯竭的风险。《刑法修正案(八)》从重大环境污染事故罪到污染环境罪的改变也昭示着环境刑法领域立法原则和规制手段的变迁。如果说自然犯在现代社会的变化是“旧瓶子里装新酒”,那么兼有行政犯和法定犯特征的经济犯罪在今天的中国社会则面临着其前置性法律、法规与时俱进的变化和增删,随之而来的则是犯罪构成要件层面的“改头换面”和构成要件内容的“增加缩减”。资本的力量加上发达的资讯,再乘以商业的社会,共同铸就了现代人对经济利益的执著追求和不灭“信仰”。“金钱永不眠”,犯罪永不止!现代的刑法学又该如何去应对千变万化的经济犯罪?

亚里士多德曾智慧地指出:“法治应该包含两重含义,即已成立的法律获得普遍的服从，而大家所服从的法律又应该是本身制定得良好的法律。”我们曾经认为，“天下大事，不难于立法，而难以法之必行”。“徒善不足以为政，徒法不足以自行”的道理深入人心。如今回头看来，“难以法之必行”的原因除了“人”的因素之外，是否还应该反思“法”本身的问题？当我们的法律规范发展到一定的程度，数量的积累除了增加法律规范的广泛性之外，是否还能提高法律规范的有效性？由此更进一步反思我们的立法体系和立法模式是否能在结构上做出更好的调整？

在国内外求学期间，郑旭江博士见识到了不同法治传统和立法体系下生长出的不同立法模式，刑法典、单行刑法、附属刑法、专门立法等种种法律法规的位置和比例，构成了世界各国不同的经济犯罪防治体系。刑法典模式具有稳定性和系统性，但也意味着滞后性和含糊性。单行刑法型模式能够适应经济犯罪领域的规则需求，但是也因此缺乏体系性的制度安排。附属刑法型模式是从违法到犯罪的“桥梁”，但是我国的附属刑法规定过于简陋，难以有效确定具体罪名的罪刑规定。刑法修正案模式是我国当下最主流的立法修改模式，但是也容易破坏刑法的稳定性。在进行了种种分析之后，郑旭江博士主张建立经济违法犯罪法律责任立法的一体化。它意味着我们要将典型行政犯的罪刑规定迁移到经济领域的相应前置性法律法规当中，而刑法典依然保留自然犯和非经典的行政犯的罪刑规范。这种主张的产生并非“语不惊人死不休”式的异想天开，而是基于自然犯与行政犯范畴在立法中的不同体现，基于对我国经济犯罪立法模式的历史考察，基于对经济犯罪立法模式的中外比较以及对我国经济犯罪立法模式的问题总结和积极反思。可以预料，这种经济犯罪法律责任立法模式的理论探索也许会引起理论的争鸣，但这种可能的理论争鸣又必然促进经济犯罪立法的合理性和科学化。作序者深知，一本学术专著的观点无法得到所有人的认同，但只要能够为我国刑法理论的繁荣添砖加瓦就值得点赞，尽管本书中所提出的问题也许比已经解决的问题要来得多。

当此时作序者借机再作深思，人类对于世界的认识、思考和探索应该是永不满足的，无止境的反思、批判和超越精神应该是学者应有的本性。郑旭江博士以“求知者当不断探索”作为座右铭激励自己，并以此为动力写就此书，其情可嘉，其书也足可一读。作为郑旭江博士的导师，直抒心意，化为字句，是为序。

杨兴培

2017 年 6 月 12 日于华东政法大学

目录

导　论

英国著名哲学家大卫·休谟曾在《人性论》中写道:“在我遇到的每一个道德体系中,我一向注意到,作者在一个时期中是照着平常推理方式进行的,可是突然之间,我却大吃一惊地发现,我所遇到的不再是命题中通常的‘是’与‘不是’等联系词,而是没有一个命题不是由一个‘应该’或一个‘不应该’联系起来的。”[1]这种感觉在我阅读和研究经济犯罪相关法律规范的时候,也时常闪过心头。学者们在阐释自身关于经济犯罪立法模式的时候,自然会尽力列出他们认可的论据。这些论据具有说服力,但是,在众多论据背后却往往缺乏一以贯之的逻辑和思想,比如相同的事实在不同的人眼中,不同的事实在同一个人眼中会得出不同的结论,某些立法模式的优势也可能成为另外一个角度意义上的缺陷,于是我们在判断一种立法模式是否符合我国的现状和趋势时就会遇到事实和价值上

〔1〕［英］休谟:《人性论》,关文运译,商务印书馆1980年版,第509页。

的障碍。换言之,我们在立法模式的选择上容易依赖于“应该”或“不应该”的价值判断,而多少忽视了“是”或“不是”的事实判断。在事实判断与价值判断之间,我们需要用系统的论证去填平两者之间不可逾越的“鸿沟”。

一、研究价值

必须承认,经济犯罪立法模式的研究并不是一个轻松的研究题目。一方面,如下文将要展现的,已经有不少学者对不同的立法模式做过介绍和评价;另一方面,立法模式的选择本身是一个立足于事实判断的价值判断,属于基础性和宏观性的研究对象。要想得出具备说服力的结论,势必要进行理论基础的建设,立法模式的历史考察,立法模式的域外比较,立法模式的现状和反思,研究所涉及的范围和主题将会十分宽广,所探讨的事实判断和价值判断必有“前见”上的分歧。但是,选择何种立法模式来规制经济犯罪实在是一个关系重大的选择。它未必会对每一个社会个体产生直接的作用,但却会对我国经济犯罪的理论研究、立法形式和司法实践产生深远的影响。

第一,研究经济犯罪立法模式有助于我们站在研究者的维度去总结经济违法犯罪行为治理的社会经验,从而在宏观上归纳各种立法模式所具备的优势和缺陷。通过在时间和空间上对古今中外经济犯罪立法模式的梳理和比对,我们能够确信每种立法模式相应具有的特点。比如刑法典模式具备系统性、完备性和稳定性的优势,但是这种优势会随着现实情况的发展产生变化。系统性意味着要保证系统内外各要素之间的协调,但是对于经济犯罪而言,刑法典内部关于经济犯罪的规定和刑法典外部关于经济违法犯罪的规定都产生了破坏系统性的失调性。完备性意味着刑法典要“近取诸身,远取诸物”,纳森罗万象于一法典之中,势必造成刑法典本身不可避免的膨胀性。稳定性意味着刑法典要在相当长的一段时间当中保持刑事法律规范的安定以使民众形成稳定的预期,但是经济违法犯罪行为的千变万化必然导致刑法典模式的变动性。这些优缺的总结和转化要求我们要对此做更加深入的剖析,在利弊分析当中探查哪些缺陷具有不可克服性,哪些优势具有长久效益性,从而建立经济犯罪立法模式的取舍标准。

第二,研究经济犯罪立法模式有助于我们站在立法者的高度去把握经济违法犯罪行为的预防和惩治,从而在中观上确立针对特定犯罪类型的立法策略。刑法学界对于经济犯罪的研究方兴未艾,但是大多只在经济犯罪具体问题上做集中的分析。这种具体问题的具体分析让我们在专业上形成研究上的纵深,但是却无法获取"统揽全局"的视野。作为经济失范行为的不同种类,经济违法和经济犯罪的界限和衔接不仅需要刑法教义学意义上的解释,更有赖于刑事立法机制意义上的研究。与自然科学不同的是,法学作为社会科学的一员无法在实验室中模拟立法模式的适用条件和发展结果,我们需要在观察、归纳、演绎、比较和总结的过程中去权衡人类社会面对经济违法和经济犯罪而形成的不同立法模式。采取何种方式对经济违法和经济犯罪进行何种程度的治理是刑事立法科学需要重点研究的课题,经济违法犯罪法律责任立法一体化就是这种刑事立法学所开出的"一剂药方",所要针对的则是当前经济违法犯罪治理中产生的"病症"。

第三,研究经济犯罪立法模式有助于我们站在司法者的角度去思考经济违法犯罪的司法实践,从而在微观上推动定罪量刑中罪与非罪、此罪与彼罪的法律适用。长久以来,面对司法实践中经济违法犯罪行为认定的疑难问题,我们往往借助于犯罪构成理论、法条竞合理论、解释学理论等理论资源来加以解决。法律作为既定的规则,以有限之条文而应对无穷之情状,则必生借助理论之需求。但是,在经济违法犯罪行为认定的大量疑难案件当中,我们可以发现疑难之所以产生的主要缘由之一在于刑事法律规范在经济违法犯罪领域的不足。这种不足体现在经济犯罪定罪量刑的整体刑事法律规范与前置性法律法规之间存在疏漏、重叠或矛盾之处。在社会主义法治建设的进程中,法治最重要的条件或者说特点可以归纳为"良法"和"善治"。经济违法犯罪法律责任立法一体化的研究就是希望能够以一种新的思路构建一种新的立法模式,从而缔造经济违法犯罪防治领域的"良法",如此才能和"善治"相辅相成地保障经济秩序和社会秩序的平稳有序。

二、研究现状

我国刑法学界对现有经济犯罪立法模式的研究具有一定基础，但是缺乏系统深入的分析。在专著方面，我国目前并没有专门论述经济犯罪刑事立法模式的作品，与此较为相关的专著主要有杨兴培和李翔教授的《经济犯罪和经济刑法研究》（北京大学出版社 2009 年版）、王世洲教授的《德国经济犯罪与经济刑法研究》（北京大学出版社 1999 年版）、顾肖荣教授的《经济刑法总论比较研究》（上海社会科学院出版社 2008 年版）、周密教授主编的《美国经济犯罪和经济刑法研究》（北京大学出版社 1993 年版）。除此之外，也有不少学者在具体类罪的论述中也会讨论宏观的立法模式问题，比如刘宪权教授的《金融犯罪刑法学新论》（上海人民出版社 2014 年版）、赵秉志教授的《环境犯罪及其立法完善研究——从比较法的角度》（北京师范大学出版社 2011 年版）、孙南申教授的《美国知识产权法律制度研究》（法律出版社 2012 年版）。

在论文方面，我国法学界对于立法模式的探讨主要集中于各种立法模式的利弊分析，并简要表达了各自的立场。中国人民大学肖中华教授采“刑法典和单行刑法说”，认为经济犯罪采取何种立法模式应当立足于本国立法体制机制的现实，顺应国民的犯罪观念，尊重立法技术的合理性，考虑司法适用的便捷，因而我国今后仍应积极采取单行刑法的方式来规定经济犯罪，但要以刑法典集中规定为最终目标。[2] 华东政法大学游伟教授主张“刑法典和附属刑法说”，认为经济犯罪立法模式的选择要根据经济犯罪的特点并做通盘设计，以附属刑法规定为主、刑法典规定为辅的“双轨制”经济犯罪立法模式较为妥当。其使附属刑法规范成为刑法调控经济的主导，辅之以将某些行为方式相对稳定且典型的经济犯罪规定在刑法典之中，更能兼顾集中性和分散性立法

〔2〕 参见肖中华：《集中是发展方向　散在为存在形态——论经济犯罪立法模式之抉择》，载《法治研究》2010 年第 5 期。

模式的优势。[3] 山东大学刘军教授采"经济刑法典说",认为统一刑法典的立法模式有利于彰显刑罚威慑效应,吓阻社会潜在之犯罪人;而附属刑法的模式有助于国民形成统一的守法意识,防止人为地割断行政法与刑法的内在关联,因此各有利弊难以取舍。兼顾两者的立法模式便是设立独立的经济刑法典,既可发挥刑法典一般预防的效果,同时又保有附属刑法立法灵活的特性,有助于全景式地看待经济犯罪,立体式地安排刑事政策,并最终实现社会福利的最大化。[4] 以上都是改变现有经济犯罪立法模式的观点,也存有坚持刑法典模式的学者,比如北京师范大学博士后王利宾副教授采"刑法典说",认为虽然在国内外,经济犯罪立法模式不乏同时采用刑法典、附属刑法和单行刑法的形式,但在我国,关于经济犯罪的实体性内容即经济犯罪的罪状和刑罚不宜分散于附属刑法或单行刑法之中,而应坚持刑法典集中规定的立法模式。[5] 国外对于刑法典立法模式和判例法制度的反思也在进行,比如有美国学者认为,20 世纪 60 年代和 70 年代的法典化运动后,美国有 3/4 的州采用了以模范刑法典(MPC)为基础的组织与结构模式。这些美国现代刑法典具有综合性、有序性和原则性的特征,但是各种法条重叠问题使得美国各州刑法法条数量发生 7 倍乃至 8 倍的膨胀,却并未产生多少实质意义上的犯罪化改变,更多的是带来法条适用的矛盾性和不确定性。在未来的几十年,各州将会像 20 世纪 60 年代和 70 年代的法典化浪潮一样,再次努力对刑法典进行改革。[6] 也有学者认为,美国自 20 世纪的法典化运动后,刑法典就处于发展凝滞的状态,甚至出现了某种程度上的退化。立法者基于政治动因创造的大量罪名破坏

〔3〕 参见游伟:《经济犯罪立法模式新论》,载《检察日报》2010 年 2 月 5 日,第 003 版。

〔4〕 参见刘军:《我国经济犯罪的立法模式探析》,载《河南省政法管理干部学院学报》2008 年第 5 期。

〔5〕 参见王利宾:《经济犯罪规范化防控研究》,载《刑法论丛》2011 年第 4 卷,第 447 页。

〔6〕 Robinson P. H. ,"The Rise and Fall and Resurrection of American Criminal Codes", Public Law Research Paper, 2014, pp. 14 – 38.

了刑法典本身的体系性和稳定性,而与20世纪50年代立法者所面临的立法任务不同的是,改正现存问题的方案不再是如何扩大立法,而是慎重立法。[7] 总体来说,各个学者都站在自身立场,有选择地论证各种立法模式的优势和劣势,但却没有全面地去深究决定立法模式是否适合一个国家的所有主要要素,因此需要系统性地探讨选择我国立法模式的各项理由,从而建立一个坚实的立法基础。

三、研究方法

研究方法属于法学方法论的范畴,面对不同的研究主题应该挑选不同的研究方法,只有适合的方法才是最好的方法。本书拟通过以下几种研究方法进行分析论证:

一是理论模型构造的方法。若要研究经济犯罪立法模式,那么自然犯和法定犯的理论,行政犯和行政刑法的理论以及立法学的理论都是难以回避的理论主题。通过对自然犯与法定犯,刑事犯与警察犯,警察犯与行政犯各个范畴的梳理,可以发现立法体例安排和犯罪分类理论之间的互动关系,在此基础之上,从刑法学的角度出发建立了自然犯与行政犯的全新范畴,并深入剖析了自然犯与行政犯理论的运用对经济犯罪立法的重要意义。

二是历史研究的方法。只有在足够长度的时光刻度下,我们才能够观察到立法模式的变更轨迹和演变规律。通过历史学的角度重新梳理和总结我国经济犯罪立法的轮廓、特色和规律,我们可以由此获得我国古代在当时社会背景下应对经济违法犯罪所用立法策略的经验,从而为我国当代经济犯罪立法提供理论上的支持。

三是比较法学的方法。在全球化的时代,世界各国的经济以前所未有的方式相互联结,并产生一定意义上的普适性,这意味着我们对大陆法系和英美法系代表国家的经济犯罪立法模式的分析能够为我们带来另一个维度的参考。两大法系的经济犯罪立法模式足以让我们以更

---

[7] Robinson P. H., "Cahill M. T. Accelerating Degradation of American Criminal Codes", Hastings LJ, 2004, p. 633.

加客观和更具前瞻性的视野对我国未来的经济犯罪立法模式进行“顶层设计”。

四是实证研究的方法。在攻读博士期间赶赴美国和加拿大进行访学和交流，通过对立法部门、司法部门和理论界若干专业人士的访谈，获取当代美国和加拿大刑事法学界对经济犯罪立法模式的思考和态度，有助于更好地理解经济犯罪立法模式所遭遇到的问题和所具备的方案，为我国经济犯罪立法模式的研究提供借鉴。

五是情景分析的方法。立法本质上是立法机关在社会现实和过往经验的基础上，运用立法技术对未来情景的“预测”性规制，经济违法犯罪的可能情景难以穷尽，但在类型化思维的指导下，基于案例的总结和学术的归纳，我们可以在最大程度上抽象出相关的立法模式与法律规范。

第一章　经济违法犯罪法律责任立法一体化的提出和构思

第一节　经济犯罪的概念和特点

一、经济犯罪的定义

刑法以研究犯罪与刑罚为己任,而犯罪,正如其他社会现象一样,是整个社会机体的"症状",势必随着社会经济、政治、科技、文化等变动而发生相应变化。经济犯罪的讨论研究也正是顺应犯罪预防和惩罚的实践需要而产生的。何为经济犯罪?顾名思义,经济犯罪是和经济领域和经济利益相关的犯罪。作为一种特殊的犯罪类型,它在一开始并非是一个严格的法律概念,因而刑事法学领域中的经济犯罪定义也充满争议。

英美法系国家通常将经济犯罪译为以下几种英文:Business Crime, Commercial Crime 或 Economic Crime,但内涵又略有差别。例如,Business 法律含义是指"为获取财富或谋生而从事的职业、行业、专业或者商业的活动”;[1] Commercial Crime 是指侵犯商业机构财产和收益的犯罪,包括侵占罪、伪造货币罪、伪造文书罪、勒索罪等;Economic Crime 的含义是指为获取经济收益或职业利益的一种智力型犯罪。[2] 作为刑事法学的概念,经济犯罪由英国学者希尔(E. C. Hill)率先提出。在 1872 年英国伦敦举行的预防与抵制犯罪的国际会议上,他以《犯罪的资本家》为题发表演讲,提出了经济犯罪的概念并指出惩罚经济犯罪的必要性。[3] 在美国,经济犯罪曾有一个更为普遍的名称——白领犯罪(White-collar Crime)。1939 年,美国著名犯罪学家萨瑟兰(H. E. Sutherland)在一次社会学学会的年会上首次提出了“白领犯罪”的概念,标志着美国经济犯罪研究的开始。他在 1949 年的代表作《白领犯罪》中认为,白领犯罪可以定义为一种由具有体面社会地位和很高社会身份的人,在职业活动过程中所实施的犯罪行为。这种犯罪通常采用欺诈方法,侵害的是基于职业准则和较高社会地位而存在的委托信任关系。[4] 虽然萨氏对白领犯罪的研究证明了犯罪并不总是与贫困相伴,也并非总与那些贫困导致的社会反常状态以及个人的病例状态有关,但是概念中对主体身份的强调具有明显限定犯罪主体的作用。20 世纪 70 年代后,由于经济犯罪问题日益为社会所关注,白领犯罪的研究始终在不断发展,这也为立法活动提供了良好的理论基础。1979 年,美国国会在《改进司法体系管理法》(The Justice System Administration Improvement Act)中首次提供了白领犯罪的官方定义,主张白领犯罪是一种或一系列通过非体力手段,采用隐蔽方法或诡计,以便非法避免付出或损失财物或非法取得财物,或非法获取经济利益的行为。[5] 1980 年,美国总检察长西维莱提(Benjamin R. Civilet-

---

〔1〕 Bryan A. Garner, Black's Law Dictionary, west press, 2009, p. 226.

〔2〕 Bryan A. Garner, Black's Law Dictionary, west press, 2009, p. 427.

〔3〕 杨兴培、李翔:《经济犯罪和经济刑法研究》,北京大学出版社 2009 年版,第 3 页。

〔4〕 参见[美]萨瑟兰:《白领犯罪》,纽约 Drydon 出版社 1949 年版,第 2 页。

〔5〕 周密主编:《美国经济犯罪和经济刑法研究》,北京大学出版社 1993 年版,第 21 ~ 22 页。

ti)根据美国现实的国情宣布:对经济犯罪的调查和指控,司法部将优先考虑。优先考虑的犯罪主要有税收欺诈、取得欺诈、银行欺诈、保险欺诈、破产欺诈、侵害消费者利益、侵害投资者利益、侵害雇员利益以及影响公共健康与安全的犯罪等。[6] 经济领域中的犯罪现象随着经济的发展已日渐呈现扩大和复杂的趋势。相应地,诞生于1939年的"白领犯罪"概念也没有停滞不前,FBI(Federal Bureau of Investigation)官网就认为白领犯罪是由商业和政府部门专业人士通过欺骗所造成的一系列犯罪,包括但不限于银行诈骗、公司诈骗、金融机构诈骗、保险诈骗、操纵市场诈骗、洗钱犯罪、担保诈骗和证券诈骗等。[7]

大陆法系对经济犯罪的定义也没有形成共识。除了萨氏传统的犯罪学定义外,德国刑事法学界更倾向从"法益"角度来定义经济犯罪。科特·林德曼(Curt Lindemann)最先提出经济犯罪是对经济生活的超个人法益的侵害,也成了目前德国刑事法学界最有影响力的定义。德国犯罪学词典所用的就是这个定义,即"经济犯罪是指在经济生活中完成的追求经济利益的犯罪,这种犯罪造成了经济生活中超个人法益的损害或者采取了滥用经济生活的工具"。[8] "超个人法益"说强调的经济犯罪不仅对个人利益,也对社会性的整体经济秩序即超个人利益造成侵害,是立足于德国法益理论而提出的理论改良。与传统的侵财犯罪不同,在日益复杂的经济领域中出现了根据传统刑事法律难以归类的法律利益。如德国在20世纪30年代初的经济危机之后,建立了对信贷机构进行国家集中监督的制度,德国最高法院的民事决定就是把这种信贷监管体现的对超个人利益的保护机制扩展到保护信贷提

[6] 周密主编:《美国经济犯罪和经济刑法研究》,北京大学出版社1993年版,第9页。

[7] 参见FBI官方网站:https://www.fbi.gov/about-us/investigate/white_collar,最后访问日期:2015年12月30日。

[8] 参见王世洲:《德国经济犯罪与经济刑法研究》,北京大学出版社1999年版,第4页。

供人与接受人的个人利益层面。[9] 但是,“就刑事立法而言,刑法的本质在于保护一定的社会利益、社会制度和社会秩序;就刑事司法而言,犯罪的本质在于刑事违法性”,“法益理论只是用来解释立法依据的一种理论性表达和一种体现刑法价值的标记性符号……本身并不是一种事实,也不能成为特定的规范内容”。[10] 具体来说,整体经济秩序和个人经济利益是整体和部分的关系。可以说,每一种对个人经济利益的侵害必然会直接或间接地危害或影响整体的经济秩序;反之亦然。“超个人法益”的抽象概念一方面容易扩大经济犯罪的外延,将对整体经济秩序的危害行为都纳入经济犯罪;另一方面也因超个人法益本身的界定并未达成一致,无法排除针对个人实施的特定侵财犯罪,而导致建立在“超个人法益”理论基础上的经济犯罪定义处于变动之中。德国刑法学界对“超个人法益”的不同认识导致了“法益”内容宽窄的区别,因而形成了经济犯罪的广义概念和狭义概念。狭义的经济犯罪就是触犯以保护整体经济为目的,或者以保护整体经济的重要部门与机构为目的的各种刑事法律规定的行为。这个概念从“超个人法益”入手将对整体经济秩序的侵害作为经济犯罪的特征,从而与传统财产犯罪相区别。广义的经济犯罪概念在德国并未取得一致的意见。若经济刑法是指涉及经济过程的刑法规定的总和,刑法典里关于财产和所有权的规定,附属刑法中跟经济相关的刑法规定就都是经济刑法的领域,那么对这些规定的违反并符合刑法惩罚条件的行为都是经济犯罪。[11] 在日本,经济犯罪的概念也难以统一,其概念常常通过以下不同的层次加以表现:第一,经济犯罪是指违反反垄断法以及以保护自由市场竞争秩序为前提的相关法规的行为。第二,经济犯罪是指违反规制一定经

---

〔9〕 参见王世洲:《德国经济犯罪与经济刑法研究》,北京大学出版社1999年版,第5页。

〔10〕 参见杨兴培:《中国刑法领域“法益理论”的深度思考及商榷》,载《法学》2015年第9期。

〔11〕 参见王世洲:《德国经济犯罪与经济刑法研究》,北京大学出版社1999年版,第6~9页。

济乃至于经济交易秩序的行业法的行为。在这里,行业法涉及出资法、商品交易所法、证券交易法、上门推销法等一系列不同部门法的领域。第三,经济犯罪违反了维持经济管制的法律。例如,物价管制法、对生活必需物品买卖及惜售采用紧急措施的法律、石油供需适当化法、规制进出口的外汇法、食品管理法等。从法益论的观点来看,这些都可视为实定法上的经济犯罪。在日本,一般都是以此为前提讨论制裁经济犯罪。〔12〕经济领域的经济法律法规是如此林林总总,经济犯罪的概念是如此充满争议,以至于不少学者认为经济犯罪的定义不如暂且搁置。例如,日本神山敏雄教授至今为止尽量避免给经济犯罪确定一个定义(或概念),但仍主张狭义经济刑法概念,即主张经济刑法应以违反传统的经济管制法、市场自由竞争法以及其他领域行业法的行为为中心。〔13〕

我国刑法学界对于何为经济犯罪同样众说纷纭。政府对经济领域的规制在不同的时代和不同的国家都广泛存在。由于我国在1949年以来就经历了经济制度建设的探索过程,因此对于何为经济犯罪的判断也会体现出时代的鲜明特征。在计划经济时代,政府统管一切的为政理念导致任何偏离或破坏计划经济秩序的行为都成为国家公权力打击的对象,因此所谓的“投机倒把罪”也就应运而生。随着改革开放的春风,执政者开始承认公民的主动性和个体性对经济发展的正面作用,因此“投机倒把”行为和类推原则的除罪化也就理所当然了。随着市场经济体制的基本确立,蓬勃发展的经济活动超越了当初立法者的预估,势必造成经济规制法律法规的捉襟见肘。在现有法治框架下,针对经济领域的违法行为,运用公权力进行的惩罚包括行政处罚和刑事处罚,即存在所谓的“惩罚二元制”。对于违反法律规制的行为予以行政处罚,可以看作是维护经济秩序的体现。不过对于何种并达到何种程度的违反规制行为规定为犯罪,以及应否适用现行刑法进行惩罚,则是

〔12〕 参见[日]中山研一等:《经济刑法入门》,日本成文堂1992年版,第132页。
〔13〕 参见顾肖荣:《中日经济犯罪概念和范围的演进》,载《东方法学》2008年第1期。

比较复杂的问题。[14] 北京大学陈兴良教授早在经济犯罪研究初兴的时候就指出，在当时的刑法学界，经济犯罪的概念始终是研究的热点之一。令人遗憾的是对经济犯罪概念的研究仍然停留在揭示经济犯罪的外在形式上，以至于给人浅尝辄止之感，且在经济犯罪的内涵与外延上观点聚讼，莫衷一是，可以说我国经济犯罪理论之所以难以发达，其症结就在于此。在随后的研究中，他指出经济犯罪必须存在于商品经济的运行领域当中，其行为方式表现为从事非法的经济活动，这是经济犯罪的本质结构。经济犯罪不仅触犯刑律，还违反民事、行政和经济法规，这是经济犯罪的违法结构。经济犯罪只能是由故意构成，贪财图利是其犯罪动机和犯罪目的之核心内容，这是经济犯罪的心理结构。在紧密联系的三种结构的基础上，认为经济犯罪是在经济运行领域中，为谋取不法经济利益，违反民事、行政、经济法规，从事非法经济活动，直接破坏社会经济秩序，依照法律应受刑罚处罚的行为。[15] 上海社会科学院顾肖荣教授认为，"所谓经济犯罪，一般是指为了谋取不法利益，利用法律交往和经济交易所允许的经济活动方式，直接或间接地违反规范经济活动的法规，而足以危害正常的经济活动与妨碍经济秩序的应受刑罚处罚的行为"。[16] 复旦大学杜宇教授认为经济犯罪应确立刑法学的学科定位，经济犯罪是指破坏商品经济的健康动态运行，由刑事法律规范予以明文规定的，应受刑罚处罚的严重经济越轨行为，包括：(1)现行刑法第三章规定的破坏社会主义市场经济秩序罪。(2)某些传统财产犯罪转化而成的经济犯罪。若传统财产犯罪侵害了市场经济的动态运行，则获得"经济犯罪的本质结构"，转化为经济犯罪。(3)其他各章犯罪转化而成的经济犯罪。如果在特定情况下，其他各章犯罪侵害市场经济的动态运行，则也获得"经济犯罪的本质结构"，转化为

---

〔14〕 参见时延安：《刑法调整违反经济规制行为的边界》，载《中国人民大学学报》2017年第1期。

〔15〕 赵国强、陈兴良：《论经济犯罪的内在结构》，载《法学评论》1989年第6期。

〔16〕 顾肖荣：《经济刑法总论比较研究》，上海社会科学院出版社2008年版，第3页。

经济犯罪。[17] 华东政法大学杨兴培教授、李翔教授认为,经济犯罪归纳而言有广义说和狭义说之分。广义说认为,经济犯罪是指违反国家有关财政、金融、税收等经济管理法规,破坏国家经济管理活动,非法获取财产利益,依照法律应当受到刑法处罚的行为。这种观点将经济犯罪分为三类:一是破坏社会经济秩序的犯罪;二是侵犯公司财产所有关系的犯罪;三是非法获取其他经济利益的犯罪。狭义说认为,经济犯罪是指在商品经济运行领域中,为牟取不法利益违反国家经济法规,严重破坏社会经济秩序,依照刑法应当受到刑罚处罚的行为。因而经济犯罪分为五种类型:一是营利性犯罪,如生产劣质产品;二是欺骗性犯罪,如合同诈骗;三是占有型犯罪,如贪污挪用;四是交换型犯罪,如受贿行贿;五是破坏性犯罪,如污染环境。[18]

综合英美法系、大陆法系和我国刑法学界对经济犯罪的看法会发现,经济犯罪的定义仁者见仁,智者见智,可能永远不会出现一个毫无争议的经济犯罪概念。"横看成岭侧成峰,远近高低各不同",从各个角度观察和归纳经济犯罪的内涵会得出侧重不同的结论。本书认为,经济犯罪定义的关键之处在于如何理解"经济"和"犯罪"在刑事法学中的概念。"经济"一词在我国原本有经世济民、经邦济国的意思。近代中国的积贫积弱不仅造成了政治外交上的弱势,也影响了国人的文化心理和民族自信。"西学东渐"以来直至今日,我们在人文社会科学领域大多时候处于吸收和学习的阶段。汉语语境中的"经济"一词,从"经世济民"这一古典文义转化为意指社会生产关系的总和,成为国民生产、分配、交换与消费的总称,又兼有节约、合算之义,始于近代日本人以它充作英语 Economy 的译词。[19] "经济犯罪"之"经济"至少可以从以下三个方面加以理解:首先,"经济犯罪"之"经济"代表"经济利益"。经济犯罪的目的或动机往往出于获取非法的经济利益或影响合

---

〔17〕 参见杜宇:《再论经济犯罪的概念》,载《学术交流》2003 年第 10 期。

〔18〕 参见杨兴培、李翔:《经济犯罪和经济刑法研究》,北京大学出版社 2009 年版,第 4~5 页。

〔19〕 冯天瑜:《经济辨析》(上),载《湖北经济学院学报》2005 年第 6 期。

法的经济利益，而非如暴力犯罪出于报复、泄愤或激情等因素，属于与经济利益相关的犯罪。其次，“经济犯罪”之“经济”代表着经济领域。纵观不同的经济犯罪定义，都可以总结出经济犯罪发生在“经济领域”，而非政治领域、军事领域或一般生活领域，从而与同样为了经济利益的普通侵财类犯罪相区别。经济作为国民经济的代称，可以泛指生产资料在社会生产、分配、交换与消费的各项活动。在市场经济体制下，商品经济的高度发达为经济犯罪的滋生蔓延提供了现实土壤，经济犯罪是属于经济领域的犯罪。最后，“经济犯罪”之“经济”代表着“经济秩序”。经济犯罪通常利用非法手段干扰或破坏经济活动的正常运转，从而在给具体的生产者、消费者造成损害的同时也危害到国家对经济活动的管理秩序。这也能解释为何环境虽然不属于经济范畴，但是环境犯罪也被视为经济犯罪的一种，因为环境在当代社会的经济活动中处于越来越重要的位置。同时，这种理解也将营利性的经济犯罪与营利性的刑事犯罪，现代的经济犯罪与传统的财产犯罪区别开来。[20]

“犯罪”的概念在历史中拥有源远流长的讨论。在道德范畴，“贪污和浪费是极大的犯罪”；在宗教领域，“对天和神的造反”就是犯罪；在社会学领域，“犯罪是正常的社会现象”，由于犯罪属于价值事实，与对科学事实的无主体认识不同，对价值事实的认识属于有主体的认识，[21]这也注定了“一千个读者心中就有一千个哈姆雷特”。而在刑事法学领域，犯罪概念有规范意义上的犯罪概念和实质上的犯罪概念之分，前者指实然上明确为法律所禁止的不法行为，后者指应然上揭示法律要根据何种标准将某一不法行为规定为犯罪。从坚守罪刑法定的原则出发，刑事古典学派站在反对罪刑擅断、严刑峻法的立场，呼吁建立罪刑法定的刑事法治体系，提倡建立规范意义上的犯罪概念。意大利著名刑法学家贝卡利亚就曾深刻指出：“如果说对法律进行解释是一个弊端的话，显然，使人不得不进行解释的法律含混性本身是另一个

〔20〕 参见陈兴良主编：《经济犯罪学》，中国社会科学出版社1990年版，第13～14页。
〔21〕 参见王牧：《犯罪概念：刑法之内与刑法之外》，载《法学研究》2007年第2期。

弊端……一个社会如果没有成文的东西,就绝不会具有稳定的管理形式……如果不建立一座社会契约的坚固石碑,法律怎么能抵抗得住时间和欲望的必然侵袭呢?"〔22〕刑事实证学派则力图突破规范意义上的犯罪概念,分析和归纳犯罪现象背后的犯罪本质。他们在形形色色的犯罪中寻求"最大公约数",其犯罪的本质定义能够成为所有犯罪的合理解释。然而,这种努力仿佛西西弗斯的神话,〔23〕因为只要一个小小的反例就足以证伪犯罪本质的定义。从构成要件理论出发,犯罪的规范概念和实质概念对于刑事法学的影响各有千秋。犯罪的规范概念势必发展出具备实体内容的犯罪构成要件理论,诚如小野清一郎所认为的,构成要件是将违法有责行为类型化、抽象化的法律概念,也是对客观事实的简要记述,同时包含对法律规范和事实记述的评价意味,属于事实、规范与评价的统一。〔24〕犯罪的实质概念则具有更多的立法学和犯罪学意义,通过对犯罪的实质概念的发展和把握,可以对刑事立法和刑事政策发生影响,在履行特定的立法程序后实现刑法学与社会之间的良性互动。从我国的立法实践出发,现行《刑法》第13条关于"犯罪的含义"的规定虽然在最后有"但书"的规定,引入了社会危害性理论的考量,但是在之前的规定中则列举了危害社会的行为类型,并规定"依照法律应当受刑罚处罚的,都是犯罪"。〔25〕综上所述,考虑到"经

---

〔22〕参见[意]切萨雷·贝卡利亚:《论犯罪与刑罚》,黄风译,北京大学出版社2008年版,第15页。

〔23〕希腊神话中西西弗斯遭受了天谴,他被诸神下令日夜无休地推滚巨石上山。而到了山顶之时,巨石又会因自身重量重新滚下来,比喻徒劳无功又难以放弃的艰辛努力。

〔24〕参见[日]小野清一郎:《犯罪构成要件理论》,王泰等译,中国人民公安大学出版社1991年版,第32页。

〔25〕《刑法》第13条:一切危害国家主权、领土完整和安全,分裂国家、颠覆人民民主专政的政权和推翻社会主义制度,破坏社会秩序和经济秩序,侵犯国有财产或者劳动群众集体所有的财产,侵犯公民私人所有的财产,侵犯公民的人身权利、民主权利和其他权利,以及其他危害社会的行为,依照法律应当受刑罚处罚的,都是犯罪,但是情节显著轻微危害不大的,不认为是犯罪。

济”和“犯罪”的因素，为了更有效地研究经济犯罪，将经济犯罪行为与经济违法行为相区别，经济犯罪应是涉及经济利益，违反经济领域法律法规，妨害经济秩序并应受刑罚处罚的行为。

二、经济犯罪的范围

经济犯罪的定义决定了我国经济犯罪的范围，而范围也影响着经济犯罪的分类。根据经济犯罪理论分类的研究成果，我们知道了经济犯罪与财产性犯罪的区别，我国刑法分则第五章“侵犯财产罪”规定的诈骗罪等财产犯罪并非经济犯罪，唯有发生在经济领域的经济犯罪行为才符合经济犯罪的本质特征。一般认为，我国的经济犯罪主要分布在以下几大章节：(1)《刑法》分则第三章破坏社会主义市场经济秩序罪，包括生产、销售伪劣商品罪，走私罪，妨害对公司、企业的管理秩序罪，破坏金融管理秩序罪，金融诈骗罪，危害税收征管罪，侵犯知识产权罪以及扰乱市场秩序罪；(2)《刑法》分则第五章规定的职务侵占罪、挪用资金罪、挪用特定款物罪；(3)《刑法》分则第六章规定的破坏环境资源罪、走私毒品犯罪；(4)《刑法》分则第八章规定的贪污贿赂罪。

由于世界各国的法治传统和具体国情不同，各国经济犯罪的分类方法具有不同的特征。(1)若以经济犯罪在刑法分则的集中程度为标准，各国刑法典在经济犯罪上可分为基本归类法和分散归类法。基本归类法是指将经济犯罪相对集中于刑法分则某一章的归类方法，采用这种归类的主要有苏俄刑法典和我国刑法典。分散归类法是指经济犯罪分散规定于刑法分则各章各节的归类方法，即在刑法分则中不设置规定经济犯罪的专章。(2)若以经济犯罪本身在刑法分则中的分类和排列为标准，可以分为客体归类法、行为归类法和混合归类法。所谓客体归类法，是以犯罪行为所侵犯的客体(或者主要客体)为标准，对经济犯罪进行分类和排列。我国刑法典和当年的苏俄刑法典是典型的例证。所谓行为归类法，是以犯罪行为的某种特征为标准，对经济犯罪进行分类和排列的归类方法。比如西班牙刑法典基本上采用行为归类法对经济犯罪进行归类。所谓混合归类法，是指对经济犯罪既采用客体归类法，也采用行为归类法。比如意大利刑法既以客体为标准、在第六章第二节规定了“以诈欺危害公共安全罪”；又以犯罪行为的伪造特征为标准，在第七章第一节和第二节规定了伪造类经济犯罪。[26]

由于市场经济秩序的多维性和变化性，经济犯罪的具体分类也具备不同的标准。(1)若以是否明确保护超个人法益为标准，经济犯罪可以具体分为三类：第一类是保护国家管理和宪法规定的经济制度功能的法律法规所规定的犯罪，如与价格、破产、税收和外汇等领域相关的犯罪。第二类是保护经济制度运转的基本制度的法律所规定的犯罪，如竞争法、卡特尔法以及自然资源保护法所规定的犯罪。第三类是保护个人的经济法律法规所规定的犯罪。如消费者保护法和职业保护法等领域相关的犯罪。(2)若以国民经济部门基础作为划分标准，经济犯罪可包含以下几类：第一类是所有与国家财政经济有关的犯罪，如涉及税收和国家补贴的犯罪。第二类是所有与国民经济及其部门经济有关的违法行为，如银行业、保险业、证券业等领域的犯罪。第三类是所有与企业经济及其单独部门有关的违法行为，如与产品生产、销售和正当竞争相关的犯罪。第四类是所有损害大众和消费者利益的犯罪，如环境保护、食品安全和广告方面的犯罪。[27] (3)以上的分类都有各自的合理性，但若以经济犯罪所侵害的对象而言，我认为可以创造性地分为以下三种：第一种是破坏人与人之间在经济领域的诚信关系的犯罪，比如市场经济条件下金融领域犯罪或妨害对公司、企业的管理秩序犯罪。第二种是破坏人与物之间在经济领域的合法关系的犯罪。比如侵犯知识产权方面的犯罪，[28] 生产、销售伪劣商品犯罪和走私罪。第三种是破坏人与自然之间在经济领域的和谐关系的犯罪，比如破坏环境资源保护的犯罪。诚然，法律所保护的基础是各种社会关系，而社会关系是人与人在社会活动中所形成，无论是人与物还是人与自然的关

---

[26] 赵国强：《试论经济犯罪的法定归类》，载《法学论坛》1989 年第 6 期。

[27] 参见王世洲：《德国经济犯罪与经济刑法研究》，北京大学出版社 1999 年版，第 151 ~ 154 页。

[28] 一般来说，知识产权作为一种无形财产权，是创造性智力劳动所创造的劳动成果，可以被认为是广义上的人所创造的“物”的权利。

系，归根结底都可以看作人与人在发挥主观能动性投入改变客观世界的实践中所形成的关系。经济犯罪所侵害的对象即是刑法所要保护的利益，以人与人、人与物、人与自然三个角度划分经济犯罪方面的法律法规，有助于让我们拥有全新的视角去解读经济犯罪的法律规范。

三、经济犯罪的特点

有别于杀人、放火、抢劫、强奸等传统犯罪，经济犯罪是在近现代商品经济高度发达，市场经济深入发展，国家管理日益严密后才成为一大犯罪类型，是伴随着公司制度、银行制度、海关制度和金融制度等现代经济制度的建立和完善而进入刑法学的研究视野当中。现代社会通过无形却“有质”的法律赋予了经济活动的参与者各项权利和义务，违反经济领域法律法规的不法行为发展到一定程度就将触犯刑法中的经济犯罪规定。因而，经济犯罪具备传统犯罪所缺乏的行政犯属性和经济性因素，决定了经济犯罪拥有自身的众多特点。行政犯属性意味着经济犯罪涉及众多行政法律法规和刑事法律规范之间的衔接和配合，经济性因素意味着经济制度和经济结构的变革都会引发经济犯罪的不同反应和态势。总体来说，经济犯罪呈现出以下几个特点：

第一，经济犯罪具有二次违法性。作为社会公共治理的方式之一，法律被公认为最低的道德，也是社会治理的最后手段。在法理上，行政法、经济法、民法、商法以及其他非刑事法律法规通过权利义务的设定，以“条件”和“后果”两个要素规定了法律规则生效的要件和生效的结果，大多属于调整性和授权性的规则。而刑法作为其他法律的保障法，也是“不得已而用之”的强力手段，不仅属于义务性和禁止性的规则，更是制裁性和保护性的规则。需要动用刑罚惩罚的犯罪所具备的刑事违法中包含对前置性法律法规的违反，可以说违反前置性法律法规的行为不一定是犯罪，但是不违反前置性法律法规的行为一定不是犯罪。以“擅自发行股票、公司、企业债券罪”为例。我国 2014 年修正的《中华人民共和国证券法》（以下简称《证券法》）第 10 条规定：“公开发行证券，必须符合法律、行政法规规定的条件，并依法报经国务院证券监督管理机构或者国务院授权的部门核准；未经依法核准，任何单位和个人不得公开发行证券。有下列情形之一的，为公开发行：（一）向不特定对象发行证券的；（二）向特定对象发行证券累计超过二百人的；（三）法律、行政法规规定的其他发行行为。非公开发行证券，不得采用广告、公开劝诱和变相公开方式。”同时，《证券法》在第 188 条规定了违反第 10 条规定的法律责任：“未经法定机关核准，擅自公开或者变相公开发行证券的，责令停止发行，退还所募资金并加算银行同期存款利息，处以非法所募资金金额百分之一以上百分之五以下的罚款；对擅自公开或者变相公开发行证券设立的公司，由依法履行监督管理职责的机构或者部门会同县级以上地方人民政府予以取缔。对直接负责的主管人员和其他直接责任人员给予警告，并处以三万元以上三十万元以下的罚款。”在这种情形下，法律通过罚款、取缔和警告对违反法律规定的违法人员和机构科以行政责任，构成了该类行为的第一次违法。与此相对应，我国《刑法》第 179 条“擅自发行股票、公司、企业债券罪”规定：“未经国家有关主管部门批准，擅自发行股票或者公司、企业债券，数额巨大、后果严重或者有其他严重情节的，处五年以下有期徒刑或者拘役，并处或者单处非法募集资金金额百分之一以上百分之五以下罚金。”《刑法》第 179 条规定构成了对《证券法》第 188 条的保障和补充，表明了擅自发行股票、公司、企业债券行为构成犯罪的第二次违法。可见，刑法是二次性的规范，而犯罪是二次性的违法。

第二，经济犯罪具有相对复杂性。在自然经济为主的熟人社会，商品经济占整个社会经济总量和结构的比例较小，自给自足的经济方式成为社会的主导。生产要素之间的流动和交换效率低下，财产关系相对简单明确，因而产生的经济犯罪也是较为简单的财产犯罪，国家对经济关系的调整和保障主要体现在对类型单一的财产犯罪的预防和惩治之上。随着现代工业革命的到来，资本主义社会的生产力呈火山喷发之势，社会分工的精细化和生产方式的多样化刺激了整个社会的经济活力。区域化和全球化的分工合作，各领域和各行业的合纵连横，导致经济关系的关联度和复杂度与日俱增。生产领域、交换领域、分配领域和消费领域的经济活动在时空上都发生了前所未有的变化。马克思、恩格斯曾经在《德意志意识形态》中认为,“犯罪是孤立的个人反对统治关系的斗争”,但随着社会的发展,犯罪已经打破“单兵作战”的孤立状态,有组织犯罪成为犯罪领域的新类型,而新型交易工具和交易方式的出现更是增加了经济犯罪的复杂程度和专业程度。以信用证诈骗罪为例,信用证(Letter of Credit,L/C)是指开证行依照开证申请人(一般是指进口商)的要求和指示,开给受益人(一般是指出口商)的在符合信用证条款等约定条件后即可得到指定付款方给予的金额的书面凭证。它为国际贸易中的买卖双方提供了可靠的信用机制,加速了买卖双方资金和货物的流通效率,因而使得信用证成为国际贸易支付方式中最受欢迎的一种。但是,也正因为信用证的操作程序复杂从而导致犯罪分子有机可乘,而由于国际贸易的体量巨大,信用证诈骗一旦得逞就会涉及千万元乃至亿万元数额。为此,我国《刑法》第195条规定了信用证诈骗的几种典型类型:“(一)使用伪造、变造的信用证或者附随的单据、文件的;(二)使用作废的信用证的;(三)骗取信用证的;(四)以其他方法进行信用证诈骗活动的。”以“使用伪造、变造的信用证或者附随的单据、文件”为例,根据UCP500的规定,所谓附随单据、文件是指附随于信用证的有关单据、文件,通常是作为受益人的出口方在装运货物后,必须按照信用证载明的种类、份数在规定日期内有权办理保兑、议付、给付等业务的有关银行提交的那些单据文件。具体而言,单据主要包含运输单据、保险单据和商业发票;文件主要包括领事发票、海关发票、出口许可证、产地证明书(产品合格证书)以及最为重要的提单。实践中,以伪造、变造的提单实施信用证诈骗主要包括利用空头提单进行诈骗、利用伪造或变造的提单诈骗、使用预借或倒签的提单进行诈骗。[29] 由此可见,若无相应的信用证理论知识和对国际贸易实践情况的了解,法律人面对信用证诈骗罪的预防、应对和惩罚将会有“隔行如隔山”之感,而具体经济犯罪的认定和治理都会显得困难重重。

---

〔29〕 参见刘宪权:《金融犯罪刑法学新论》(第1版),上海人民出版社2014年版,第79~81页。

第三,经济犯罪具有敏感多变性。经济制度和经济规范所代表的经济利益和经济秩序是经济犯罪的犯罪对象。由于我国尚处于社会主义初级阶段,市场经济的各项制度和规范并不完善。以市场而非计划作为资源配置的基础意味着每一个市场经济个体都是资源配置中的参与者和决策者。然而道德风险和信息失衡不仅会导致“市场失灵”,也会引发“搭便车”“劣币驱逐良币”,甚至违法犯罪的恶果。当市场中某种商品呈现供不应求的热销趋势,假冒伪劣产品就会在市场中浑水摸鱼;当股市处于红火的牛市状态,与金融证券领域相关的犯罪如内幕交易、泄露内幕信息行为,操纵证券、期货市场行为,编造并传播证券、期货交易虚假信息等行为就会相机而动;当金融系统实行改革和创新,各种金融诈骗罪也会乘虚而入。以恶意透支型的信用卡诈骗罪为例,对恶意透支的认识经历了从民事处理到普通诈骗罪再从信用卡诈骗罪的变化历程。自 1985 年中行发行最早的信用卡“长城信用卡”,1995 年广发银行率先推出真正意义上的信用卡以来,信用卡在与人方便的同时也给了违法犯罪分子可乘之机。信用卡恶意透支的行为在当时并没有入罪,只是作为违反借贷合同的民事纠纷加以处理,而银行也往往选择民事诉讼来追索损失。但随着信用卡犯罪愈演愈烈,银行呆坏账率不断上升,为了打击信用卡业务开展以来与之相关的犯罪活动,最高人民法院、最高人民检察院于 1995 年公布了《关于办理利用信用卡诈骗犯罪案件具体适用法律若干问题的解释》,具体规定了恶意透支的期限和数额并以诈骗罪追究刑事责任;随后,全国人大常委会于同年颁布了《关于惩治破坏金融秩序犯罪的决定》,阐述了恶意透支“数额较大”“数额巨大”“数额特别巨大”的概念,认定恶意透支可以构成信用卡诈骗罪;最终,恶意透支行为在 1997 年刑法修订之际被列为《刑法》第 196 条信用卡诈骗罪下的一种类型。[30] 司法解释的陆续回应正是出于不断完善应对经济犯罪的刑法规范的目的,层出不穷的经济犯罪

〔30〕 参见郑旭江:《论恶意透支型信用卡诈骗罪应独立成罪》,载《刑法学研究》,上海人民出版社 2014 年版,第 193 页。

行为以及由此导致的经济犯罪认定疑难恰好可以佐证经济犯罪的敏感多变。

第四,经济犯罪具有鲜明时代性。作为社会发展的副产品,犯罪在各个时代都以社会的黑暗面而存在,但是不同时代也会孕育出不同的犯罪。在计划经济时代,一切经济活动按照国家部门规定好的计划表进行,生产者无须也无法发挥自己的主观能动性,整个国家"不患寡而患不均,不患贫而患不安"。[31] 在这种按部就班的计划经济时代,经济犯罪也呈现出类型单一、方式简单的外在特点。1979 年《刑法》中涉及破坏社会主义经济秩序犯罪的只有 15 条,20 多个罪名。作为口袋罪的投机倒把罪就可以涵盖各种类型的经济犯罪,类推制度又允许司法部门对类似经济犯罪案件进行类推适用,经济制度的简单和经济关系的粗糙也堆砌了经济领域中简单粗糙的刑事法律规范。自改革开放以来,计划经济模式被市场经济规则所取代,市场主体被解开了套在脖子上的绳套,开始在各项经济活动中爆发出极大的创造性和积极性。2001 年 12 月 11 日,中国成为世界贸易组织(WTO)第 143 个成员,中国根据入世承诺将不断扩大在工业、农业、服务业等领域的对外开放,重新制定或修改包括知识产权领域在内的相关领域法律,加快推进贸易自由化和贸易投资便利化。2013 年 8 月 22 日,中国上海自由贸易试验区经国务院批准正式成立,9 月 29 日正式挂牌。由于它所承担的是可复制可推广的改革重担,因而属于"先设区,后立法"的非常规做法。2014 年,全国人大决定外资企业法在上海暂停适用,并相继推出了众多新法规和新政策。以公司法上的变更为例,2005 年《公司法》第 7 条第 2 款规定:"公司营业执照应载明公司的名称、住所、注册资本、实收资本、经营范围、法定代表人姓名等事项",2013 年《公司法》删除该条款规定的"实收资本规定"。上海自贸区内实施的"认缴登记制""年度报告公示制"等政策规定,既对我国现有公司登记制度产生了巨大冲击,也对相关罪名在自贸区内的适用产生了影响。可以说,《刑法》第

---

〔31〕《论语·季氏》。

158 条和第 159 条规定的“虚报注册资本罪”“虚假出资、抽逃出资罪”在自贸区内可能不再适用。[32] 经济犯罪的时代性注定经济犯罪会随着不同时代经济制度的变化而产生去罪化或犯罪化的效果。

第五,经济犯罪具有高度争议性。与典型的传统犯罪相比,有些经济犯罪在罪与非罪的判断上会存在较大争议。首先,经济犯罪在行为方式上与直接侵害人身权利或基本伦理的自然犯不同,经济犯罪往往采取非暴力、智能型的手段侵犯社会经济秩序,无法为人们直接感受其社会危害性和人身危险性。其次,经济犯罪虽然侵犯了整体的经济秩序,但其落脚点往往会在一定的专业经济领域。社会分工日益细化的今天,业外人士有时难以切身感受经济犯罪之痛,也难以理解经济犯罪之恶。最后,经济犯罪的犯罪分子往往利用经济法律法规的漏洞,采取种种手段以合法形式掩盖非法目的,试图遮挡经济犯罪之危害行为与经济犯罪之危害结果之间的因果关系。以互联网金融领域为例,与传统金融机构以存贷为基础并由央行做最终贷款人保证流动性的融资模式不同,互联网金融的网络融资模式由非金融机构作为中介来满足用资人和出资人的投融资需求。总结当前互联网金融的网络融资模式,主要有 P2P 模式、众筹模式和理财模式,由此产生众多新问题。比如,在何种情形设立网络融资平台实施网络融资行为可构成非法吸收公众存款罪或集资诈骗罪?设立网络融资平台的行为是否能构成擅自设立金融机构罪或非法经营罪?再比如,单位通过控股能否获取原本不具备的资质进而从事要求有相应资质的业务。以当初引发广泛争议的“余额宝”为例,“余额宝”是第三方支付公司支付宝和基金公司天弘基金合作创立一个新型产品。天弘基金通过提供基金产品来获取“公众存款”,由于其具备基金销售资质,因而不具备非法性;而支付宝公司“打擦边球”地将第三方支付功能延伸至基金销售领域,在不具备基金销售资质的情况下以 51% 的股权结构控股天弘基金。作为控股股东,

---

〔32〕 参见刘宪权:《自贸区建设中刑法适用不可回避的“四大关系”》,载《政法论坛》2014 年第 5 期。

天弘基金所筹资金和所获利润都会以股东分红或其他形式与支付宝公司共享,那么支付宝公司是否能和具备资质的天弘基金合作开展基金业务,从事要求有基金销售牌照的基金销售业务?或者从反面来说能否构成实质上"以委托理财的方式非法吸收资金"的情形?进一步而言,实力雄厚的大公司控股小银行从而合作开展银行业务是否符合现行法律法规?这样一来金融业务的资质管理和行政审批是否会被虚置?面对这些当初立法者没有想到的情形,我们需要运用刑法学的基础理论,也需要参照发达国家的域外经验去帮助我们归纳和分析互联网金融犯罪的特征和表现。互联网金融的核心争议不仅在于网络融资的合法性问题和风险性评估,更在于其中前置性法规和刑事性法律的脱节和滞后。网络融资的基本方式决定了法律关系和法律风险,其是否构成犯罪取决于网络融资平台本身的运营模式和事实行为。[33]

第二节　法律责任的概念和体系

一、法律责任的定义

面对经济违法犯罪这一社会不良现象,法律,作为社会控制的主要方式,比起道德、宗教和教育具有更大的强力作用,自然也成为预防和惩治经济犯罪的首选。法律的强力作用不但体现在它由国家强力机关(通常是享有立法权的机关)制定,也由国家强力机关保障违反法律的自然人和法人承担法律责任。

长期以来,学界对于何为法律责任的认识一直聚讼纷纭。以基本法律概念分析见长的分析实证主义法学对法律责任的概念做出了令人瞩目的贡献。其中,新分析实证主义法学的代表人物哈特(H. L. A. Hart)和纯粹法学的始作俑者汉斯·凯尔森(Hans Kelsen)的法律责任理论堪称在一般法律学的层面上完成了自足的、作为规范性概念的法

〔33〕　参见郑旭江:《互联网金融的法律分析》,载《西华大学学报》(哲学社会科学版)2014 年第 6 期。

律责任之建构。哈特运用语义分析的方法，从日常生活语境下“责任”一词所包含的多重含义中提炼出法律责任概念的内涵，并详细地阐释了法律责任与日常用语中“责任”一词含义的关系。他通过一个虚构的沉船事件，厘清了“责任”一词的四种含义，即(1)角色责任(role-responsibility)，是指担任或占据一定的职位、地位应负的责任；(2)因果责任(causal-responsibility)，是指人的行为成为某种结果的原因所引起的责任；(3)法律责任(legal liability-responsibility)，是指违法者因其违法行为应受到的惩罚，或被迫赔偿；(4)能力责任(capacity-responsibility)，是指某人对一定的行为负责，建立在他具有一定的正常能力的基础之上。由此可以得出，法律责任就是建立在其他三种责任的基础上，“因行为或伤害在法律上应受惩罚或被迫赔偿”。凯尔森对于法律责任概念的理解体现在他对不法行为与制裁之间关系的论述中。他认为，一个人在法律上对一定行为负责或者承担法律责任，意味着如果作出不法行为他应该受到制裁，这大致勾勒出法律责任概念的形式结构——由不法行为引起的制裁之规范效果。〔34〕

我国法学界对于法律责任的解读也是仁者见仁。通说认为，法律责任是违反法律所规定的义务或不当行使法律所规定的权利，而由行为人承担的不利后果。具体到经济犯罪，其法律责任是指自然人或法人涉及经济利益，违反经济领域法律法规，妨害经济秩序而需要承担的不良法律后果。若以触犯的具体法律关系和相应法律规范来看，经济犯罪的法律责任包含了民事法律责任、行政法律责任和刑事法律责任。在民事法律责任方面，我国民法学中的法律责任虽然承继了大陆法系民法理论，在民事法律责任的形式构造方面形成了债和责任分离的主流学说，但在侵权领域的讨论中，有学者认为，“不法侵害他人权益并依法承担责任的行为是侵权行为”，而大多数人则认为，只要违法侵害权利就属于侵权行为，法律责任并非侵权行为的必然结果。在侵权责任的构成领域，还有学者认为，由于“定义违法行为概念十分困难”，而

---

〔34〕 余军、朱新力：《法律责任概念的形式构造》，载《法学研究》2010年第4期。

且“违法可以被过错所吸收”,因而在侵权责任构成中应该摈弃违法性要件。[35] 这些在民事法律责任方面的争议表明我国民事法律责任理论本身并未达成一致。在行政法律责任方面,我国行政法学界对于法律责任的认识同样具有不同的解读。比如有学者认为,行政主体承担的法律责任是指行政主体因行政违法或行政不当,违反法定职责和义务而应依法承担的否定性法律后果,并将行政损害赔偿,行政行为的无效、撤销、变更都纳入其中。也有学者认为,“广义的行政法律责任”甚至可以包括行政法律规范要求行政主体在具体的行政法律关系中履行和承担的义务,包含了岗位责任和行政责任两个方面。[36] 同时,在民事法律责任和行政法律责任之间,存在规定不清、责任模糊的争议地带。比如现行行政法或经济法立法中,对于经济主体应在何种情况下承担行政责任,在何种情况下承担民事责任并没有明确的标准,甚至将传统的民事责任规定于行政法或经济法当中,并规定由有权的行政主体追究违法犯罪主体诸如赔偿损失、停止侵害、恢复原状等的民事责任。在刑事法律责任方面,由于经济犯罪的特点和我国的法治理念,导致我们形成了“重刑事、轻民行”的司法实践格局。一方面,无论在经济违法犯罪防治的立法上,还是惩罚经济违法犯罪的司法上,我们都片面重视对经济犯罪分子的惩治,而忽视对经济犯罪的被害人所受损害的补偿和救济;另一方面,刑事法律责任的适用要研究经济违法行为和经济犯罪行为的区分,并在此基础上建立民事责任、行政责任和刑事责任由轻到重,由混乱到有序的法律责任体系。

经济违法犯罪法律责任是法律对经济领域违法犯罪行为的否定评价,但如何区分一般经济违法和特定经济犯罪却是立法和司法的共同难题。一般认为,犯罪是具备社会危害性、刑事违法性和应受刑罚处罚性的行为。其中社会危害性属于犯罪的本质,刑事违法性是犯罪社会

---

〔35〕 参见王利明:《侵权行为法归责原则研究》,中国政法大学出版社 1996 年版,第 399 页。

〔36〕 参见胡建淼:《行政法学》,法律出版社 2002 年版,第 462 页。

危害性本质的法律表达，而应受刑罚处罚性则是社会危害性和刑事违法性之因所导致的法律之果。从立法层面来看，社会危害性的确是犯罪的一大属性，但是不能否认的是其他危害社会的违法行为同样具备社会危害性。“把社会危害性作为犯罪的本质特征，就带来一个极大困惑：本质特征应该是某一事物所特有的性质，但社会危害性并非犯罪所专有，其他违法行为也都具有社会危害性。”〔37〕于是，接下来的问题就是犯罪所具备的社会危害性到底要到何种程度才能成为违法和犯罪的界限。“严重的社会危害性”提法开始应运而生，前苏联的刑法理论就认为犯罪的本质在于严重的社会危害性，并据此建立了客体、客观方面、主体和主观方面的“四要件”犯罪构成体系。严重社会危害性的认定在刑事立法领域是一个违法行为能否入罪的衡量指标，是政治学立场中社会管理的考虑因素，但在刑事司法领域则不具备规范性、逻辑性和科学性。一个违法行为是否能被裁定为犯罪并不能依靠社会危害性标准来判断，否则就易导致刑事违法性标准的虚置，突破罪刑法定主义的原则。有鉴于此，我国刑法学界开始引入德国刑法中的法益理论。清华大学张明楷教授率先研究法益理论，认为“法益是根据宪法的基本原则，由法所保护的、客观上可能受到侵害或者威胁的人的生活利益。这是法益的一般概念，其中有刑法所保护的人的生活利益，则是刑法上的法益”。〔38〕北京大学陈兴良教授主张以刑法法益代替犯罪客体，认为法益概念在“专属性”、“规范性”和“实体性”层面优于“社会危害性”。〔39〕但是其他部门法法益和刑法法益的区别在于何处？问题实质上已经回到犯罪的刑事违法性层面，即由何种法律所保护的法益决定了该法益属于何种法益，而不是相反。但是一个违法行为是否属于刑事违法，取决于立法者是否认为该行为“应受刑罚处罚”，“应受刑

〔37〕陈兴良：《社会危害性理论》，载《法学研究》2001年第1期。

〔38〕张明楷：《法益初论》，中国政法大学出版社2000年版，第167页。

〔39〕参见陈兴良：《社会危害性理论——一个反思性检讨》，载《法学研究》2000年第1期。

罚处罚性”决定了立法者是否通过立法将“犯罪”的标签贴上某一行为,也决定了该行为是否具备刑事违法性,由此决定了该行为是否需要承担刑事法律责任,而非民事法律责任和行政法律责任。比如,在意大利法律制度中,当法律针对某一行为规定了一项刑罚(Pena)时,该行为构成犯罪:犯罪成立以及与其他各类非法行为相区别的基础仅仅是一项唯名论标准(即立法者冠以“刑罚”之名)。[40] 以法律责任(刑罚或其他责任)来逆向判断该行为是否属于犯罪的思路也就不足为怪了。在司法层面,司法工作者会面对不少罪与非罪模棱两可的疑难复杂案件。尤其对于高速发展与时俱进的经济犯罪,刑法的稳定性注定了刑法规范会滞后于现实中的经济犯罪情势。针对经济犯罪中大量的情节犯,在不具备明确的数额情节标准时,司法工作者在实践中会思考该经济违法行为是否应该适用刑罚,能否适用刑罚,适用何种刑罚,适用刑罚具有何种效果。“法官的目光应不断地往返于刑法规范与生活事实之间。”[41] 可见,司法工作者处理案件并非只是一个纯粹的三段论推理过程,而是一个在规范与事实之间的循环过程。没有犯罪就没有刑罚,但没有刑罚也就没有犯罪。以英国刑法为例,在判断违法行为是否越过违法与犯罪之间的“临界点”成为犯罪时,“诉讼可能的结果是否是对于犯罪者的惩罚”——即该行为是否值得动用刑罚这一最严厉的法律责任,成为区分违法和犯罪的标准。由此可见,经济违法犯罪法律责任不仅仅是适用经济犯罪刑事法律规范的结果,也是在立法和司法上区分一般经济违法和特定经济犯罪的关键。

二、法律责任的种类

法律责任按照不同的标准划分,则具备不同的种类。按照法律责任的承担主体来划分,法律责任可分为自然人责任、单位责任和国家责任;按照法律责任的具体内容划分,法律责任可划分为财产责任和非

---

〔40〕［意］艾米利·多切尼:《意大利法律制度中的犯罪:概念及其体系论》,吴沈括译,载《清华法学》2016 年第 1 期。

〔41〕张明楷:《从生活事实中发现法》,载《法律适用》2004 年第 6 期。

财产责任;按照法律责任的心理依据划分,法律责任可划分为过错责任、无过错责任和绝对责任等。但最常见的是按照法律责任的法律依据划分,由此法律责任可划分为民事责任、行政责任、刑事责任和违宪责任。

作为最古老的学科之一,法学是人类社会面对纷繁复杂的社会关系而作出的系统性制度安排,对不同社会关系和具体对象的调整形成了不同的法律关系进而形成了不同的法律学科。以调整的对象为标准,民法调整平等主体的自然人、法人、其他组织之间的财产关系和人身关系;行政法调整行政主体在行使行政职权和接受行政法制监督过程中而与行政相对人、行政法制监督主体之间发生的各种关系;而刑法作为保卫社会的最后一道防线,是调整犯罪、刑事责任和刑罚的法律规范的总称,具有鲜明的保障性、二次性和被动性。一般来说,民事责任是民事主体因实施民事法律所禁止的行为或未履行民事法律关系中所规定的义务,而必须承担的法律责任;行政责任是因违反行政法或因行政法规定而应承担的法律责任;刑事责任是指因违反刑事法律而应当承担的法定的不利后果。

具体来说,民事责任的形式有以下几种:停止侵害、排除妨碍、消除危险、返还财产、恢复原状、修理、重作、更换、赔偿损失、支付违约金、消除影响、恢复名誉、赔礼道歉。行政责任包括行政处分和行政处罚。行政处分的种类有以下几种:警告、记过、记大过、降级、撤职、开除。行政处罚有以下几种:警告、罚款(行政)、没收违法所得、没收非法财产(行政)、责令停产停业、暂扣或者吊销许可证、暂扣或者吊销执照、行政拘留、法律行政法规规定的其他行政处罚。刑事责任包括主刑和附加刑。主刑有以下几种:管制(3 个月以上 2 年以下)、拘役(1 个月以上 6 个月以下)、有期徒刑(6 个月以上 15 年以下)、无期徒刑、死刑。附加刑有以下几种:罚金(刑事)、剥夺政治权利、没收财产(刑事)、驱逐出境。同时,在有期徒刑当中存在突破 15 年的情况,《刑法》第 50 条“死缓的法律后果”规定,“判处死刑缓期执行的,在死缓执行期间没有故意犯罪,二年期满后减为无期徒刑;如果确有重大立功表现,二年期满以后,减为二十五年有期徒刑”。其他主刑在数罪并罚时也存在突破的情形,《刑法》第69条规定除了死刑和无期徒刑以外,数罪并罚时管制最高不能超过三年,拘役最高不能超过一年,有期徒刑总和刑期不满三十五年的,最高不能超过二十年,总和刑期在三十五年以上的,最高不能超过二十五年。2011年5月1日起施行的《刑法修正案(八)》建立了社区矫正制度。在《刑法》第38条中增加一款作为第2款:“判处管制,可以根据犯罪情况,同时禁止犯罪分子在执行期间从事特定活动,进入特定区域、场所,接触特定的人。”原第2款作为第3款,修改为:“对判处管制的犯罪分子,依法实行社区矫正。”增加一款作为第4款:“违反第二款规定的禁止令的,由公安机关依照《中华人民共和国治安管理处罚法》的规定处罚。”2015年11月1日起正式生效的《刑法修正案(九)》在第37条设立了“从业禁止”,规定对于因利用职业便利实施犯罪,或者实施违背职业要求的特定义务的犯罪被判处刑罚的,人民法院可以根据犯罪情况和预防再犯罪的需要,禁止其自刑罚执行完毕之日或者假释之日起三年至五年内从事相关职业。“从业禁止”是否属于新的刑种存有争议:有研究者认为,“从业禁止”从法律上剥夺犯罪人从事相关职业的资格,在性质上应属于附加刑;也有研究者认为,“从业禁止”属于“保安处分”措施,虽然刑法上没有关于“保安处分”的明确规定,但是在理论上和实践中,“保安处分”与刑罚制度共同组成了我国违反刑法所造成的法律后果体系;更有研究者认为,“从业禁止”规定在第37条,理应具备第37条规定的法律制度的属性,属于非刑罚处罚措施的一种。[42] 但是,无论“从业禁止”是否属于新刑种,其作为刑事法律责任的一种并能在经济犯罪中有用武之地当属无疑。《刑法修正案(九)》还在《刑法》第383条贪污罪的处罚中规定,贪污罪被判处死刑缓期执行的,人民法院根据犯罪情节等情况可以同时决定在其死刑缓期执行二年期满依法减为无期徒刑后,终身监禁,不得减

〔42〕 于志刚:《从业禁止制度的定位与资格限制、剥夺制度的体系化——以〈刑法修正案(九)〉从业禁止制度的规范解读为切入点》,载《法学评论》2016年第1期。

刑、假释。对于终身监禁同样存在其是否属于新的刑种的争议，全国人大常委会法工委刑法研究室副主任臧铁伟在《刑法修正案（九）》的新闻发布会上就强调，终身监禁不是一个新的刑种，而是针对贪污受贿被判处死缓的犯罪分子在具体执行中的一个特殊措施。[43] 作为新的特殊刑罚措施，终身监禁依附于死刑缓期执行制度和无期徒刑执行制度而存在，是新的一种刑事法律责任。

三、法律责任的体系

经济违法犯罪法律责任的概念论及了法律责任在学理上是如何作为一种具体标准来区分一般的经济违法和特定的经济犯罪，经济违法犯罪法律责任的具体种类展示了经济违法犯罪在不同部门法领域可能导致的法律责任，而经济违法犯罪法律责任的体系则探究建立法律责任体系的必要性、重要性和可行性。

法律责任体系的必要性在于单打独斗的法律责任难以实现经济犯罪预防和惩治的法治目标。不同的法律责任各自代表不同部门法对行为的法律评价，若自然人或单位的行为能够在各种法律关系中各就其位，若各种法律关系的认定在司法实践中能够毫无争议，那么以部门法划分的法律责任就可以"兵来将挡，水来土掩"，并无打破学科藩篱进行整体研究之必要。然而，客观世界是普遍联系的世界，在茫茫人海中，没有人是真正的孤岛。作为一个正常的社会人，他生来就注定扮演多种的社会角色，并在社会各个层面和各个领域与其他社会人形成多重的社会关系，并会自动被各种法律所评价，从而产生多重的法律关系。违法犯罪行为，如同社会人的其他行为一样，自然也会被各个领域的法律所定义，从而出现行为定性上的疑难或困惑。司法实践中，刑民交叉案件或者说刑民交错案件屡见不鲜。鉴于最高人民法院早在

---

〔43〕 参见臧铁伟：《终身监禁不是新刑种 适用于重特大贪污受贿犯罪》，载人大新闻网：http://npc.people.com.cn/n/2015/0829/c14576-27531201.html，最后访问日期：2016 年 1 月 26 日。

1991年的批复中就采用过“刑事案件与经济纠纷案件交叉”的说法,[44]也基于学界大部分学者使用“刑民交叉”来概括此类情形,以刑民交叉来指称涉及刑事法律责任和其他法律责任的法律现象将更为妥当。刑民交叉案件,归纳而言是指司法实践中发生的因特定事实要素的关联而出现的刑事法律关系和民事法律关系相互交叉、彼此竞合甚至水乳融合的案件。[45] 在这些案件中,刑事和民事、刑事和行政以及刑事和商事的各种疑难复杂案件常常出现罪与非罪、此罪与彼罪的争议,尤其是在今日高度复杂的经济领域中所滋生的经济犯罪,更常常引发司法裁判者和理论研究者的讨论。在法律的演变历程中,刑法和其他法律完成了从一体到分立,从混合到独立的转变,但是在发达的社会交流、复杂的法律事实、多重的法律关系、疑难的性质认定的种种冲击下,立法层面或者理论层面所笃信的刑民分界不足以应对现实中的法律挑战。诚如克劳斯·罗克辛(Claus Roxin)在《德国刑法学总论》中认为,“刑法与民法在概念上的明确区别是19世纪法学的重大成就。但在今日,我们认为此项严格区别是一个错误的概念,刑法与民法的再接近实有必要”。这种接近并非是要取消刑法和民法、刑法和其他法律之间的独立状态,而是不再囿于现有的部门法律制度框架,转而认清单独的法律责任研究已难以胜任经济犯罪的预防和惩罚,刑事法律关系、行政法律关系和民事法律关系的整体研究已经势在必行,我们需要尝试从法律责任体系建构的角度重新梳理经济犯罪所涉及的具体法律责任,辨析不同法律责任之间的区别和创设全新的法律责任体系。

经济违法犯罪法律责任体系的重要性在于良好的法律责任体系才能更好实现法律责任对于社会公众的明示和威慑功能。现代系统论认为,世界上任何事物都是一个相对独立的系统。系统内部的诸多要素

---

〔44〕 最高法院经济审判庭早在1991年就曾对此问题有过批复,即《最高人民法院经济审判庭有关刑事案件与经济纠纷案件交叉时如何处理问题的函》,文号为法经[1991]195号。

〔45〕 杨兴培:《刑民交叉案件的类型分析和破解方法》,载《东方法学》2014年第4期。

相互影响,相互联系、相互制约、相互作用,形成一定的结构形式,从而完成特定的功能目标。[46] 经济犯罪的法律责任体系就是一个系统,其中各个不同部门法的法律责任构成该系统的内在要素,但是各自部门法的法律责任也在该部门法内构成一个次级的系统。系统的内部要素、系统的内部结构和系统的外部环境共同决定了该系统功能的实现程度。在外部环境和内部要素不变的前提下,系统的结构影响着功能的实现,功能的发挥程度又反向影响着结构的形成和选择。我国当前的法律责任分布在各个部门法领域,民事法律责任、行政法律责任和刑事法律责任只能在各自的领域内发挥预防和惩罚犯罪的局部作用,同时因为分布的分散性而导致社会公众难以系统认知违法或犯罪行为所涉及的具体法律责任,经济犯罪的法律责任呈现出一种"孤军作战"的状态。由于法律责任没有实现系统化,各种法律责任之间存在或相互脱节或相互失调或相互矛盾的不利情形。刑法万能论的广泛市场导致人们过分依赖刑事法律责任的威慑作用,但是殊不知在经济领域,"刑罚本是一把双刃剑,既可用来预防犯罪,又可能削弱生产力"。[47] 重刑主义文化的代际遗传诱使司法裁判者在面对刑民两可的案件时容易认可刑事法律关系的确证。简单地说,就是指在刑民交叉类疑难案件的处理中突出刑法的地位和作用,将属于保障法的刑法提高到统领整个法律体系的位置,以刑法规范作为处理类似案件的主要依据甚至唯一依据。[48] 但一个基本取得的共识是,刑法对经济领域的介入需要一个限度。刑法对于经济领域的失范越轨行为若调控不当或干预不当,则极有可能扼杀市场经济的活力和创新。法律责任体系的良好建立有助于实现系统"整体大于部分之和"的功能,有助于发挥民事法律责任、行政法律责任和刑事法律责任的各自作用,有助于建立有效应对经济

---

〔46〕 张德军:《刑法规制危害食品安全犯罪的系统论思考》,载《中州学刊》2015 年第 1 期。

〔47〕 蔡枢衡:《中国刑法史》,广西人民出版社 1983 年版,第 3 页

〔48〕 参见杨兴培:《刑民交叉案件中"先刑观念"的反思与批评》,载《法治研究》2014 年第 9 期。

犯罪的法律防控体系。

经济违法犯罪法律责任体系的可行性在于法律责任体系建设的问题已经为学界所关注并具备了一定的研究成果。在跨越部门法的整个法律制度视野下梳理不同法律责任、划清不同法律责任和协调不同法律责任就是法律责任体系建设的具体思路。理想的法律责任体系应当是内在体系完整、没有明显漏洞或空白的,这意味着危害行为的各种法律责任如民事责任、行政责任、刑事责任应当形式齐全,并具有内在协调的次序排列方式。[49] 经济违法犯罪法律责任体系是民事责任、行政责任、刑事责任组成的系统,各种责任又包含不同的具体法律责任,从而在司法实践中形成复杂的多重法律责任制度。刑事法律责任分布在刑法典、单行刑法和附属刑法之中,而附属刑法是存在刑事法律条款的行政法或经济法等前置性法律法规,与行政法律责任或民事法律责任相勾连;行政法律责任分布在行政法或经济法之中,但并非每种行政责任都能符合经济犯罪预防和惩罚的要求,所以有必要对种类繁多的行政责任进行研究。我国应在完善立法的过程中对行政责任的承担形式进行整理和选择,在相关立法中对适合经济犯罪特点和适应经济犯罪惩罚需要的行政责任承担形式作出规定,抛弃或剔除不适合经济犯罪特点或者不适应惩罚经济犯罪实践需要的行政责任承担形式。[50] 民事法律责任分布在数量巨大、规模庞大的民事法律之中,基于刑法的保障法地位和二次违法性的属性,民事法律规范的违反、民事法律关系的存在、民事法律责任的后果往往是刑事法律责任产生的基础。现实当中大量的刑民交叉案件、刑民争议案件都源于民事法律责任和刑事法律责任的争议。经济违法犯罪法律责任体系的建设正是要考察民事法律责任制度、行政法律责任制度和刑事法律责任制度在立法和司法层面的实际情况下的优化组合,以期发挥法律责任体系的整体效应。

---

〔49〕 参见叶传星:《论设定法律责任的一般原则》,载《法律科学》1999 年第 2 期。

〔50〕 麻锐:《论我国经济犯罪法律责任制度体系的构建》,载《法学杂志》2014 年第 11 期。

第三节　立法一体化的概念和运用

一、立法一体化的思想

古语有云:“工欲善其事,必先利其器。”[51]经济违法犯罪法律责任的重构是一个宏大的目标,正确适当的方法论是寻得道路达成目标的必要“工具”。回顾当代法学研究,我们可以发现“类型化”和“一体化”思维已渐渐成为法学领域的两大重要路径,它们或明或暗地体现在法学教育或者法学研究当中。何为“类型化”?“类型化”是首先对事物属性和特征进行抽象和总结并形成界限分明的范畴模型,再以此为基础对其他事物展开解释和划分并继续反身检验和修正的思维模式。马克思·韦伯首先将之引入社会学的研究领域;[52]恩基希认为类型思维提供了一种促使抽象理念具体化的途径;考夫曼则更进一步认为,类型是对事物本质的思考方式。[53]何为“一体化”?“一体化”概念具有丰富的政治(如欧盟一体化)、经济(如长三角区域经济一体化)、文化(如传统文化复兴和流行文化一体化)内涵,表现在社会科学领域,它是哲学系统论思想和普遍联系规律指导下对类型化后的学科、范畴、概念的统筹和超越。

一体化的思想或许早已有之,但在刑事法学领域的最佳体现则是北京大学法学院储槐植教授率先系统提出的“刑事一体化”理论及其广泛应用。顾名思义,“刑事一体化”研究是立足于“刑事”法学的“一体化”研究。何为“刑事”?与犯罪和刑罚相关之事都属于“刑事”。何为刑事法学?广义来说,举凡与犯罪和刑罚研究相关的学科,包括但不限于刑事政策学、刑法学、刑事诉讼法学、犯罪学、监狱学、警察学等,都

---

〔51〕《论语·卫灵公》。

〔52〕胡玉鸿:《韦伯的“理想类型”及其法学方法论意义——兼论法学中“类型”的建构》,载《广西师范大学学报》(哲学社会科学版)2003年第2期。

〔53〕杜宇:《刑法学上“类型观”的生成与展开:以构成要件理论的发展为脉络》,载《复旦学报》2010年第5期。

属于“刑事”法学的范畴。[54] 狭义来说，刑事法学是以刑法和刑诉为基础研究犯罪和刑罚的教义学体系。刑事一体化的研究在当今刑法学界已蔚然成风，若以储槐植教授的研究为线索，我们大致可以归纳刑事一体化研究的若干阶段和主要内容。第一阶段是刑事一体化的初始阶段（1989—1996年）。储槐植教授1989年在《中外法学》发表《建立刑事一体化思想》的论文，在反思研究1979年刑法的基础上首次提出了“刑事一体化”思想，主要涵盖三方面内容：（1）更新观念；（2）调整结构；（3）完善机制。但是期间没有反响，学界并无作品相和，可谓曲高和寡。[55] 这既可能源于当时学术界主要关注新刑法实施以来的各项问题，也因为刑事一体化思想作为方法和观念的更新，需要时间去引发学者的思考和共鸣。第二阶段是刑事一体化的发轫阶段（1997—2004年）。1997年是刑事一体化研究的转折年，一方面，储槐植教授积多年研究而著《刑事一体化和关系刑法论》，完成了“刑事一体化”理论的基本构造；另一方面，学术界开始关注并应用刑事一体化理论于各个刑事法学领域。首先，北大法学院陈兴良教授于1997年主编的《刑事法评论》第一卷、1998年法律出版社出版的《刑事法学要论——跨世纪的回顾与前瞻》中都提到了刑事一体化理论，刑法学界开始在刑事一体化视野下研究犯罪概念及原则、犯罪学、犯罪心理学、刑事政策学、学科群及结构等问题。[56] 其次，刑事一体化理论开始越过刑法学界而被诉讼法学界所关注，如汪建成教授在1999年发表《刑法和刑事诉讼法关系新解》，之后又在2000年于《法学》杂志发表了《对刑法和刑事诉讼法关系的再认识——从刑事一体化角度观察》。最后，2003年北京大学法学院百年院庆中召开的“刑事一体化”学术研讨会标志着刑事一体化思想的深入人心，储槐植教授做了《再说刑事一体化》的主题报告，

---

〔54〕 张文、马家福：《我国刑事科学的学科结构研究》，载《北京大学学报》（哲社版）2003年第5期。

〔55〕 搜索CNKI知网，在这一期间并无相关论文发表。

〔56〕 参见贾凌：《刑事一体化问题研究述评》，载《刑法论丛》第4卷2009年版，第91页。

这也是当时我国刑法学界第一次举办的以个人某一学术观点为题的专门性的学术研讨会。[57] 第三阶段是刑事一体化的盛行阶段(2005—2015年)。以2005年陈兴良、梁根林两位教授主编出版的《刑事一体化与刑事政策》为节点,学界开始在刑事一体化的视野下讨论刑事学科群的各项理论和制度,其成果呈现出百花齐放之态。2013年,储槐植教授在《中国法学》发表《刑事一体化践行》,在《刑法论丛》发表《刑事一体化司法适用若干问题探讨》,两篇文章基本类似,阐释了刑事一体化的要义在于融合学科联系,解决现实问题;论述了刑法刑事政策化考量的各项内容,包括死刑适用标准问题、自首和立功从宽处罚问题以及复合罪过问题。[58] 从1989年到2015年刑事一体化理论发展中,我国学界已经探讨了该理论的诸多内容,包括刑事一体化的内涵和本位、刑事一体化作为新观念新方法对刑事学科的整体思考、刑事一体化在刑事政策学、刑法学、立法学、犯罪心理学等个别学科上的运用。但是,在立法理论和立法制度上,一体化的思想则少有探讨,更无行动。"立法一体化"更多的是作为一种口号或原则而存在,并没有落实到具体的立法实践;或者即使因为法律本身所具有的体系性和逻辑性而形成部门法意义上的一体化立法,但是仍然缺乏针对特定犯罪类型和犯罪领域形成的跨越部门法的立法一体化。

二、立法一体化的定义

立法一体化不但是在立法层面兼用归纳和演绎打破学科隔阂、进行整体研究的方法论,也是建立内外协调、轻重有序法律体系的本体论,更是明确学科定位、实现学科功能的价值论。具体到经济犯罪,经济违法犯罪法律责任的立法一体化正是在刑事一体化的理论基础上,以一体化研究的方法打通刑法和前置性法律法规在法律责任上的"通道";将刑法典、单行刑法中的有关经济犯罪的罪刑规范与前置性法律法规中的附属刑法规范相合并,形成经济犯罪罪刑规范本体的体系化;

---

〔57〕 参见储槐植:《刑事一体化论要》,北京大学出版社2007年版,序言第17页。

〔58〕 参见储槐植、闫雨:《刑事一体化践行》,载《中国法学》2013年第2期。

通过经济犯罪罪刑规范的一体化来帮助违法犯罪行为罪与非罪、此罪与彼罪的认定，促进刑事法律规范预防和惩罚犯罪的价值实现。

经济犯罪的一体化立法模式在当下主要体现在对经济犯罪立法模式和法律体系的重新思考。立法模式的更改将动摇立法体系的格局，立法体系的变动会催生立法模式的反思。立法模式是一个广义的概念，涉及立法载体、立法内容、具体规范建构等。[59] 此处是指狭义上的立法模式，即立法者采取何种立法载体和规范建构来建立它的规范体系。法律体系是指一国各种部门法、部门法中各种具体法律的有机组成体系。长期以来，我们对于立法模式和法律体系的理解在于建立法律体系是法治的基础。比如 2008 年 3 月 8 日，十一届全国人大上，全国人大常委会委员长吴邦国宣布："中国特色社会主义法律体系已经基本形成。至此，中国形成了以宪法为核心，以法律为主干，包括行政法规、地方性法规等规范性文件在内的，由七个法律部门、三个层次法律规范构成的法律体系。国家经济、政治、文化、社会生活的各个方面基本做到有法可依……"或者如亚里士多德认为的，"法治应包含两重意义：已成立的法律获得普遍的服从，而大家所服从的法律又应该是本身制定得良好的法律"，[60] 良法善治成为法治必要而不充分之要件。具体到刑事法学领域，我们都倡导建立完善的刑事法律体系，做到"天网恢恢，疏而不漏"；或者通过单行刑法、刑法修正案以及司法解释来不断补充和释明刑法典的具体条文，根据社会现状和司法实践增补删减罪名和制度。但是这种对刑事法律大厦的修补都建立在现有刑事法律立法模式的地基和框架之上，都是在承认现有的刑事法律立法模式能够适应当代中国刑事司法现状和应对未来中国刑事犯罪趋势的前提之下。当基础和前提的牢固程度出现疑问和动摇时，立法模式的问题就会凸显而出。

现代世界各国的刑法立法模式主要可以归纳为如下几种：第一种

---

〔59〕 姜涛：《劳动刑法制度研究》，法律出版社 2012 年版，第 105 页。

〔60〕 亚里士多德：《政治学》，商务印书馆 1965 年版，第 199 页。

是单一法典型刑法立法模式。国家立法机关将所有犯罪类型都统一规定在一部刑法典当中,1810 年的《法国刑法典》和 1871 年的《德国刑法典》是该种立法模式的典型代表,代表着建立内容完备、形式统一、逻辑自足的完美法典的追求。第二种是特别刑法立法模式。特别刑法是指仅仅适用于特别人、特别时、特别地或特别犯罪的刑法,包括单行刑法立法模式和附属刑法立法模式。单行刑法是指国家立法机关以决定、补充规定、条例等名称规定特定犯罪及其刑事责任的立法模式。比如 1998 年颁发的《关于惩治骗购外汇、逃汇和非法买卖外汇犯罪的决定》。附属刑法是指规定于行政法、经济法和民法等非刑事法律中的罪刑规范。第三种是判例型刑法立法模式。英美法系国家通过归纳总结的方式将刑事案例体现的原则和规则上升为普遍使用的刑法规范,从而有别于大陆法系的一般立法模式。第四种是修正案式刑法立法模式。修正案式刑法立法模式是指国家立法机关通过一定的立法程序颁布刑法修正案,从而对刑法典进行局部修改,使刑法典能够适应犯罪变化的情况。[61] 刑法学界关于立法模式尚有其他总结,但究其本质是概括用语或排列次序的不同,并没有实质上的差异。相应地,我国刑法学界对经济犯罪的立法模式也有不同的看法。例如,华东政法大学杨兴培教授认为,经济犯罪的刑事立法模式有以下几种:第一种是法典型立法模式,它并非指单独的法典型规定模式,而是融合于整个刑法典之中的规定模式。第二种是单行型立法模式,是指独立于刑法典之外而针对某一类犯罪所规定的单独刑事法律。第三种是附随型立法模式,是指立法机关在专门性刑事法律规范之外的行政法规、民事法规和经济法规中设定刑法规范的一种立法模式。[62] 四川师范大学唐稷尧教授认为,现行刑法自 1997 年面世以来不断出台的单行刑法和不断修订的刑法修正案验证了我国经济犯罪单轨制的立法模式,即罪与刑的法律

〔61〕 参见柳忠卫:《刑法立法模式的刑事政策考察》,载《现代法学》2010 年第 3 期。

〔62〕 参见杨兴培:《经济犯罪的刑事立法模式研究》,载《政治与法律》2006 年第 2 期。

规范只存在于刑法典和单行刑法之中。[63] 虽然我国在大量民事、经济、行政等刑法前置性法律法规中规定了附属的刑法规范，但是这些附属刑法规范并不具备经济犯罪的具体罪状和明确刑罚。我国的附属刑法除了极少数援用了具体的刑法法条，大多数都属于没有指向具体条文或具体罪名的参照式规定，不符合国际上附属刑法的通行方式。这些立法模式的问题正是经济违法犯罪法律责任立法一体化所要研究的对象。

三、立法一体化的运用

理论的思考可以没有边界，但是法律的修改需要固守立法的规律。学者站在自己的角度以不同的标准划分我国经济犯罪的立法模式本属常态，立法者也自然可以根据现实的需要增、改、删刑事法律规范。但是，一国的立法模式并不是随心所欲而能加以改变，"一个民族的生活创造它的法治，而法学家创造的仅仅是关于法制的理论"。[64]

我国刑法学界对现有经济犯罪立法模式的反思并不鲜见，关于未来经济犯罪立法模式的选择也常诉诸笔端。中国人民大学肖中华教授采"刑法典和单行刑法说"，认为经济犯罪采取何种立法模式应当立足于本国立法体制机制的现实，顺应国民的犯罪观念，尊重立法技术的合理性，考虑司法适用的便捷，因而我国今后仍然应积极采取单行刑法的方式来规定经济犯罪，但是要以刑法典集中规定为最终目标。[65] 华东政法大学游伟教授主张"刑法典和附属刑法说"，经济犯罪立法模式的选择要根据经济犯罪的特点并做通盘设计，以附属刑法规定为主、刑法典规定为辅的"双轨制"经济犯罪立法模式较为妥当。它使附属刑法规范成为刑法调控经济的主导，辅之以将某些行为方式相对稳定且典型的经济犯罪规定在刑法典之中，更能兼顾集中性和分散性立法模式

〔63〕 参见唐稷尧：《论我国经济犯罪的立法模式选择——兼谈空白罪状内涵的解释与补充》，载《四川师范大学学报》（社会科学版）2006 年第 6 期。

〔64〕 苏力：《法治及其本土资源》，中国政法大学出版 1996 年版，第 289 页。

〔65〕 参见肖中华：《集中是发展方向　散在为存在形态——论经济犯罪立法模式之抉择》，载《法治研究》2010 年第 5 期。

的优势。[66] 山东大学刘军教授采“经济刑法典说”，认为统一刑法典的立法模式有利于彰显刑罚威慑效应，吓阻社会潜在之犯罪人；而附属刑法的模式有助于国民形成统一的守法性意识，防止人为地割断行政法与刑法的内在关联，因此各有利弊难以取舍。兼顾两者的立法模式便是设立独立的经济刑法典，既可发挥刑法典一般预防的效果，同时又保有附属刑法立法灵活的特性，有助于全景式地看待经济犯罪，立体式地安排刑事政策，并最终实现社会福利的最大化。[67] 以上都是改变现有经济犯罪立法模式的观点，也存有坚持刑法典模式的学者，比如北京师范大学博士后王利宾副教授采“刑法典说”，认为虽然在国内外，经济犯罪立法模式不乏同时采用刑法典、附属刑法和单行刑法的形式，但在我国，关于经济犯罪的实体性内容即经济犯罪的犯罪构成和刑罚制裁不宜分散于附属刑法或单行刑法之中，而应坚持刑法典集中规定的立法模式。[68] 至此，经济犯罪立法模式的主张已涵盖了刑法典、附属刑法、单行刑法和经济刑法典，涉及了国际范围内经济刑法立法模式的所有方式，区别在于对不同立法模式的取舍和组合。不同立法模式都有其自身的优势和缺陷，比如刑法典立法模式能够在形式上统一规定经济犯罪的罪名和罪状，便于查阅和研究，但是却无法与经济领域中的新型危害行为相适应，若是及时采取刑法修正案的方式加以修改，则会使得刑法典陷入剧烈变动的境地。附属刑法模式可以适应经济犯罪的变化特性，但是不像刑法典立法模式那样具有体系性。单行刑法模式在我国具有丰富的立法经验，也具有很强的针对性和及时性，但是却容易出现“头痛医头，脚痛医脚”式的分散。经济刑法典模式针对经济犯罪这一类罪设定了专门化法典形式，有助于提高经济犯罪预防和惩罚的力度，可是发轫于大陆法系的经济刑法典立法模式日渐式微，《德国

---

〔66〕 参见游伟：《经济犯罪立法模式新论》，载《检察日报》2010年2月5日，第003版。

〔67〕 参见刘军：《我国经济犯罪的立法模式探析》，载《河南省政法管理干部学院学报》2008年第5期。

〔68〕 参见王利宾：《经济犯罪规范化防控研究》，载《刑法论丛》(第4卷)2011年版，第447页。

简化经济刑法》经过半个世纪左右的变迁已成为一部包含很少条款的法律,规制经济犯罪的部分大都被吸收到刑法典。恰恰是在立法模式理论"公说公有理,婆说婆有理"的局面下,经济犯罪立法模式的选择需要我们以更广的视野和更多的精力深刻思考各种立法模式背后的论据,并作出正确的选择。基于自然犯与行政犯范畴对经济犯罪规制的理论指引,我国古代经济犯罪立法模式的历史考察,当今世界经济犯罪立法模式的域外比较,以及我国当今立法模式的现状和问题的研究,经济违法犯罪法律责任立法一体化意味着我们要将典型行政犯的罪刑规定迁移到经济领域的前置性法律法规中去,实现经济领域违法犯罪行为的法律责任一体化,而刑法典依然保留自然犯和非经典的行政犯的罪刑规范。由于经济犯罪中的具体犯罪在社会公众和立法者心中的认知和地位总存在与时俱进的演变,具体犯罪的入罪和出罪,是否是经典的行政犯都并非一成不变,因此刑法典和附属刑法将会保持流动和互通,经济犯罪的立法模式也将在这种动态平衡中发挥预防和惩罚经济犯罪的最大功能。

第二章　经济犯罪立法模式的理论指引

出于学科内部发展和学科外部应用的需要，犯罪作为刑法的调整对象一直存有不同的分类标准。如按照刑法调整对象的类别划分，我国刑法典在分则部分（第102—451条）设定了包含破坏社会主义市场经济秩序罪、侵犯财产罪、贪污贿赂罪、渎职罪等在内的十章犯罪。如按照刑法条文法定分类划分，我国刑法存有单位犯罪与个人犯罪、亲告罪与非亲告罪、共同犯罪与单独犯罪等；如按照刑法理论总结来划分，我国刑法中有重罪与轻罪、隔隙犯与非隔隙犯、即成犯、状态犯与继续犯等，而自然犯和法定犯就是理论分类中耳熟能详的一对常见范畴，并能对立法模式产生间接却又深远的影响。

第一节　自然犯与法定犯的概念与演变

一、自然犯和法定犯的概念

“自然犯”一词语出“犯罪学三圣”之一加罗法

洛的代表作《犯罪学》。他在书中首次提出自然犯和法定犯的范畴,"在一个行为被公众认为是犯罪前所必需的不道德因素是对道德的伤害,而这种伤害又绝对表现为对怜悯和正直这两种基本利他情感的伤害。我们可以确切地把伤害以上两种情感之一的行为称为'自然犯罪'"。[1] 加氏并没有明确给出法定犯罪的定义,但是作为自然犯罪的对应,法定犯罪主要是指违反法律规定的有害行为。据此,可以归纳为"自然犯就是对怜悯和正直这两种基本情感的侵害,而法定犯则是纯粹违反法律规定但并不违背基本道德的行为"。[2]

自然犯和法定犯这对范畴深刻影响了刑事法学的犯罪研究,其产生和发展有着独特的思想渊源。从学术史而言,自然法范畴是西方文明中最古老的法哲学范畴。米利都斯学派的代表人物赫拉克利特以"逻各斯"(Logos)指称万事万物遵循的客观规律,也就是古希腊的朴素唯物主义所揭示的自然法。[3] 亚里士多德曾创造性地将政治正义划分为自然正义(自然法)与法律正义(实在法),并提出自然法的永恒性、普遍性与不变性。[4] 随后的斯多葛学派以系统研究自然法而著称,他们认为自然法是整个宇宙的支配原则,自然法与理性可以等同,而自然法这种理性是法律与正义的基础,普遍适用于世界上各个角落。[5] 古罗马人推崇斯多葛派学说,如西塞罗就认为理性是人区别于动物的本质属性,自然法是唯一正确的理性,具备普遍性与永恒性;而人定法却因具体环境不同而变化,但是必须符合自然法。[6] 古罗马法

---

〔1〕 [意]加罗法洛:《犯罪学》,耿伟等译,中国大百科全书出版社1996年版,第44页。

〔2〕 [意]加罗法洛:《犯罪学》,耿伟等译,中国大百科全书出版社1996年版,第29~50页。

〔3〕 参见罗国强:《西方自然法思想的流变》,载《国外社会科学》2008年第3期。

〔4〕 参见张乃根:《西方法哲学史纲》(增补本),中国政法大学出版社2002年版,第48页。

〔5〕 参见何勤华:《西方法学史》(第2版),中国政法大学出版社2000年版,第23~25页。

〔6〕 参见罗国强:《西方自然法思想的流变》,载《国外社会科学》2008年第3期。

借鉴古希腊伦理学中的善恶理论，也受到自然法与实在法的启发，将犯罪类型划分为自体之恶(mala in se)与禁止之恶(mala prohibita)。“因恶而禁”与“因禁而恶”这两种范式为后世进一步认识犯罪奠定了基础。欧洲步入中世纪后，基督教逐渐全面影响社会阶层和社会关系，法学日益沦为神学的附庸。神职人员和封建君主的联合统治、教权和王权的彼此合作、政治与法律的相互配合，使整个欧洲大陆刑法呈现出罪刑擅断、等级鲜明、严刑峻法的特点。即便如此，自然法思想也并未在神学的光辉下断绝传承。著名哲学家和神学家托马斯·阿奎纳(Thomas Aquinas)在代表作《神学大全》里将自然法理论和基督教神学有机结合，通过对亚里士多德形而上学和西塞罗法律思想的论证，创立了包含永恒法、自然法与人法在内的自然神学体系，从而在神学之中也突出了人对自身道德建设和法律规范的重要作用。[7] 文艺复兴和启蒙运动中，自然法思想被渴求建立“自由、平等、博爱”社会的启蒙思想家从历史的故纸堆中复活。被誉为“国际法之父”和“自然法之父”的格劳秀斯首次在法哲学层面系统阐述了自然法思想，认为自然法是正当理性的命令，它既调整人类意志之外的事物，也调整由人类有意识的行为所导致的后果，国际法分为自然国际法与实在国际法。[8] 从这个意义而言，我们才可以说，经过中世纪神学的洗礼，人们又重新找到了人类的理性。[9] 自然法理论的重获生机让学者重新关注理性与感性、法律与道德的关系，启蒙主义思想家霍布斯、洛克、孟德斯鸠和卢梭提出与完善的社会契约论构成了贝卡利亚犯罪与刑罚体系的思想渊源，而基于理性的意志自由理论构成了费尔巴哈心理强制说的理论基础。启蒙主义刑法思想的继承和阐发形成了前期旧派(古典学派)的刑事法学理论，罪刑法定原则、罪刑相适应原则、法律面前人人平等原

[7] 参见王奇冕：《托马斯.阿奎纳〈神学大全〉自然法思想探究》，清华大学2012年硕士学位论文，“摘要部分”。
[8] 参见罗国强：《西方自然法思想的流变》，载《国外社会科学》2008年第3期。
[9] 参见徐爱国：《西方法律思想史》，北京大学出版社2002年版，第96页。

则、刑罚的人道主义、一般预防主义等使刑事法告别了以往罪刑擅断、刑罚严酷的落后阶段，成功实现了刑法的现代转向。

然而，古典学派发展到后期形成了规范主义体系的刑法理论。在规范刑法学中，犯罪被简单看成一种法律禁止的行为。这种倾向一方面使得犯罪概念只代表了立法者对行为的区分，却无法解释他们为什么将一些行为规定为犯罪，但是在同时期的其他地区却不是犯罪；另一方面这种定义使法律学者只在外部形式上研究犯罪的各种特征，却不从心理实验的科学角度考虑犯罪的起源问题。〔10〕在社会现实中，随着19世纪末资本主义工商业的迅速发展，诸多社会问题导致新型犯罪层出不穷而刑事法律却无法遏制，犯罪预防无能为力而刑事古典学派却不能做出合理解释。在学术理论上，实证主义哲学和方法在欧洲开始盛行。自然科学领域的成就如“日心说”“进化论”的冲击也逐渐影响社会科学研究，指导学术研究的方法论从理性主义转换到实证正义。正是在上述背景下，为了寻求研究犯罪和消灭犯罪的最佳方法，加罗法洛认为，“我们研究的第一步应该是找到犯罪的社会学概念。如果认为我们正在探讨一种法律概念，并进而认为这种定义只是法学家的事，这是行不通的”。〔11〕以往的犯罪学家或者法学家习惯从犯罪事实归纳犯罪类型进而提炼犯罪概念，但这种努力难以定义“所有文明国家都毫不困难地确定为犯罪并用刑罚加以镇压”的犯罪行为。当我们想到如叛逆、抢劫、杀人、强奸等行为时，普适的“犯罪”概念似乎唾手可得，但是稍作研究后会发现在某些时期某些地区并不构成应受刑罚处罚的行为。〔12〕因此，他认为只有改变方法，“放弃事实分析而进行情感分析”方可获得“自然犯罪”的概念。从深层意义上来说，“实际上，犯罪一直是一种有害行为，但它同时又是一种伤害某种被某个聚居体共同

〔10〕郝守才等：《近代西方刑法学派之争》，河南大学出版社2009年版，第423页。

〔11〕［意］加罗法洛：《犯罪学》，耿伟等译，中国大百科全书出版社1996年版，第19页。

〔12〕［德］加罗法洛：《犯罪学》，耿伟等译，中国大百科全书出版社1996年版，第21页。

承认的道德情感的行为”。[13] 道德的普遍性、相对性和变动性都不能否认“一个民族的道德感的存在，正像其他情感一样，是在不断演变中代代相传，它或者纯属心理遗传的结果，或者是这种遗传与儿童的模仿本能和家庭环境的影响相结合的结果”。[14] 组成道德感的各部分包含非基本情感和基本情感两类，前者是指祖国之爱、宗教情感、贞洁感、荣誉感等非基本道德情感，对它们的伤害只对作恶者本人及其家庭或国家真正有害，而并不危及整个社会；后者是指仁慈感、怜悯感、正义感和正直感等基本道德情感，对这些利他主义情感的伤害将会有害于整个社会。沿着这条路径，加氏进一步归纳和推导出自然犯罪的概念。他也承认“自然犯”概念并非一个完整的定义，但它提供了一个最重要的决定因素。以是否“对怜悯和正直这两种基本情感造成侵害”为标准将犯罪和既有害又不道德但仍不被认为是犯罪的行为区分开来，从而成功地立足犯罪学的角度实现了对犯罪现象的归类和犯罪本质的提炼。

二、自然犯和法定犯的区分

自然犯和法定犯的提出在当时是一种理论创新，即使在今天也依然备受重视。不少刑法教科书都视自然犯与法定犯为重要的犯罪分类，比如清华大学张明楷教授也在刑法教科书中认为，“自然犯与法定犯的分类得到了许多人的响应，但其区分标准却因人而异……自然犯是指在侵害或威胁法益的同时明显违反伦理道德的传统型犯罪，法定犯是指侵害或威胁法益但没有明显违反伦理道德的现代型犯罪，虽然伦理道德规范的内容不断变化，自然犯与法定犯的区分具有相对性，但这样区分对于解决法律认识错误等问题具有一定意义”。[15]

当加罗法洛继承龙勃罗梭的衣钵从犯罪人的角度研究犯罪，他采取了有别于人类学研究的、从生理异常转向道德异常的研究，认为真正

〔13〕［德］加罗法洛：《犯罪学》，耿伟等译，中国大百科全书出版社 1996 年版，第 22 页。
〔14〕［德］加罗法洛：《犯罪学》，耿伟等译，中国大百科全书出版社 1996 年版，第 24 页。
〔15〕参见张明楷：《刑法学》，法律出版社 2011 年版，第 95 页。

的罪犯是与社会无法相容的个体，没有道德异常就没有自然犯罪，因此真正的罪犯必然是在怜悯与正直这两种道德情感上存在全部或部分的退化、缺失或薄弱的行为人。在此基础上，他认为自然犯包括典型罪犯或谋杀犯，暴力犯，缺乏正直感的罪犯或色情犯。而法定犯包含但不限于以下几种：(1)威胁以一个政府组织为代表的国家的行为，如煽动犯罪的新闻报道；(2)无政治目标的攻击社会权力行为，如拒绝履行国家义务，走私等行为；(3)可能侵害公共和平、公民的政治权利、宗教信仰或导致公共礼仪受到侵害的行为，如虚假选举，反对宗教信仰；(4)与某个国家中地方性或特别立法相抵触的行为，如违反电信、环境卫生、海关、森林等各种地方法规的行为。[16] 他认为法定犯的行为不属于侵犯人类社会基本道德情感的范围，之所以在有些国家或地区被定为犯罪是源于该国家或地区的其他法律法规规定。反过来讲，其他法律法规所规定的不法行为虽然因刑法的确认而升格为犯罪，但是该不法行为本身并不具有违反基本道德情感而产生的天然可谴责性。

犯罪人的道德异常成为加罗法洛区别犯罪学意义上而非实定法意义上的自然犯和法定犯的标准，但这个标准却引人争议。因为自然犯所侵犯的基本道德情感依托于整个社会的平常程度上的道德情感判断。作为不成文的社会规范，道德本身首先具有模糊性。尽管在一般的现代社会，杀人、放火、抢劫、强奸都是挑战社会基本道德底线的不法行为，但是离基本道德越远，则道德评价就越模糊。其次，道德具备变化性。社会的发展令每个时期"流行"不同的道德判断标准，比如曾经广受谴责面临刑罚的通奸，现在已经不构成犯罪。道德在时代的变迁中会不知何时改头换面。最后，道德本身具有多元性。不同的文化传统、生活方式、社会制度等都会造就不同的道德认知，现代民主社会的开放和包容也提供了道德多元化的肥沃土壤，我国"杀人偿命""父债子偿"等看似天经地义的观念在另一方国度可能不受认可。基于自然

---

〔16〕 参见[德]加罗法洛：《犯罪学》，耿伟等译，中国大百科全书出版社 1996 年版，第 50～51 页。

犯和法定犯界限的模糊，刑事法学理论在发展过程中提出了不同的替代方案，比如：(1)法益侵害标准。Kostlin 等人认为，自然犯是侵害法益的犯罪，法定犯是威胁法益的犯罪；Holschner 等人认为，侵害法益或给法益造成具体危险的犯罪是自然犯，给法益造成抽象危险的犯罪是法定犯；Merkel 等人认为，自然犯实质上是对法益的侵害或威胁，而法定犯实质上是对法规的纯粹不服从或单纯不服从。〔17〕 但是从法益角度进行区分，又会陷入另一个关于如何定义侵害法益与威胁法益、具体危险与抽象危险、侵害或威胁法益与不服从法规之区别的“泥沼”，以另一种模糊的标准去补充自然犯与法定犯的区别标准。(2)生活秩序理论。日本学者福田平认为，国家的社会生活秩序可以分为规制市民社会基本生活的基本生活秩序和虽然与基本生活秩序相关联但非直接相关的派生生活秩序。〔18〕 自然犯就是违反基本生活秩序因而也是被市民社会在道义上予以承认的行为，而法定犯违反的是为实现国家行政目的而形成的派生生活秩序。在这里，基本生活秩序和派生生活秩序比起基本道德情感与非基本道德情感更加具象，也容易为人感知。但何为基本生活秩序，何为派生生活秩序仍然是一个区分的难题。(3)违法性认识区别理论。自然犯因为本身的反社会性质，行为人实施犯罪事实就意味着其反社会的道德异常，因而需要违法性的认识；而法定犯则有所不同，法律对行为的规定才导致法定犯的产生，实施该犯罪必须具备违法性的认识。但关键是除了典型的自然犯之外，有些时候难以判定该犯罪到底属于自然犯还是行政犯。在大多数情况下，我们能够推断自然犯与行政犯对违法性认识的不同要求，但是难以从一个犯罪是否需要违法性认识反向推断该犯罪是自然犯还是法定犯。何况以违法性认识来作为区分标准是一个能适用大部分情形的标准，却

---

〔17〕 参见张文、杜宇：《自然犯、法定犯分类的理论反思——以正当性为基点的展开》，载《法学评论》2002 年第 6 期。

〔18〕 王磊：《论刑事犯与行政犯》，山东大学 2007 年硕士学位论文，第 21 页。

也不乏存在具有自然犯犯罪事实又缺乏违法性认识的反例。[19]（4）刑罚根据论。美国有学者认为，对于严重违背社会道德的传统自然犯罪，如杀人、抢劫、放火、强奸、盗窃等，刑罚是基于报应而给予谴责，对于并未违背社会道德或者违背程度较轻的法定犯，如非法停车、超速行驶、严格责任犯罪，刑罚是基于社会管理的功利需求而设置。[20]换言之，刑罚是为了报应还是预防决定了该犯罪到底是自然犯还是法定犯。以对犯罪的刑罚为标准胜在有明确的标准，但是刑罚的惩罚既有报应的作用，也有预防的效果，我们很难说自然犯的刑罚不具备预防的效果，而法定犯的刑罚不具备报应的作用。从法益角度、违法性认识、刑罚根据甚至提出生活秩序标准的创新，都难以消弭自然犯和法定犯的界限之争，以至于有学者认为自然犯与法定犯的现行区分标准缺乏可行性，从而注定是不能成功的。[21]

三、自然犯和法定犯的演变

加氏系统阐述的自然犯和法定犯的范畴上承罗马法时代的自然法观念，下启现代刑法的法学话语体系，是一个具有开创性的理论。但是为何自然犯和法定犯的区分会引发如此多的争议？为何自然犯和法定犯成为刑法学所讨论的犯罪分类？为何自然犯和法定犯会有不同于诞生之初的理论意义？这些现象的出现主要在于自然犯和法定犯理论在学术发展和社会变迁过程中已经发生了不同方向的演变。

首先，自然犯和法定犯理论经历了从犯罪学向刑法学的演变。当我们在探讨一个理论的时候，需要回到理论提出的出发点——即为何要提出这个理论——才能清楚理论的落脚点。在加罗法洛没有提出自

---

〔19〕 比如北京大学朱苏力教授在《法治及其本土资源》中对《秋菊打官司》的分析，西北农村一村长和村民因为小事吵架，村民骂村长断子绝孙，村长踢了该村民裆部几脚，该村民的妻子很生气，认为可以踢人，但不能踢裆部。其中的村长就对自己因为侮辱言语而踢人的故意伤害行为不具备违法性认识。

〔20〕 邱兴隆、许章润：《刑罚学》，中国政法大学出版社1999年版，第46页。

〔21〕 参见张文、杜宇：《自然犯、法定犯分类的理论反思——以正当性为基点的展开》，载《法学评论》2002年第6期。

然犯和法定犯理论前，他所面临的是这样一幅图景：由自由竞争的资本主义阶段过渡到垄断资本主义阶段的19世纪后半期，城市化造成了人口集中，贫困犯罪导致了大量犯罪，累犯、少年犯、惯犯人数激增，社会秩序处于风雨飘摇之中，人们所期待的“现代化社会”的美好图景仿佛已成为海市蜃楼。负责犯罪预防和惩罚的刑事法学仍然是刑事古典学派的天下。以罪刑法定原则、刑罚人道原则、罪刑相适应原则和道义责任论、意志自由论、一般预防论为基本观点的古典学派是以犯罪行为为核心而建立的行为论刑法。它主张犯罪人的刑事责任来源于客观行为及其实害，刑罚应该与犯罪人的客观行为及其实害相一致，在法律面前，也应该人人平等。这些主张改变了以恣意性、残酷性和身份性为特征的封建专制刑法，迎来了刑法现代化的春天。但是以行为作为基石构建的刑法理论反对封建专制刑法，崇尚个人权利保障，抽象犯罪人与危害行为，这就会导致古典学派的行为论刑法无法有效针对犯罪人的具体情形实施相对应的预防措施。正如犯罪学家菲利所说，“把法律看成法律问题的古典派，集中注意犯罪的名称、定义及其法理学分析，把在一定背景下形成的罪犯人格抛在一边……只有在法律具有严格规定的情况下，古典派犯罪学才在理论上探讨犯罪人的个性特征。然而，有90%的案件中并不存在或不能证明存在上述情形，所以刑事司法只能从技术上界定事实”。[22] 加罗法洛为了克服只从技术上或概念上定义犯罪的弊端，带着“什么是真正的犯罪人”和“什么是真正的犯罪”的问题意识开始了犯罪理论的建构之路，他所提出的自然犯和法定犯正是为了解决上述问题而存在。由于这个开创性理论是如此具有影响力，以至于刑法学学者开始以自然犯和法定犯的角度去研究刑法中的犯罪和犯罪人，在有意识的借鉴中产生了无意识的立场变更，自然犯和法定犯在刑法学的领域中被局限在了实定法之中，在对实定法具体犯罪的分析中产生了该罪是自然犯还是法定犯，自然犯和法定犯的危害

〔22〕［意］菲利：《实证派犯罪学》，郭建安译，中国人民公安大学出版社2004年版，第153页。

性大小比较，自然犯和法定犯的违法性认识问题等，这些问题都是刑法学对该理论的发扬，已经与自然犯和法定犯的初衷渐行渐远。

其次，自然犯和法定犯理论经历了从应然立法向实然司法的演变。在加罗法洛的自然犯和法定犯理论中，自然犯罪和自然犯是理论论述的重点。自然犯罪是其犯罪学理论的基本概念并由此引申出自然犯的概念，“犯罪是一种既对社会有害又侵害了一种或两种最基本怜悯和正直情感的行为，罪犯则必然是这种情感部分或全部缺失、退化或薄弱的人”。[23] 可见，道德异常是理解自然犯和法定犯的关键。加罗法洛引用了陀斯托耶夫斯基所述的一个故事来进一步解释道德异常在判断自然犯罪上的关键性。[24] 在故事中，有一位老信徒为了宗教信仰而去放火，但却被认定为法定犯，其原因在于：一是这个老信徒侵害的是宗教信仰自由，并非利他情感。二是他对其他人并没有伤害的意图。三是虽然该行为人从客观表现来看的确符合加罗法洛所列举的伤害正直感的犯罪之一，但是从行为人的角度出发，该行为人本身并无道德异常，因而不具备道德异常的犯罪并不是加罗法洛所认为的真正犯罪，同样实施如此行为的人也不是真正的犯罪人，更不应该将此列为刑法重点打击的对象。通过在立法的层面，而非实定法的层面，将法定犯罪排除出犯罪圈，将法定犯排除出犯罪人圈，加罗法洛彻底改变了古典学派“只见行为，不见行为人”的客观刑法倾向，得以最大程度上集中力量打击自然犯罪与自然犯。但是，这种对实定法的超越并没有在后期的理论发展中得到一以贯之的坚持。以我国为例，犯罪学被认为是专门研究犯罪原因、犯罪现象和犯罪预防的社会科学，而刑法学是专门研究什么是犯罪与如何惩罚犯罪的学科。由于刑法学经常在社会舞台中保持较高的曝光率和参与度，也由于处在转型过程中的当前中国社会对刑事案件的广泛报道，社会成员对刑事犯罪的高度关注和刑法学工作者对刑事法治的努力推动和长久参与，刑法学作为社会科学中一门

〔23〕［意］加罗法洛：《犯罪学》，耿伟等译，中国大百科全书出版社1996年版，第67页。
〔24〕［意］加罗法洛：《犯罪学》，耿伟等译，中国大百科全书出版社1996年版，第89页。

"显学"的地位日益明显,而同样研究犯罪的犯罪学则由于不受社会关注相对成了"隐学"。我们固然可以认为犯罪学的学术视野中包含刑罚的描述和探讨,也可以将刑法学中的刑罚视为犯罪特殊预防的具体举措,但是从刑事立法的过程来看,立法者首先认识到违法行为需要被科处刑罚,该行为才成为犯罪。刑法学是在法律的背景和范围内,为了刑罚的运用而研究犯罪,与犯罪学对作为社会现象的犯罪的整体和全面的研究有所区别。〔25〕 我们在探讨自然犯和法定犯的时候,不自觉地就采取了刑法学的实定法角度,也希望能够采取刑法学的实定法角度,因为唯有如此,我们才能让自然犯和法定犯理论为刑法所用。这样一来,自然犯和法定犯理论就注定从超越法定犯罪概念的层次切换到法定犯罪概念的范围之内,应然立法到实然司法的演变也就水到渠成了。

最后,自然犯和法定犯理论经历了从国际刑法向主权刑法的演变。在加罗法洛的时代,他所倡导的目标是建立一个为不同国家都所接受的国际刑法典,即"一部所有文明国家一致的自然犯罪法典"。〔26〕 为了建立面向国际的刑法典,他必须去寻求一个最广泛的基础以被最多的国家所认可。如果道德如"社会达尔文主义之父"斯宾塞(Herbert Spencer)所信奉的一样,与自然界的其他现象一同是不断进化的产物,那么不同社会类型的道德情感就会存在不同程度的发展,但是在所有阶级中都会存在同样情感的初级形态,哪怕会不太精致和完善。所以,当我们承认道德不具有普遍性的时候,我们也应该承认人类在非常广泛的领域中存有一种基础性和同一性的情感。英国哲学家伯特兰·罗素(Bertrand Russell)在《我为什么而活着》中写道:"三种单纯然而极其强烈的激情支配着我的一生,那就是对于爱情的渴望,对于知识的寻求,以及对于人类苦难痛彻肺腑的怜悯。"战国思想家孟子认为,"人皆有不忍人之心……恻隐之心,仁之端也;羞恶之心,义之端也;辞让之

---

〔25〕 参见郑旭江、杨兴培:《论犯罪学与刑法学的相互关系和互补共进》,载《青少年犯罪问题》2014 年第 3 期。

〔26〕 [意]加罗法洛:《犯罪学》,耿伟等译,中国大百科全书出版社 1996 年版,第 66 页。

心，礼之端也；是非之心，智之端也。人之有是四端也，犹其有四体也”。[27] 法国社会学家涂尔干（Emile Durkheim）认为，社会成员平均具有的信仰和情感的总和构成了他们自身明确的生活体系，这种总和就是我们的集体意识。如果一种行为触犯了这种强烈且明确的集体意识，那么这种行为就是犯罪。[28] 现代的伦理学认为，一个社会要想维持自身的存在以免于崩溃，就必须具备基本的道德共识。所以有伦理学家提出了底线伦理理论，认为其可以满足人类对基本的道德秩序的需要，也是在现代社会寻求道德共识的可行性方案。[29] 因此，加罗法洛选择正直和怜悯这两种人类基本利他情感作为自然犯罪法典的基础也就更容易为我们所理解。时代在变迁，今日的世界局势和法治环境已经有别于加罗法洛所处的时代。作为国内法的刑法在某些方面是难以按照自然犯和法定犯理论来划定刑罚惩罚的犯罪圈的。比如，作为法定犯，攻击国家权力、危害公共安全以及与国家基本立法相违背的行为在现行的法律体系下不太可能被刑法排除出刑法规制的范围。同时，基于现代社会的复杂性和联通性，“小国寡民”的状态已经一去不复返。在现代社会中，不仅那些作为人类道德基础的基本道德情感对社会的存续至关重要，而且那些为不同社会群体所分享、在一定意义上被认为是社会道德整体之组成部分的群体道德，比如市场领域之中的诚实信用，虽然难以称为社会基本道德，也对社会尤其市场经济领域的存续同样重要。[30] 可见，主权刑法的前提已经改变了当初加罗法洛基于自然犯和法定犯理论而提出的刑法典理论构想。

---

〔27〕《孟子·公孙丑章句上》。

〔28〕［法］埃米尔·涂尔干：《社会分工论》，渠东译，三联书店2000年版，第42～43页。

〔29〕参见何怀宏：《底线伦理》，辽宁人民出版社1998年版，第3～10页。

〔30〕参见米传勇：《阅读加罗法洛——以自然犯、法定犯理论为中心》，载《刑事法评论》2009年第1期。

第二节 刑事犯与行政犯的形成和发展

一、刑事犯与警察犯的形成

作为大陆法系的代表国家,德国早在1530年、1548年和1577年就曾三度颁布警察法规,警察权在德国具有强大的历史传统。18世纪的德国,出于维护社会秩序的需要,警察活动范围开始不断扩大,并开始涉及以往并不相关的刑事法学领域。警察官厅在执法过程中有时需要动用传统的刑罚权,这种现实发展催生了刑事法学界的思考。德国著名刑法学家费尔巴哈主持制定的1813年《巴伐利亚刑法典》效仿法国立法体例,基于当时警察权力扩大和"警察刑法"形成的现实提出了"刑事犯与警察犯"范畴,认为"刑事犯侧重于伦理秩序的侵害性,而警察犯则是对行政管理秩序的妨碍"。[31] 19世纪初德意志各邦,比如拜恩州(Bayern)、巴登(Baden)、黑森(Hessen)、布伦瑞克(Braunschweig)等都先后制定了警察刑法法典。待到1871年德国统一后,德国一改以前各个联邦独立制定警察刑法的做法,在1871年《德国刑法典》刑法分则第二十九章(第360—370条)中依例规定违警罪,并设自由刑、罚金刑和拘役作为违警罪的刑罚措施。1885年,加罗法洛的著作《犯罪学》正式问世,其中提出了自然犯和法定犯理论,从此两对范畴开始了相互影响的历程。具体来说,违警罪虽然经过多次的删改,但是直至1974年以前大致内容都保持不变,其中在维护公共安全和善良风俗方面的代表性规定如下:(1)肆意喧嚣妨碍安宁或举止异常不端者;(2)大庭广众之下或足以使众人感觉难堪情形下,公然请求为淫亵行为或提供自己为此行为者;(3)未受警察许可,畜养危险野兽或放任凶恶兽类自由行动,或对此未采取必要防范措施;(4)未经主管官署明示许可,使用联邦或各邦徽章、旗帜或类似物品;(5)对于自己身份、姓

[31] 参见姜涛:《行政犯与二元化犯罪模式》,载《中国刑事法杂志》2010年第12期。

名、职业、住所、营业或国籍等事项,向主管官署做不实申报或拒绝申报等。[32] 对于刑事犯和警察犯的定义,学者们也多有异议。费尔巴哈认为警察犯的成立仅仅因为国家目的的间接作用,且为国民原本在法律上所能行为者,故其第一要义是对法规的侵害,相应地,违警罪被划分为四种类型即违反刑事警察罪、违反财产警察罪、违反风纪警察罪和违反民事警察罪。[33] 弗兰克(Reinhard Frank)认为,警察犯一般是指对法益产生危险,发生偏差的情况下也会出现针对法益以外东西的情况。所谓警察犯就是对法益造成抽象危险,或由于违反公共秩序而加以处罚的行为。李斯特认为,警察犯是抽象危险犯,属于单纯违反命令的行为。由于刑事犯与警察犯区分的困难和学界对此远未达成共识,德国统一后在 1871 年制定的德意志帝国刑法仍然采取重罪、轻罪与违警罪的三分法。这种并列的做法在实质上将违警罪与典型刑事犯罪(轻罪与重罪)在立法上视为一体。但这种将伦理上并不具有太大非难性的违警罪归入刑事不法领域的做法遭遇了德国刑法界不少学者的反对。李斯特就明确主张应从刑法典中剥离违警罪而以单独的秩序违反法加以规范,至 20 世纪初期,反对将违警罪列入刑法之内的理论开始出现,其立论对象均以违警罪为中心,目的则欲回归到 1871 年前将重罪、轻罪与违警罪相区别并各自适用不同总则的体例。[34] 比如,在 1911 年开始的非刑事化运动后,刑法学界有不少声音认为轻微违法的行为不符合真正的应受刑罚处罚的犯罪本质。德国刑法改革的法律草案中出现了将轻微犯罪从刑法中清除出去的思想。1952 年颁布的德国统一的违反秩序法使得在广泛领域内把秩序违反行为从刑法中分离出去成为了可能。1975 年修订刑法时才对刑法中的犯罪进行了重新分类,删

---

〔32〕 参见黄明儒:《行政犯比较研究——以行政犯的立法与性质为视点》,法律出版社 2004 年版,第 25 页。

〔33〕 参见[德]安塞尔姆·冯·费尔巴哈、C. J. A. 米特迈尔:《德国刑法教科书》,徐久生译,中国方正出版社 2010 年版,第 376 页。

〔34〕 黄明儒:《行政犯比较研究——以行政犯的立法与性质为视点》,法律出版社 2004 年版,第 97 ~ 98 页。

除了违警罪而只保留重罪与轻罪。比如,前述例(1)原规定于旧刑法第 360 条第 1 款,现在则分为两种类型,将"不允许的喧嚣"列入《秩序违反法》第 117 条,而"滋扰公众"则列为《秩序违反法》第 118 条。前述例(2)原先规定于旧刑法第 361 条第 6 款,改订后纳入《秩序违反法》第 119 条第 1 款。前述例(3)原先规定于旧刑法第 367 条第 1 款,修订后被规定在《秩序违反法》第 121 条等,这些都是属于比较典型的违警罪转换为秩序违反行为的例证。[35]

由于德国学术对大陆法系国家的巨大影响力,日本取经德国创建了自己的刑法典。受到警察国家观念和行政权力传统的影响,日本在行政审判和刑事审判上采取了德国模式中行政法院和普通法院并存的方式,日本 1879 年刑法在第 4 编规定违警罪,还在第 430 条规定,除了前面数罪所规定外,违反各地方需要而制定的相应的违警罪者,从其罚则处断,将违警罪的设置和惩罚的权力赋予警察。"受 1871 年德国刑法典的影响,日本于 1907 年颁布了新的刑法典,但 1907 年日本刑法典并没有移植 1871 年德国刑法典将重罪、轻罪与违警罪并列规定于刑法之中的做法,仅在刑法之中规定了重罪与轻罪,违警罪则由刑法之外的《警察犯处罚令》和《轻犯罪法》规定。"[36]警察犯的概念也随着违警罪的立法例而得到广泛认可。在第二次世界大战后,日本作为战败国接受了一系列改造,这种改造不仅针对政治制度和经济制度,也体现在司法理念和立法体例之上。在祛除军国主义和绝对服从天皇的前提下建立了民主政治体制,司法权和行政权的分立也就水到渠成。一切司法权归于法院的法治国家理念开始深入人心,日本在战后的"和平宪法"——《日本国宪法》中明确规定"一切司法权属于法院","行政机关不得作出终审判决","不得设置特别法院",从而在立法层面宣告了

---

〔35〕 黄明儒:《行政犯比较研究——以行政犯的立法与性质为视点》,法律出版社 2004 年版,第 24 ~26 页。

〔36〕 参见[日]大塚仁:《刑法概说(总论)》(第 3 版),冯军译,中国人民大学出版社 2003 年版,第 49 ~53 页。

行政裁判所的非法，警察对轻犯罪行为只有取缔、告发权，而处罚权归于法院。〔37〕

我国传统的法律学术专精于对成文法的注解和阐释，缺乏现代意义上对正义、自由和权利的研讨，因而不属于严格意义上的“法学”，而是类似于法教义学的“律学”。沈家本认为律学滥觞于秦，兴起于汉，繁荣于魏晋，集大成于隋唐，至宋元趋向衰落，明清复兴，迄清末而终结。清代律学作为中国古代传统律学发展的最后阶段，兴于顺康朝，发展于雍乾嘉道朝，直至晚清被大规模变法修律所取代。〔38〕 近代的坚船利炮打开了国门，我们在“师夷长技以制夷”的思潮中开启了“西学东渐”的征途，重新思考法律与道德，道德与行政，行政与司法等关系。清末变法修律的过程受到了日本的巨大影响，我国第一部近代刑法典《大清新刑律》就是在修律大臣沈家本的主持下，由日本法学家冈田朝太郎（1868—1936 年）等人相助起草而成。1906 年仿照日本旧刑法第 4 编制定了《违警罚法章程》，1908 年修改为《大清违警律》，其中涉及了交通、通信、风俗、卫生、财产政务等方方面面的内容，其立法宗旨在于“防患于细微，导民于科禁，息祸患于未萌，期秩序之共守”。〔39〕 此立法例将刑事不法和行政不法加以区别，开创了我国历史上的立法先河。日本将违警罪与刑法典相分离的做法也漂洋过海来到了中国，参与清末刑法改革的冈田朝太郎就认为，将重罪、轻罪与违警罪并列于刑法典当中并无必要，也不符合法理。因为重罪和轻罪与程序的复杂或简单没有必然联系，而是由犯罪关系的复杂与否决定。中国虽然制定了违警律，但是它与刑法属于不同的领域。违警罪之“罪”并非刑法中的犯罪，它是一种违反行政规则的行为，所受的处罚是拘留、罚金，这些都是行政处罚而非刑罚。因此，违警罪不应当被规定于刑法典之中，而

---

〔37〕 参见林山田：《社会问题与法治现状》，台湾三民书局 1982 年版，第 95 页。

〔38〕 参见张晋藩：《清代律学兴起缘由探析》，载《中国法学》2011 年第 4 期。

〔39〕 李贵连：《沈家本传》，法律出版社 2000 年版，第 283 页。

应独立成章。[40]

二、警察犯与行政犯的替换

刑法理论的产生和发展依托于现实社会的需要和变革，19世纪的"警察犯"基本等同于实施"违警罪"之人，也是后世行政犯的原型。进入20世纪后，行政管理职能范围扩大，"警察犯"的概念已经无法满足行政犯罪的现实需求。比如有学者认为，常见的行政犯立法类型包括警察犯、财税犯、经济犯、环境犯、道路交通犯以及其他行政犯等。[41] 在德国，刑法学家郭特斯密特（J. Goldschmidt）通过深入研究刑事不法和行政不法的区别后，创设了"行政刑法"理论。基于司法和行政的分离，他认为为了达到司法目的而采取的强制手段是司法刑法，为达到行政目的而采取的强制手段是行政刑法。[42] 在这种理念的支持下，德国在1919年制定了历史上第一部行政刑法《帝国租税条例》。受此影响，欧洲大陆的其他国家也开始制定行政刑法，如奥地利在1925年和1955年分别制定了两部《行政刑法典》，1955年匈牙利制定了《行政刑法典》，捷克斯洛伐克制定了《行政刑法典》和《行政处罚程序法》。虽然"二战"之后，德国将违警罪从刑法典中分离，重罪、轻罪和违警罪的三分法变为只包含重罪与轻罪的两分法，但是容纳违警罪的经济刑法和违反秩序法依然被认为是行政刑法的一部分。[43] 行政刑法的分支之一《经济刑法典》整理了第二次世界大战后联邦德国的众多经济法规，将违反经济刑法的行为分为应当科处刑罚的经济刑法行为和应当科处罚款的秩序违反行为。该法的分支之二《秩序违反法》规定了经济刑法中秩序违反行为的总则性和程序性条款，秩序违反行为受到的是罚款等行政秩序处罚而非监禁刑、罚金刑等刑罚处罚，其办理机关基本上是行政机关而非检察机关与法院。因而将秩序违反法称为"行政

---

〔40〕 参见李秀清：《〈大清违警律〉移植外国法评析》，载《犯罪研究》2002年第3期。

〔41〕 参见黄明儒：《行政犯比较研究——以行政犯的立法与性质为视点》，法律出版社2004年版，第126页。

〔42〕 参见黄河：《行政刑法比较研究》，中国方正出版社2001年版，第7~8页。

〔43〕 参见程凡卿：《行政刑法立法研究》，法律出版社2014年版，第11页。

刑法”实际上“有名无实”，而是出于历史或传统意义上的一个用语。〔44〕《德国经济刑法典》与《违反秩序法》的最终通过意味着原先《德国刑法典》的违警罪部分成为了《违反秩序法》的组成部分，与违警罪相关联的警察犯概念逐渐弱化，行政犯因而成为与刑事不法相区别的行政不法行为。郭氏以行政犯代替警察犯确立了“刑事犯与行政犯”的分析范式，奠定了西方国家刑法理论犯罪分类的经典路径，〔45〕所以，德国刑法在此经历了一段从“自然犯与法定犯”到“刑事犯与警察犯”再到“刑事犯与行政犯”的发展过程。

日本在“二战”前的法律体系以德国为宗，“二战”后在美国的监督和影响下开启了战后的一系列重建。英美法系所倡导的法律至上取代了天皇的君权至上；信奉的司法独立和审判统一取缔了行政机关的司法权力；实行的三权分立和保护民权确立了日本的分权制衡和宪政主义。在这样的大背景下，日本社会经济高速发展，国家管理职能日益扩大，大量包含传统刑事责任的行政法律法规也相继面世。例如，1947年的《禁止私人垄断及确保公平交易法》（以下简称《禁止垄断法》）和《劳动基准法》、1949 年的《工业标准化法》和《外汇和外贸管理法》、1950 年的《矿业法》和《外国资本法》、1953 年的《农业机械化促进法》、1959 年的《专利法》、1970 年的《关于危害人体健康的公害犯罪制裁法》等，有些法律如税法中的《印纸税法》甚至沿用至今。以《禁止垄断法》的具体条文为例，其第 3 条规定：“事业者不得实施私人垄断以及不当限制交易的行为。”这里所称事业者是指从事商业、工业、金融业以及其他事业者。以事业者的利益进行活动的干部、从业人员、代理人以及其他人员在适用该法第 2 条第 2 款及第 3 章事业人团体的规定时，也视为事业者。根据该法第 2 条第 5 款的规定，所谓私人垄断是指事业者单独地或采取与其他事业者相结合或通谋，或以任何其他方式，

〔44〕 参见刘艳红、周佑勇：《行政刑法的一般理论》，北京大学出版社 2008 年版，第 2～5 页。

〔45〕 参见姜涛：《行政犯与二元化犯罪模式》，载《中国刑事法杂志》2010 年第 12 期。

排除或支配对方事业者的事业活动,从而违反公共利益,实质性地限制一定交易领域内的竞争。根据该法第 2 条第 6 款的规定,所谓不正当限制交易是指事业者以契约、协议或其他任何名义,与其他事业者共同决定、维持或提高价格;或在技术、设备、数量、制品或交易对象等方面加以限制,从而相互间约束事业活动。以上条款规定了构成私人垄断、不当限制交易罪的主体、客观方面和主观方面。随后,该法在第 89 条第 1 款规定:“违反第 3 条的规定而为私人垄断或不当的限制交易者,处 3 年以下惩役或 500 万日元以下罚金,并且处罚其未遂情形。”〔46〕这些法律规范位于同一部法律当中,构建了详略得当的罪刑规范,其出现是行政犯思潮推动立法者立法的结果,也反过来促进了行政犯和行政刑法理论的研究。自此以后关于行政犯和行政刑法的著作开始在日本学界涌现,例如,1949 年美浓部达吉的《行政刑法概论》、1952 年八木胖的《行政刑法》、1959 年与 1978 年福田平出版的《行政刑法》、1969 年中川佐夫的《行政刑法序说》等,〔47〕代表了行政犯的概念已经逐渐代替警察犯在学界的使用,行政刑法成为一个特别的研究领域。

受近代中国政局动荡、内忧外患的影响,我国现代刑法学的起步可谓是步履维艰。清末变法修律过程中制定的《大清新刑律》尚未在全国正式实施,清王朝就在辛亥革命的浪潮中轰然倒塌。虽然如此,但刑法的发展并没有停止,民国时期我国继续师从德日,根据大陆法系刑法典的蓝本先后制定了《中华民国暂行新刑律》、“28 年刑法”、“35 年刑法”等刑事法律,已然成为一种大陆法系的副产品。我国台湾地区则具备不同的发展历程,1905 年台湾地区效仿日本旧刑法第四编违警罪之体制颁布“违警罪章程”。1906 年清朝民政部鉴于《违警罪章程》过于简陋而无法适应当时中国社会环境之需要,遂参照各国成文法制定了《大清违警律》。1907 年《大清违警律》公布实施后不久清朝覆亡,

〔46〕 参见黄明儒:《行政犯比较研究——以行政犯的立法与性质为视点》,法律出版社 2004 年版,第 36～39 页。

〔47〕 参见李晓明:《行政刑法学》,群众出版社 2005 年版,第 15 页。

民国在此基础上修改增删制定 1915 年《违警罚法》。该法分总则与分则两部分，总则包含法例、违警责任、违警罚、违警罚之加减、处罚程序；分则规定了妨害公务、妨害交通、妨害风俗等各项违警类型。由于该法涉及公民重大的人身自由和财产权益，从侦查到执行又都由警察机构统属，故遭到社会各界批评，于是在 1991 年制定《社会秩序维护法》来替代《违警罚法》。可见，我国台湾地区虽在立法形式上效仿德国行政法性质的《违反秩序法》，但其法律内容上却包含类似日本《轻犯罪法》中的刑罚。但 1949 年之后，我国主流的刑法教科书和刑法学理论接受了前苏联的刑法思想、刑法理论和刑法技术。改革开放之后，我国刑法学界以不适应的眼光重新扫视世界，同时也开始了向域外学习的进程，但这种学习首先以向大陆法系学习作为时代的起点。[48] 随着市场经济的复苏和生产要素流动的活跃，也由于我国自古以来行政权力的强大，政府部门为了维护社会秩序、促进公共福利、规范经济生活而颁布了一系列涉及社会各个领域的行政法律法规。20 世纪 90 年代后，我国学界开始对行政犯罪展开比较系统的研究。例如，张明楷教授在 1990 年出版了《行政刑法概论》，模仿刑法学的形式设总论和分论两大部分。总论探讨了行政刑法的概念、渊源、立法原则、立法技术，行政犯罪的概念、形态、处罚、构成要件等。分论则探讨了国家工作人员在行政管理活动中的行政犯罪，一般公民妨害行政管理活动的行政犯罪。[49] 1993 年卢建平教授发表了论文《论行政刑法的性质》，认为行政刑法其实是指国家为维护社会秩序、保证国家行政管理职能的实现而制定的有关行政惩戒的行政法律规范的总称。[50] 1995 年张明楷教授发表论文《行政刑法辨析》，认为行政刑法就是国家为了维护正常的行政管理活动，实现行政管理目的，规定行政犯罪以及刑事责任的法律

---

〔48〕 参见杨兴培、郑旭江：《两大法系刑法学之差异对中国的影响及我们的发展趋势》，载《苏州大学学报（法学版）》2014 年第 4 期。

〔49〕 参见张明楷主编：《行政刑法概论》，中国政法大学出版社 1991 年版，第 1～3 页。

〔50〕 卢建平：《论行政刑法的性质》，载《浙江大学学报》（社会科学版）1993 年第 3 期。

规范的总称。[51] 2004年，黄明儒教授出版专著《行政犯比较研究——以行政犯的立法与性质为视点》，认为行政犯是指违反行政法规，严重危害基于行政法规而形成的与社会一般伦理道德关系不密切的派生生活秩序，并应科处刑罚制裁的行为。[52] 行政犯和行政刑法已经取代警察犯和违警罪成为新兴的研究沃土。

三、行政犯与行政刑法的发展

自废除“六法全书”后，我国刑法先全面学习前苏联的刑事话语体系，后经历法律虚无主义，在国门敞开之际睁眼看世界，首选的学习对象便是有着同样法系背景和类似法治传统的德日刑法。但是法律概念和法学理论不是独立的名词和机械地照搬，正确的理解需要对理论体系和立法体例进行系统的解读。行政犯和行政刑法是两个关联紧密的概念，在国家出于维护秩序的管理目的而制定颁发大量行政法律法规的现实情形下，如何基于行政犯的研究而构建一个合理的行政刑法体系便成为刑法学界应该予以关注的问题。行政犯的性质会决定行政刑法的定位，行政刑法的定位也将在某种程度上影响行政犯的立法。时至今日，学界在行政犯的性质和行政刑法的定位上的研究都有了长足的发展。

在性质上，我们认为行政犯具有刑事违法性和行政违法性的双重属性。德国和日本刑事犯与行政犯理论的分歧经由我们不加选择和深究的学习后就更显观点纷呈了。学习德国刑法理论的认为行政犯是行政不法，比如有学者认为，行政犯罪虽然有犯罪之称谓，却并无犯罪之实质，犯罪一词是从刑法借用而来，只不过为了突出行政违法严重性而采取的文字技巧，究其本质依然属于行政违法行为。[53] 信奉日本刑法理论的认为行政犯是刑事不法的行为，比如有学者认为，“行政犯作为

〔51〕 参见张明楷：《行政刑法辨析》，载《中国社会科学》1995年第3期。

〔52〕 参见黄明儒：《行政犯比较研究——以行政犯的立法与性质为视点》，法律出版社2004年版，第121页。

〔53〕 参见郭润生、刘东生：《行政刑罚基本问题初探》，载《山西大学学报》（哲学社会科学版）1998年第3期。

对国家具体法律秩序的违反,与刑事犯具有相同的本质……是有关国家刑罚权的法规。在此起基调作用的不是作为行政法指导原理的合乎目的性,而是作为刑法指导原理的法律安定性。"[54]一方面,行政犯具有刑事违法性。在法学体系内部,举凡以"犯"字来命名的概念,则多具备刑事法学的内涵,比如结果犯、情节犯、牵连犯、想象竞合犯等。既然称为行政犯,则理应是一种触犯国家刑事法律规范的具有刑事违法性和应受刑罚处罚性的违法行为。在德国等欧陆国家的刑法体系中,将应受行政处罚的一般行政违法行为与应受刑罚处罚的严重行政违法行为都归属于行政犯罪的概念。在郭氏提出的行政刑法体系中,应受刑罚处罚的严重行政违法行为之所以与刑法意义上的犯罪相区别是因为他采取了在实质上区分行政犯和刑事犯的立场,将法与行政相对立起来。在他们的刑法中,犯罪概念一般建立在"犯罪是反社会行为""犯罪是罪恶"等定性观念之上,将不包含数量大小和情节轻重等定量因素的"一般行政违法行为"——同样具有社会危害性的轻微违法行为——如"轻罪"或"违警罪"称之为行政犯也就不存在理论上的冲突。我国却与之相反,《刑法》第13条"但书"明确指出"情节显著轻微危害不大的,不认为是犯罪",从而将一定程度的社会危害性之定量要求引入犯罪的一般概念之中,使我国刑法的犯罪同时包含定性因素和定量因素,与外国刑法中的犯罪概念存在内涵和外延上的区别。此外,我国在立法上通常将凡是应该科以行政处罚的一般行政违法行为统一规定于《治安管理处罚法》,属于行政法中的行政违法法,而非"行政刑法"。我国持行政法说的学者盲目借鉴郭氏的理论,试图在我国建立与德国类似的行政刑法。虽然他们区分了一般行政违法和严重行政违法,认为后者才是行政刑法,但是又将这种严重行政违法的制裁限于行政处罚和行政处分等行政罚。[55] 如此一来,"行政刑法"并不需要承担刑罚的法律责任,也就使"行政刑法"徒有虚名。因此,将一切行政违法

〔54〕 参见[日]福田平:《行政刑法》,有斐阁1978年版,第42页。
〔55〕 参见程凡卿:《行政刑法立法研究》,法律出版社2014年版,第4~7页。

行为归属于行政犯罪的范畴并不符合我国的立法和理论，只有严重的行政违法行为且该行为达到了应受刑罚处罚的程度才属于行政犯罪。另一方面，行政犯具有行政违法性。刑事法说认为行政犯与刑事犯并不存在本质区别，两者都属于刑罚意义上的犯罪行为。但是，刑事法说片面从两者的共性出发而单一从刑事法角度来界定行政犯罪也有失偏颇。尽管行政违法行为要具备刑事违法性才可称之为行政犯罪，但是应受刑罚惩罚的严重行政违法行为本身是由行政违法转化而来，其行政违法性属于行为的“底色”，不应该为我们所忽略。尽管严重行政违法行为只有在达到刑事违法性的程度时才可被认定为行政犯，但科处刑罚后并不能免除其行政法上的法律责任。行政处罚和刑罚在罚款或罚金，资格剥夺或资格刑等方面具有类似性，但是不能否认它们是两种形式和功能都不相同的法律责任形式。比如，对生产、销售不符合标准的医用器材的犯罪人，除了追究刑事责任外，还需要处以如吊销生产、经营许可证之类的适当的行政处罚，有助于最大程度上防止再犯的可能性。刑法本身所具有的谦抑性意味着刑法要依据一定的原则和规则来控制刑罚的范围和程度，只有当刑罚成为不可避免的选择时，刑罚才能成为“必要的恶”。这意味着对作为行政违法转换而来的行政犯，我们应慎用刑罚，也不应放弃行政处罚。只有当采取行政处罚不能达到犯罪预防和惩治的目标，只有刑罚成为最好的选择时，我们才能以刑罚作为治疗社会“沉疴”的良方。此外，同普通的刑事犯罪相比，行政犯罪不具有较强的反伦理性。虽然行政犯也是具备社会危害性并应受刑罚处罚的行为，但是行政犯所违反的主要是国家的行政管理秩序。虽然行政犯妨碍了国家行政管理目的的实现，但是人们并不会感到其具有强烈的反伦理色彩。比如在山区狩猎野生动物本是人们“靠山吃山，靠海吃海”的传统，即使人们触犯非法猎捕珍贵、濒危野生动物罪，一般人也不会对此作出强烈的负面道德评价。比如，河南大学生掏鸟案中因为掏了国家二级保护动物燕隼而最终判刑,[56]再如河南省卢氏县秦某在田边采摘了国家重点保护植物蕙兰而最终判刑,河南省周口市6名男子因捕捉壁虎1600余只被刑拘等都激起了新闻媒体和广大民众对案件的热议,认为构成法定犯的前提是知晓前置性法律法规的具体规范,因而具有"违法性"。否则,这种行为本身并不构成犯罪,并且不具备道德上的可责性。综上所述,行政犯的性质应从"行政"和"刑法"两个角度加以考虑,具有刑事违法性和行政违法性的双重违法性质。

在行政刑法的定位上,行政刑法兼具行政法和刑法的双重属性,是一个具有交叉性的研究领域。国外刑法理论一般认为,为了实现行政管理的目的,就在行政法中给国民规定种种命令与禁令;为了确保行政法规的实效性,就规定违反行政法的罚则。违反行政法行为的制裁措施,被称为行政罚。行政罚包括刑法典中的刑罚方法和行政制裁方法。广义的行政刑法,就是关于行政罚的法律法规的总称;狭义的行政刑法,则是指行政法中有关刑罚方法的法规的总称。一般所说的行政刑法,是指狭义的行政刑法。[57] 同行政犯所面临的争议一样,我国有学者认为行政刑法属于行政法,因为行政刑法调整的社会关系是行政法律关系,行政刑法的渊源是行政法律规范文件,行政刑法的制裁方法主要是行政处罚,行政刑法的处罚执行机关是行政机关而非司法机关,其目的是保障国家行政权力的行使。[58] 也有学者认为,行政刑法归于刑法更符合我国的立法现状。从广义的角度理解刑法,除了刑法典之外,还包括单行刑法和其他法律中的刑事法律规范。行政刑法的相关条文虽然没有直接体现在刑法典中,而是分散于各个行政法律法规当中,但

---

〔56〕 大量舆论质疑对河南大学生抓16只鸟获刑10年半的量刑过重,参见习宜豪、梁嘉莹、单文晴:《"大学生掏鸟重判"的刑罚尺度》,载 http://www.infzm.com/content/113662,最后访问日期:2016年1月3日。

〔57〕 参见[日]福田平《行政刑法(新版)》日文版,有斐阁1987年版,第1页。

〔58〕 参见卢建平:《论行政刑法的性质》,载《浙江大学学报》(社会科学版)1993年第3期。

是它依然属于广义刑法不可分割的一部分。从程序上看，虽然行政机关的意见可以作为行政犯罪的参考，但是最终对有关行政犯罪的认定和处罚的决定权依然属于司法机关。从指导原理来看，刑法的一般基本原则在行政刑法领域适用时虽然存在有所修正的情况，但是这种特殊性不能否定行政刑法的刑法属性，并且将行政刑法归于刑法的统辖之下，才能够对国家的刑罚权的法律体系作出统一的理解。〔59〕更有学者基于行政犯的双重属性、两者所规定的制裁、表现的形式、实施的机关与程序以及受支配的指导原理，主张行政刑法具有行政法和刑法的双重属性，应当将行政刑法作为法学体系中的一门独立学科。〔60〕我们认为，行政法学的确具有双重的属性，但是作为独立学科而存在却并无实质上的必要。在法律责任上，行政刑法具有双重性。如上所述，行政犯具有双重违法性，既要承担行政法律责任，还要包含刑事法律责任。行政刑法必须兼顾和协调两种不同的法律责任，涉及两种法律责任的具体分配、相互协调和承担程序等问题。在法律渊源上，行政刑法的法律渊源来自行政法和刑法，行政犯的双重法律责任往往并非规定在同一个条文甚至同一部法律当中，两者的法律规范处于相互配合相互交织的状态。在指导原理上，行政刑法会涉及运用行政程序解决行政责任的承担问题，同时也会涉及司法机关如何运用刑事诉讼程序追究行政犯的刑事责任的问题，因此需要行政法原理和刑法原理的共同指导。但是，以上种种并不意味着我们要设立独立的行政刑法学科。一个学科有无必要建立最主要在于其是否有自身独特的研究对象。在社会科学日益发展、学科交叉日益普遍的今天，法学与其他自然学科或其他社会科学形成了众多交叉学科，比如法律社会学、法律经济学、法医学等。但这些都属于法学和其他一级学科的交叉，并非法学内部各部门法学之间的交叉。若是部门法学之间的交叉都成立独立学科，那么学科泛

〔59〕 参见张明楷：《行政刑法辨析》，载《中国社会科学》1995 年第 3 期。

〔60〕 参见刘艳红、周佑勇：《行政刑法的一般理论》，北京大学出版社 2008 年版，第 2 ~ 5 页。

滥将会成为不可避免的趋势。同时,行政刑法所研究的交叉现象并非不能被刑法学所包含,因此,将行政刑法作为刑法和行政法的交叉性研究领域不失为一个更好的选择。

第三节　自然犯与行政犯的视角和启发

一、法定犯与行政犯的区分

如上所述,行政犯和行政刑法都具有双重的属性,而行政犯在本书中指的是狭义上的行政犯,即属于违反行政管理法律法规,并应受刑罚处罚的违法行为。同时,以行政法的视角来看,狭义的行政犯是指违反行政管理法律法规,并应受行政罚中行政刑罚的违法行为。[61] 大陆法系往往将行政犯和法定犯等而视之,如日本学者小野清一郎认为:“刑法法规在理论上可分为两种,即固有的刑罚法规与行政刑罚法规。与它们的区别相对应犯罪可分为刑事犯和行政犯。自然犯与法定犯的区别也几乎完全一致。”[62] 或者,只是从学术传统和表达习惯上加以区分,如德国刑法习惯使用“刑事犯与行政犯”,法国刑法倾向于使用“自然犯与法定犯”。[63] 我国刑法学界也存在两种观点:一种认为法定犯等同于行政犯。马克昌教授就认为,所谓自然犯,也称为刑事犯,是指无须依赖法律规定,其在性质上违反社会伦理而被认为是犯罪者;所谓法定犯,也称为行政犯,是指本来并不违反社会伦理,却因法律规定而被认为是犯罪者。[64] 另一种认为法定犯与行政犯有所区别。比如张

---

〔61〕 行政罚是指违反行政法行为的制裁措施,又可以进一步分为行政刑罚与行政秩序罚,前者是指违反行政法而处以刑罚,后者是指违反行政法而处以刑罚外的制裁。

〔62〕 参见[日]秋山哲治:《“自然犯—法定犯”与“刑事犯—行政犯”的概念》,《刑法杂志》第4卷第2号。

〔63〕 参见马克昌:《比较刑法原理》,武汉大学出版社2002年版,第97页。

〔64〕 参见马克昌:《比较刑法原理》,武汉大学出版社2002年版,第89页。

文教授认为,法定犯与行政犯、自然犯与刑事犯不应等同。[65] 我们同样认为,法定犯和行政犯不宜等而视之。

首先,法定犯和行政犯的学科视角不同。法定犯来自自然犯和法定犯这一范畴,行政犯来自刑事犯和行政犯这一范畴,前者是加罗法洛站在犯罪学的立场,从超越实定法的角度对犯罪概念和犯罪防治的开创性建构;后者则是站在刑法学或行政法学这样的实定法的角度对犯罪做类别的划分和区别的对待。具体而言,自然犯与法定犯和刑事犯与行政犯属于不同的范畴。加氏作为犯罪学家希望在自然科学和实证主义的思维下探求犯罪学中犯罪的一般概念。自然犯是一种侵犯人类两种基本利他情感的犯罪,而“被排除的犯罪(即法定犯)常常仅是侵害了偏见或违反了习惯,或只是违背了特定社会的法律,而这些法律根据国家的不同而不同”。[66] 自然犯与法定犯的提出正是站在古希腊罗马自然法与实定法相分离的高度去评析现实法律的合理性。反观刑事犯与行政犯,刑事犯因为违反刑事法律而成为犯罪;而行政犯,不管从广义还是狭义来理解,都存在对行政法律法规的违反,因而是在实定法范围内进行的概念区分。反向而言,“刑法在根本上与其说是一种特别的法律,还不如说是对其他一切法律的制裁”。[67] 由于其涉及公民的生命、自由和财产等休戚相关之利益,刑法属于所有法领域中性质最为严重也最需要安定性和明确性的法律。我国现行《刑法》第3条规定:“法律明文规定为犯罪行为的,依照法律定罪处罚;法律没有明文规定为犯罪行为的,不得定罪处罚。”无论是自然犯还是法定犯,最终都需要刑法规范作为其刑法制裁力的背书,在这个意义上,从刑法学的学科角度,自然犯也是刑法所规定的法定犯,如果没有刑法在立法程序上的确认,即使自然犯属于违背基本社会伦理的行为,也不会被认定为

---

〔65〕 参见张文、杜宇:《自然犯、法定犯分类的理论反思》,载《法学评论》2002年第6期。

〔66〕 [意]加罗法洛:《犯罪学》,耿伟等译,中国大百科全书出版社1996年版,第53页。

〔67〕 [法]卢梭:《社会契约论》,何兆武译,商务印书馆1980年版,第73页。

犯罪。

其次,法定犯和行政犯的概念指向不同。以法定犯和行政犯而言,法定犯是因为违反法律规定而非基本道德被认为犯罪。行政犯(狭义)应是违反行政法律规范和刑法法律规范而被认为是犯罪。在加氏提出自然犯与法定犯的年代,行政法规的数量和种类并未如今日之繁多,所以他所指违反的“法律规定”是相对于“基本道德”而言并包含行政法律法规在内的各种法律。可见,法定犯之内涵要大于行政犯之内涵。然而更为重要的是,随着时代的发展,法定犯本身已经具备更普遍和常规的内涵。加氏提出自然犯和法定犯范畴时,欧洲刑事法学界尚未真正进入现代刑法阶段,罪刑法定原则处于发轫和兴起的初级阶段,既然自然犯和法定犯的法律渊源来自自然法和人定法,将来自于立法者制定的法律所认定的犯罪称为“法定犯”在当时并无不可。然而随着罪刑法定原则的深入人心,人们逐渐意识到刑事违法性是犯罪的本质特征,所有的犯罪都是法定犯。在学术领域,概念的提出理应做到顾名思义或词意相符。我们固然可以按照约定俗成的习惯将因为其他法律规定而被刑法规定为犯罪的犯罪种类称之为“法定犯”,但是“名也者,所以其累实也”,我们更应该按照该类犯罪的实际意义来加以命名。所谓“名不正则言不顺;言不顺则事不成”;〔68〕我国古代对“名”和“实”系统探讨过的名家也在“名实论”中坚持“循名责实”和“以实定名”,可见名乃实所依,实乃名所指。在刑法学领域,所有的犯罪本身都是法定犯,不存在不违背刑法规范而定为犯罪的情形。

最后,法定犯和行政犯的理论归宿不同。作为犯罪学家,加氏在整体上遵循犯罪现象——犯罪原因——犯罪预防(或矫正)的思路,因而他提出“自然犯”这一超越实定法的概念旨在研究如何应对犯罪学上的真正犯罪,最后得出应将触犯自然犯罪因而也是违反基本道德情感的犯罪人排除出社会的结论。而自然犯与法定犯范畴在德日刑事法学的演变已有所不同。德国学界研究刑事犯与行政犯的目的在于从立法

〔68〕《论语·子路》。

论上解决违警罪在刑法典中的去留问题，以严格区分行政不法与刑事不法。日本则主张对行政犯在刑法总则的适用问题下作区别的对待。同时，刑事犯和行政犯违反不同的法律规范，前者与社会伦理关系密切，犯罪嫌疑人故意实施相关行为就已表明反社会性，一般不需要违法性的认识或者不存在违法性认识错误的问题；后者在刑事法学领域主要指违反行政法律法规进而触犯刑法条款的行为，其双重违法性就表明可能存在违法性认识的问题。因而关于行政犯的违法性认识问题也成为了刑事犯与行政犯理论讨论的焦点，并影响所有属于行政犯的刑法各罪的认定问题。

二、自然犯与行政犯的范畴

自然犯和法定犯的范畴在历史中几经变革，从“自然犯与法定犯”到“刑事犯与警察犯”再到“刑事犯与行政犯”，有时候，学者在用到上述范畴进行分析和交流的时并未细加区分。站在刑法学的立场，在罪刑法定原则已经成为统辖刑法的原则的大背景下，自然犯和法定犯的范畴已经有所不合时宜。对于经济违法犯罪法律责任的研究，我们更应该站在范畴演变的理论角度和刑法变革的现实场景中建立自然犯与行政犯的范畴。以行政犯取代法定犯来和自然犯构成分析经济犯罪的范畴主要存在以下几方面的原因。

首先，自然犯与行政犯的范畴一定程度上契合了自然犯与法定犯的分类意义。自然犯往往和刑事犯相提并论，但是刑事犯和行政犯的范畴局限于实定法的范围，其概念和体系注定无法将理论自身立足于刑事立法学的高度。自然犯与行政犯的范畴则不然，它一方面避免了法定犯在当代刑法中所产生的歧义，因为根据罪刑法定主义，刑法中的所有的犯罪都是法定犯；另一方面它以行政犯这一最契合当初加罗法洛法定犯原初意义的概念加以替代，在行政权的触角扎根于整个社会机体的现实下，行政犯的概念具有足够的包容性和扩展性。在刑法学的视野中，自然犯与法定犯的区分并不在于是否违反刑法规范即第二次违法，而是在于第一次违法的根源，前者违反了文明社会的基本道德伦理，后者则是违反了相关的法律法规。对于诸如杀人、放火、抢劫、强奸之类的行为在现代文明国家属于犯罪是不言而喻的,因而也没有在其他法律法规中加以规定,自然犯并没有直接违反除刑法外的其他法律规范。进入现代社会以来,行政权的扩张导致行政管理规范在全社会无孔不入。作为刑法前置性法律法规的一部分,行政法律法规在现代工商业社会中既有调节各行各业不同领域的广度,也具精细详尽专门规定特定领域的深度。而由于现代行政管理规范对各行各业的调整,法定犯第一次违反的其他法律法规往往就是行政管理规范。大体而言,我们可以说原先加罗法洛所提出的法定犯的外延能包容行政犯的外延。如上所述,加罗法洛所提出的自然犯与法定犯是超越实定法领域的范畴,法定犯是指那些没有违背基本道德情感却违反国家法律规定因而被认定为犯罪的行为,违反行政管理规定的行政犯自然是法定犯的一部分。自罪刑法定原则成为刑法原则,贯彻于刑事立法和司法之际,所有承担刑事法律责任的违法行为都注定成为违背刑事法律规范因而具有刑事违法性的法定犯。如今,当我们汲取自然犯与法定犯的理论营养,在刑事法学领域,而非刑法领域,划分犯罪类型制定防治策略时,行政犯作为法定犯的一大类型,同样可以和未违反行政法律规范但却具有刑事违法性的违法行为构成一对全新的范畴,即自然犯与行政犯。

其次,行政犯罪和经济犯罪有着十分密切的联系。对经济犯罪而言,行政犯更能代表经济犯罪的二次违法属性。“行政犯”一词与行政刑法密切关联,而行政刑法又以近代行政法的发展为其产生背景。行政法为实现行政上之目的,必然对国民设置种种命令或禁止规定,从而使人们承担一定义务。为了确保法律法规的效力,又不得不对违反义务者明定处罚作为制裁,从而在立法上自成体系成为现代行政法的一大特色。〔69〕 与其他犯罪类型相比,经济犯罪的一大特征就是直接或间接地违反经济领域的行政管理法律法规,破坏合法正常的经济秩序,因而可以说,所有的经济犯罪都直接或间接地具有行政犯的属性,自然犯

〔69〕 参见[日]田中二郎:《行政法总论》,有斐阁 1979 年版,第 404~408 页。

和行政犯的范畴能够有效满足经济违法犯罪法律责任的分析要求。以我国《刑法》第 180 条第 1 款为例,该条规定了罪名"内幕交易、泄露内幕信息罪",规定了犯罪主体"证券、期货交易内幕信息的知情人员或者非法获取证券、期货交易内幕信息的人员",规定了客观方面"在涉及证券的发行,证券、期货交易或者其他对证券、期货交易价格有重大影响的信息尚未公开前,买入或者卖出该证券,或者从事与该内幕信息有关的期货交易;或者泄露该信息,或者明示、暗示他人从事上述交易活动,情节严重的",还规定了"处 5 年以下有期徒刑或者拘役,并处或者单处违法所得一倍以上五倍以下罚金"这样的法定刑。但是,若想真正研究"内幕交易、泄露内幕信息罪",至少要了解何为"知情人员",何为"内幕信息敏感期"。2012 年"两高"《关于办理内幕交易、泄露内幕信息刑事案件具体应用法律若干问题的解释》规定"知情人员"是指《证券法》第 74 条规定的人员和《期货交易管理条例》第 85 条第 12 项规定的人员。"内幕信息敏感期"是指内幕信息自形成至公开的期间。《证券法》第 67 条第 2 款所列"重大事件"的发生时间,第 75 条规定的"计划""方案"以及《期货交易管理条例》第 85 条第 11 项规定的"政策""决定"等的形成时间,也应当认定为内幕信息的形成之时。只有在结合行政法律法规的前提下才能更好理解罪状中的各项含义,这既是行政犯的行政从属性,也是创立自然犯和行政犯范畴的必要性。

最后,自然犯与行政犯的范畴并未推翻自然犯与法定犯、刑事犯与行政犯的分类意义,而是尝试站在刑法学的角度借鉴自然犯与法定犯的范畴。英美法系刑法理论认为,犯罪行为可分为本质恶与禁止恶,前者是指某种行为就其自身性质而言便是不法,在普通法上必须给予处罚,它基本等同于大陆法系国家的自然犯;后者则指违反制定法的作为与不作为,它基本上等同于大陆法系国家的法定犯。[70] 作为法定犯的典型形态,英美国家在判例和法理上所实际承认的社会公共福利犯罪(Public Welfare Offense)大多见于行政法律法规的规定。在美国,自

---

〔70〕 参见张明楷:《外国刑法纲要》,清华大学出版社 1999 年版,第 58 页。

19世纪中叶以后，由于工商社会的发展，法律的观念逐渐由个人至上转向为社会保护。从公共福利保护的角度出发，一系列有损公共利益的行为被规定为制定法上的犯罪，其范围囊括饮食、卫生、医疗、商品标志、交通秩序、公共设施、环境保护及其他公共安全管制领域。对这些违反行政管理秩序的犯罪，一般以规制为主要目标，行为人是否具有犯意则并不必要，同时也属于处罚上相对较轻的轻微犯罪。〔71〕 在大陆法系，行政刑法和经济刑法的关系也是一个经常为人研究的领域。从狭义的角度来看，经济犯罪属于行政犯罪中的一个典型。如上文所述，经济犯罪应是涉及经济利益，违反经济领域法律法规，妨害经济秩序并应受刑罚处罚的行为。在我国，经济领域法律法规大都属于行政法律法规。经济活动中的生产、分配、交换与消费都需要行政上的管理，同时这些行政管理的规定会经过立法程序上升为国家行政法律法规，虽然有时候对法律法规的性质存在经济法和行政法的争议，但是不可否认的是，所属学科的争议不影响本质上国家行政权对经济活动的管理和干预。"一般来说，经济刑法是行政刑法的一部分。即关于经济犯罪的刑法规范，一般都是行政刑法规范。因为狭义的经济犯罪是指违反国家经济管理法规，破坏国家经济管理活动的行为……经济管理法规在某种意义上也是行政管理法规，在我国尤其如此，破坏经济管理活动的行为也是破坏行政管理活动的行为。"〔72〕因此，行政犯的范畴能够包容经济犯罪的外延，经济犯罪能合理地借鉴行政犯的理论。

三、自然犯与行政犯的应用

在人类历史中，犯罪作为一种反社会的现象始终与社会相生相伴。由于杀人、放火、抢劫、强奸等自然犯最直接也最原始地存在于人类社会当中，只要人类自身的社会结构和生存条件不发生颠覆性的变革，那么自然犯的犯罪方式和犯罪危害也就不会产生大的变更。经济犯罪则截然不同，它所具备的特点注定它必然随着经济模式和生产水平的变

〔71〕 Sayer F. B.,"public welfare offenses",Columbia Law Review 33,1993.

〔72〕 参见张明楷：《行政刑法辨析》，载《中国社会科学》1995年第3期。

化而产生各种变数。这种区别让人不由自主忆起加氏自然犯与法定犯的范畴，当我们重温他跳出刑法条文窠臼研究犯罪概念的视角，便会明白犯罪的重新定义和分类意味着我们不应满足于法教义学的解释功能，而是要站在刑事立法的角度重新审视经济犯罪的法律体系和立法模式。“尽管自然法学家也讲罪犯，对我们却避而不谈什么是他们所理解的犯罪。他们不试图说明从法律角度所讲的犯罪行为与社会学角度的行为是否有联系，却将这个界定的任务留给了法学家。正是由于这种定义的缺乏导致目前为止自然法学家对犯罪的研究成为独立的东西，并被认为是出于一种纯科学兴趣而与立法毫不相关。”〔73〕这种观点和立场提醒我们无论自然犯与法定犯的范畴如何演变，立法者和研究者不应停留在“拍脑袋”决策和概念性立法的层面，而是要打通法学和社会学的通道，吸收其他学科的营养并考虑犯罪类型本身的特点而制定合乎时宜并垂范久远的法律体系。

首先，我们可以通过自然犯与行政犯的范畴，以两种不同类型的犯罪为基础构造一个刑法典与一体化刑事立法并存的二元犯罪防治体系。具体而言，刑法典规定自然犯和一部分稳定的行政犯，一体化刑事立法规定多变的行政犯。由于自然犯并没有如行政犯一样具有双重的违法性，那么自然犯与行政犯的区别也导致了两者防治策略的不同。犯罪的社会危害性和人身危险性决定了我们如何对犯罪人科以刑罚。加罗法洛通过对自然犯与法定犯的研究，主张对自然犯的惩罚要根据对犯罪人的恐怖性的判断来决定采取何种刑罚，认为所判处的刑罚应与犯罪人对社会所具有的社会危害性相适应。“按照罪犯心理异常所导致的危险程度，或者换一种方式说，按照或多或少根深蒂固于罪犯身上的堕落程度以及很可能再次出现的堕落程度，社会对犯罪所作出的反应应当表现为下列三种形式中的一种。这三种形式是：(1)完全消除，剥夺罪犯与社会的一切往来；(2)部分消除，把罪犯和与其不适应

〔73〕［意］加罗法洛：《犯罪学》，耿伟等译，中国大百科全书出版社1996年版，第19页。

的特殊环境隔离开;(3)强制赔偿罪犯的犯法行为产生的损害。"[74]而对于行政犯而言,由于其本身并不存在道德上的异常或者说并没有严重违反社会基本道德,因此刑罚所需要的强度只需要保持在能够威慑行政犯的程度即可。由此,自然犯与行政犯的刑事责任承担就出现了不同的取向,如经济犯罪这样的行政犯应以罚金刑和适当的自由刑为主,限制使用死刑缓期执行,禁止适用死刑立即执行。自然犯与行政犯的范畴将会指导立法者对不同类型的犯罪建立不同的刑事责任体系。[75]

其次,自然犯与行政犯的范畴能促进我们从不同的角度来理解刑事立法模式。从行政法的角度来看,行政犯是指处以行政罚或秩序罚的一般行政违法行为;处以行政罚或刑事罚的一般行政违法行为与严重行政违法行为;或处以刑事罚的严重行政违反行为。而从刑法角度来看,行政犯规定于刑法典,单行刑法或者附属刑法之中。附属刑法是指规定在民法、行政法等非刑事法律中的有关犯罪与刑罚的附属刑法规范的总称。可以说,行政刑法基本等同于附属刑法,附属刑法中存在大量的行政犯规范,由于经济犯罪是典型的行政犯,因而行政犯立法模式的思考同样可以运用于刑法学对经济犯罪立法模式的思考。在当今世界,行政犯的立法模式大致可以分为以下三种:(1)大一统的刑法典模式。这种立法模式一般将行政犯等同于违警罪,从而与重罪、轻罪一起规定在统一的刑法典之中,比如法国就采取这种立法模式。我国现行刑法在立法上没有吸收行政犯理论的研究成果,虽然存在附属刑法立法的方式,但总体上同样采取了大一统的刑法典立法模式。(2)独立的法典模式。这种立法模式采取行政刑法和刑法典相分离的独立法典模式,将所有相关的行政法律规范按照一定主题进行分类归纳,从而制定一部规定相应刑法措施和适用不同刑法原则的独立性法律。奥地利1926年的行政刑法(包含实体法、程序法和执行法),德国1954年的

---

〔74〕［意］加罗法洛:《犯罪学》,耿伟等译,中国大百科全书出版社1996年版,第55页。
〔75〕郑旭江:《自然犯与法定犯的重读与重构》,载《青少年犯罪问题》2017年第1期。

《经济刑法法》(1993年修订),德国1986年的《反经济犯罪法》都是此种立法模式的代表。(3)分散立法模式。这种立法模式将行政犯规定在相应行政法律法规的法律责任条款之中,并直接规定具体罪名和法定刑。《日本邮政法》第78条规定的阻碍邮政罪,《日本道路交通法》第117条规定的道交法报告义务违反罪、罗马尼亚《关于住房建设和出售房屋的法律》第71条规定的接受高于法律规定的房租罪等都是此种立法模式的代表。[76] 行政犯的立法模式对于同为行政犯的经济犯罪而言具有十分重要的借鉴意义,其法律责任的立法方案能在行政犯理论中得到充分的指引。

最后,自然犯与行政犯的范畴有助于我们吸收行政犯的立法理论来展开经济违法犯罪法律责任立法一体化的研究。行政犯立法理论主要思考以下几个问题:(1)如何区分刑事犯与行政犯;(2)如何区分行政犯与科以秩序罚的一般行政违法行为;(3)行政犯在刑法总则的适用上是否存在例外,如果有,存在哪些例外;(4)行政犯中违法性认识与法律责任是否具有必然的联系,如果行政犯需要违法性认识,那么是否存在不需要认识违法性的情形,其判断机制又该如何设计;(5)大多数国家对行政犯设定了包括法人在内的犯罪主体,因此需要辨别某种犯罪属于行政犯还是自然犯,从而确认法人(或法律拟制为"法人"的团体)是否承担法律责任;(6)对于自然犯而言,一般只有犯罪人本身承担刑事法律责任,但是对于行政犯而言,则存在仅仅处罚事业主或者既处罚行为人又处罚从业者、事业者的情形。推而广之,作为行政犯的典型,经济犯罪的立法同样需要重点研究以下内容:(1)如何区分经济犯罪和传统的侵财犯罪(自然犯);(2)如何区分经济犯罪与一般的经济违法行为;(3)刑法总则在经济犯罪领域如何适用,是否具有特殊的变化;(4)经济犯罪是否需要违法性的认识,是否存在例外的情形;(5)经济犯罪中的单位犯罪研究,"单罚制"或"双罚制"立法根据何在;

---

〔76〕 参见黄明儒:《行政犯比较研究——以行政犯的立法与性质为视点》,法律出版社2004年版,第229~234页。

(6)经济犯罪是否存在从业者或事业者的雇主责任;(7)最为重要也是比较宏观的思考是,经济犯罪该如何在行政犯理论的支持下,脱离出传统的大一统刑法典立法模式,建立经济违法犯罪法律责任的一体化模式。以上的研究方向都是基于自然犯与行政犯的理论所做出的设想,经济犯罪的性质、特点和发展契合行政犯理论对立法模式所做的思考,或许,以经济违法犯罪法律责任立法一体化作为构建新型行政犯立法模式的突破口是一个最恰当的选择。

第三章　经济犯罪立法模式的历史考察

第一节　经济犯罪立法的历代沿革

一、我国古代经济法制的思想

我国在子产“铸刑书”开始的两千五百多年法制史中，既展现了不同法律制度的构建，也暗藏多种法律思想的交锋。我们既能看到“焚书坑儒”“因文获罪”的思想控制，“法繁于秋荼而网密于凝脂”的法网罗织，“刑者相半于道，而死人日成积于市”的残酷统治，但也能发现“人主之所贵，莫重于人”“法者，缘人情而制，非设罪以陷人也”的刑德之争，“德礼为政教之本，刑罚为政教之用，犹昏晓阳秋相须而成者也”的名例序疏，“缇萦上书”后的废除肉刑以及隋朝初创后的“死刑三奏而决”制度。拨开历史的烟云，封建皇权的专制政体之下似乎也有一股绵延不绝的力量在为天下苍生黎民百姓的福祉而抗争，并最终体现于法制领域中“一准乎礼”“春秋决狱”“礼法合一”的历史进程。如果说法、术、势相统一的法家学说构成专制政体下“帝王心术、严刑峻法”的理论基础，那么自百家争鸣以来就流传于世的黄老的无为之治、儒家的仁者爱人、墨者的兼爱尚同等多元思想就奠定了中华民族“礼仪之邦、仁义之国”的精神内核。[1] 自汉武帝“罢黜百家，独尊儒术”之后，儒家思想开始成为我国历史中最有影响力的思想流派，尽管道家、法家的思想从来不曾真正断绝，但是以儒家为主、其他思想为辅的思想格局从此成为我国古代历史中的文化背景，并体现在了我国古代的经济法制思想当中。

我国自古以来是一个农业大国，其经济基础是自给自足的小农经济，但是在不同的历史时期也有着发达的商品经济，因此我国有着十分丰富的经济法制思想。据《周礼》记载，西周和春秋时期的商品经济已经有了不小的规模。从契约制度来看，当时存在“神之约”“民之约”“地之约”“器之约”等不同性质的契约。其中，“地之约”就是地契版图，“民之约”就是税赋或调解的文书。从商品流通的规模来看，已经设“肆”于市中，有居而卖物的“贾”人在做买卖。从借贷关系来看，官方有专门的“泉府”给予百姓有息或无息贷款，民间也有“民同货财”提供买卖和借贷。到战国时代，商鞅在《商君书·农战》中指出从事商贾和手工业的都是逃避农战，明确提出了比“重本抑末”更为彻底的“事本禁末”的主张。值得注意的是，先秦儒家孔子、孟子、荀子并没有明确的重农抑商的思想。所谓“重义轻利”主要是针对人们尤其是统治者的道德品质，而非反对商业和手工业。[2]

待到汉昭帝始元六年（公元前 81 年），汉朝中央政府针对汉武帝时期所推行的一系列如盐铁专卖制度的经济政策展开了大讨论，以御史大夫桑弘羊为代表的“干预派”与以贤良文学为代表的“放任派”展

〔1〕 参见杨兴培、郑旭江：《两大法系刑法学之差异对中国的影响及我们的发展趋势》，载《苏州大学学报》（法学版）2014 年第 4 期。

〔2〕 参见若然：《中国古代商品经济法律思想论辩考评》，载《烟台大学学报》（哲学社会科学版）1988 年第 8 期。

开了激烈的争论，史称“盐铁会议”。由西汉桓宽整理的《盐铁论》详细记录了具体的争议焦点。两派所争论的两种治国理念、经济伦理、发展模式既上承百家争鸣时各家学说，也开启了汉以后各朝代的义利之争和本末之争，因此在我国古代经济思想史上具有举足轻重的地位。两派最主要的交锋在于以下几个方面：(1)安贫乐道与长财求富之争。贤良文学派主张“治人之道……抑末利而开仁义，毋示以利，然后教化可兴，而风俗可移也”，要求人们过“贵德而贱利、重义而轻财”的安贫乐道的生活。御史大夫派则主张“圣人因天时，智者因地财，上士取诸人，中士劳其形”，明确指出“追利乘羡”“长财求富”对人民和国家的重要性和正当性。(2)农商本末之争。在如何发展经济的问题上，贤良文学派认为“夫欲安民富国之道，在于反本，本立而道生。顺天之理，因地之利，即不劳而功成”。他们不但主张以农为本，甚至对商业的发展持批评的态度，“今世俗坏而竞于淫靡……雕素朴而尚珍怪，钻山石而求金银，没深渊求珠玑，设机陷求犀象，张网罗求翡翠……旷日费功，无益于用”。御史大夫却持不同的观点，认为“富国何必用本农，足民何必井田也?”主张“以末易其本，以虚荡其实”，发展工商业来推动社会经济的发展。(3)藏富于民和藏富于国之争。在财富的管理和分配上，贤良文学派认为应该藏富于民，“王者不畜聚，下藏于民，远浮利务民之义；礼义立，则民化上”，强调富民对于调节社会矛盾、树立良好风气的作用。御史大夫派坚信应该由国家来统一管理、调节国家财富，主张盐铁官营，反对罢盐铁之议。他们认为，“山海有禁而民不倾，贵贱有平而民不疑”“民大富，则不可以禄使也；大强，则不可以罚威也”。(4)礼治与法治之争。礼治与法治之争贯穿于我国整个历史当中，但在经济领域的争议则具有别样的内涵。贤良文学派十分推崇统治者运用礼义来管理经济，“法能刑人而不能使人廉，能杀人而不能使人仁……故世不患无法，而患无必行之法也”，但也不盲目否认法的作用，“古令者教也，所以导民人；法者刑罚也，所禁强暴也。二者治乱之具，存亡之效也，在上所任”。御史大夫派在发展经济的过程中深刻体会到法治对富国强兵的必要性。“禁御之法立而奸伪息，奸伪息，则民不期于妄得而各务其职”,“礼让不足禁邪,而刑法可以止暴”。[3] 综上所述,《盐铁论》记载了西汉时期对国民经济发展、管理、分配等方面的两大对立观点,围绕是否罢免郡国盐、铁问题展开了一系列的讨论,盐铁会议后朝廷做了让步,只允许罢去郡国酒榷和关内铁官,但整体上还是御史大夫派取得了上风。不管结果如何,盐铁会议展示了我国古代经济法制思想的丰富内容。

实际上,作为承上启下的朝代,汉朝关于我国经济法制思想的探讨不止于盐铁会议。以西汉史学家司马迁和东汉史学家班固为例,前者在《史记》中支持和赞赏自由商业经济,后者在《汉书》中反对和贬低自由商业经济。在社会分工上,司马迁在《史记·货殖列传》中认为农虞工商各有所用,“各任其能,竭其力,以得所欲”;班固在《汉书·货殖传》中强调“理民之道,地著为本”,“农之子恒为农,工之子恒为工”。在经济自由上,司马迁认为社会经济发展要顺其自然,“人各任其能,竭其力”,“若水之趋下,日夜无休时”,官府不应该去剥夺这种自由,“最下者与之争”,与民争利会导致民生凋敝;班固则认为应对国民经济进行统一管理,“公擅山川铜铁鱼盐市井之人,运其筹策,上争王者之利,下锢齐民之业,皆陷不轨奢僭之恶”。在对待物质财富的态度上,司马迁认为在追求财富的动机下,人们会“各劝其业,乐其事”,推动社会经济的发展;班固则主张“欲寡而节事”,否则就会出现“礼谊不足以拘君子,刑戮不足以威小人”的现象。[4] 这些关于经济伦理、农商地位、国家政策等的争论跨越了我国整个封建时期,虽然“城头变幻大王旗”,但是每个王朝都面临同样的问题。在汉以后的各个朝代,本末之争、义利之争以及礼法之争仍然十分激烈。作为现代人,我们可能在只言片语的描述和简洁明了的论断中接受了我国古代重农抑商、刑民一体的呆板印象。但是,通过史料的分析,我们可以看出古代统治者对

---

〔3〕 窦炎国:《〈盐铁论〉中两种对立的经济伦理观》,载《齐鲁学刊》2006 年第 6 期。

〔4〕 参见若然:《中国古代商品经济法律思想论辩考评》,载《烟台大学学报》(哲学社会科学版)1988 年第 8 期。

经济领域、经济法制、经济思想等的重视和探讨超越了一般人的想象，值得后人对此详加研究。

二、我国古代经济法制的轮廓

我国如汗牛充栋一般的法制史著作对我国法制史的发展和特点进行了介绍，然而它们对于我国古代经济制度和立法形式的研究却十分薄弱，各种教科书之间大多简略勾画或者互相援引，对此做专门研究的学者都寥寥可数，因而不仅导致缺少对古代经济法制之深入剖析，也没有对历代经济法治沿革之适当归纳。我国历朝历代虽然"以农立国"，但是对于国民经济的其他领域同样给予了适当的重视，并制定了相应的法律法规对经济犯罪予以规制。总体而言，我国古代经济犯罪立法的沿革可以从两个角度进行考察：一是从面的角度概括历朝经济犯罪的立法全貌；二是从点的角度重点介绍典型的经济法律调控领域。农业生产和自然资源领域、手工业管理领域、市场管理领域这三大领域可以体现我国古代经济法制之大致轮廓，而货币制度、禁榷制度和赋役制度则能体现我国古代经济法制之特色，由此才能在经济犯罪立法的历代沿革中探求经济犯罪立法模式的特点和规律。

第一，在农业生产和自然资源领域，作为信奉"农为天下之本"的我国，历来都十分重视农业和自然方面的保护和立法。早在西周，统治者就进一步总结了夏、商两代的管理经验并制定了有关农林牧渔方面的管理制度。以农业立国的西周在国有制下对土地方面管理严格，若有"失农时"与"相侵夺"者，要给予严厉处罚，"行罪无赦"。强调务农以时，有失农时者治罪。《礼记·月令》规定："仲秋之月……乃劝种麦，毋或失时，其有失时，行罪无疑。"[5]《逸周书·文传》记载："山林非时不升斤斧，以成草木之长；川泽非时不入网罟，以成鱼鳖之长；不鹿不卵，以成鸟兽之长。"对不在时令入山采伐渔猎者，则"执而诛罚之"。[6] 春秋战国时期，礼崩乐坏，诸侯各自为政，农业和自然领域的

〔5〕 参见张晋藩：《中华法制文明的演进》，法律出版社2010年版，第91～92页。
〔6〕 参见占茂华：《中国法制史》，中国政法大学出版社2009年版，第57页。

保护相应显得混乱和薄弱。秦朝自商鞅变法以来,就一力推行耕战的基本国策,一统天下后更是制定了种类繁多、内容丰富的经济管理法规,它们主要有《田律》《仓律》《金布律》《关市律》《工律》《司空律》《均工律》等。秦朝非常注重对自然资源的保护和利用。在《田律》中规定:早春二月是万物生长的季节,不准人们进入山林砍伐木材,不准堵塞水道影响万物生长;不准采摘刚刚发芽的植物,不准捕捉幼兽、幼鸟或猎取鸟卵等。[7] "雨为澍,及秀粟,辄以书言澍稼、秀粟及垦田暘无稼者顷数……近县令轻足行其书,远县令邮行之"(《睡虎地秦墓竹简·秦律十八种》)。这意味着官吏要及时掌握雨情和庄稼的状况,并向县令作出书面报告。由于牲畜是重要的农业生产资料,因此盗牛、马者处以重刑。《盐铁论·刑德》说:秦法"盗马者死,盗牛者加"。[8] 为检查各级行政官员对农业管理的成效和每年实际的收成,秦汉开始规定了上计制度,呈报不实则予惩罚。[9] 汉朝的经济立法多见于《九章律》和《傍章律》,同时也有单行的律令。比如,有关农田管理、征收田赋和畜牧业管理方面的《田律》和《厩律》,有关工程兴建和徭役的《兴律》《徭律》《均输律》,有关工商管理的《工律》《关市律》,有关金融管理的《金布律》《金布令》《钱律》等。有汉一朝,禁止土地兼并成为基本政策,武帝时曾颁行"限民名田"的法令,限制豪强兼并土地,即使"诸侯在国,名田他县",也处"罚金二两"。同时禁止商贾占田,"贾人有市籍,及家属,皆无得名田,以便农。敢犯令,没入田货"。哀帝时再下"限民名田"令,规定"贾人皆不得名田、为吏,犯者以律论。诸名田、蓄奴过品,皆没入县官"。由于耕牛是农业的主要生产资料,因此汉律对此严加保护,在《盗律》中规定:"盗马者死,盗牛者加。"在《津关令》中规定,不许向国外贩卖耕牛,违者依法处置。[10] 唐代以后,地方官员

---

[7] 参见占茂华:《中国法制史》,中国政法大学出版社2009年版,第100页。
[8] 参见张晋藩:《中华法制文明的演进》,法律出版社2010年版,第171页。
[9] 参见刘海年:《中国古代经济法制之研究》,载《南京大学法律评论》1996年秋季号。
[10] 参见张晋藩:《中华法制文明的演进》,法律出版社2010年版,第252~254页。

对农业的管理和监督还被写入法典:“诸部内有旱涝霜雹虫蝗为害之处,主司应言而不言及妄言者,杖七十,极检不以实者,与同罪”;同时规定,“诸部内田畴荒芜者。以十分论,一分笞三十,一分加一等,罪止徙一年”。(《唐律疏议·户婚》)〔11〕宋朝为了克服田产不实,赋税不均,中下农户负担过重等弊端,在神宗期间实行了王安石变法。熙宁二年(1069年)九月颁行了《青苗法》,规定每年正二月和五、六月,由各州县贷钱给农民,收成后加息十分之二还银或还钱。实行该法主要是为了防止农民在新陈不接之际,遭受“兼并之家”的高利贷剥削,借以达到“民不加赋,而国用足”的目的。熙宁二年(1069年)十一月颁行了《农田利害条约》,集中代表了农田水利法的规定。该条约以“开垦废田,兴修水利,建立堤防”为宗旨。熙宁五年(1072年)颁布了《方田均税法》,旨在重新丈量田地,均定田税。〔12〕 元朝统治时期,游牧民族依存的游牧经济冲击着华夏民族的农耕经济,两宋以来高度发展的经济受到严重破坏,为了维护统治,元朝的经济法律也大都以宋为楷模。明初,经历大战的神州大地流民充斥,农业生产水平低下,为此洪武一朝多次颁发移民垦荒的法律,在《大明律·户律》中“欺隐田粮”和“荒芜田土”条均规定了惩罚无故荒芜田地的条款,并将开垦田地的情况作为考核官吏的标准之一。明朝中叶后,“屯田之法尽坏”,因此明律转而惩治欺隐田粮赋役,而非唐朝时期的“占田过限”。凡“欺隐田粮”者处以笞仗刑,“其田入官,所隐税粮,依数征纳”,“里长知而不举,与犯人同罪”。如果将已有田粮诡寄官僚富厚之家,以逃避差役,诡寄受寄双方均论罪。明律针对豪强地主还特别规定,功臣之家除了拨赐公田外,其余田土必须尽数报官,依法纳粮当差,违者加重处罚。一亩至三亩杖六十,罪止杖一百,徒三年。若豪民令子女亲戚跟随官员隐蔽差

〔11〕 参见参见刘海年:《中国古代经济法制之研究》,载《南京大学法律评论》1996年秋季号。

〔12〕 参见张晋藩主编:《中国法制史》,中国政法大学出版社2007年版,第164页。

役，家长杖一百，官员容隐者同罪。[13] 同时，发展农业必须兴修水利，因此《大明律》规定："盗决河防者，杖一百"，"不修河防圩岸，或修而失时者，笞三十，因而淹没田禾者，笞五十"，"若毁害人家，漂失财物者，杖六十。因而致伤人命者，杖八十"。[14] 作为封建法制文明的最后阶段，清朝吸收借鉴了前朝的经验。清朝严禁田地无故荒芜，如《大清律例》规定："凡里长部内已入籍纳粮当差，田地无故荒芜、及应课种桑麻之类而不种者，俱以十分为率，一分杖二十，每一分加一等，罪止杖八十，县官各减二等，长官为首，佐杂为从。人户亦计荒芜田地及不种桑麻之类，以五分为率，一分笞二十，每一分加一等，追征合纳税粮还官。"[15] 同时，清朝也十分保护农业生产，《大清律例》规定："凡弃毁人器物及毁伐树木稼穑者，计赃准窃盗论。"[16]

第二，在手工业管理领域，总体来说国家一方面进行手工业生产的组织和管理，另一方面则施加身份、等级和工艺方面的种种限制。西周在手工业生产中就实行"工商食官"的制度，[17] 即工业和商业统一由官府进行垄断经营。[18] 秦朝在手工业方面的立法主要体现在《工律》《均工律》《工人程》等法律令，对产品的规格、质量以及生产的考核、处罚都做了规定。如《秦律杂抄》规定："凡制造的大车被评为下等，要罚主管官员一盾，工匠则各笞五十下。"[19] 汉时沿用秦朝手工业方面的法律，"百工为器物，皆有尺寸斤两斛斗轻重之宜，使得其法"。[20] 唐朝建立了庞大的手工业生产队伍和细致的手工业管理队伍。工匠从全国按照"材力强壮、技能工巧"的标准征调而来，为保证专门技艺后继有

---

〔13〕 参见张晋藩：《中华法制文明的演进》，法律出版社 2010 年版，第 728 ~ 729 页。
〔14〕 参见张晋藩主编：《中国法制史》，中国政法大学出版社 2007 年版，第 202 页。
〔15〕 参见张晋藩主编：《中国法制史》，中国政法大学出版社 2007 年版，第 234 页。
〔16〕 《大清会典事例·户部·田赋·劝课农桑》。
〔17〕 《国语·晋语四》。
〔18〕 参见占茂华：《中国法制史》，中国政法大学出版社 2009 年版，第 54 页。
〔19〕 参见占茂华：《中国法制史》，中国政法大学出版社 2009 年版，第 112 页。
〔20〕 《汉书·任敖传》。

人,规定工匠子弟"不得别入诸色"。[21] 相应地,也设立工部、少府监、军器监和将作监对工匠进行系统管理。"稽留不赴者,一日笞三十,三日加一等,罪止杖一百。"[22] 强调工作需要按照法律进行,"有不如法者",即"在官司造作,辄违样式……笞四十,不任用……及应更作者,并计所不任赃庸,坐赃论,减一等,其供奉作者加二等。工匠各以所由为罪,监当官司,各减三等"。[23] 为保证产品质量,规定出售不合格的产品,"得利赃重者,计利,准盗论。贩卖者,亦如之。市及州、县官司知情,各与同罪;不觉者,减二等"。[24] 宋朝农业发达,商业繁荣,为商品经济的发展带来新的变化。在手工业方面,严格确立了集中化的管理体制。凡是与国民生计关系密切的手工业项目,如金、银、铜、铁等贵重金属的生产要由国家专设"监""冶"经营,私人不得擅自经营,否则以盗论。宋朝对此有所变动,逐渐以招募制取代劳役制,手工业产品的技艺既可以父子相承、家世相传,也可以招收学徒,适应了生产力发展的需要。[25] 对于工程兴建,宋援唐律,禁止非法兴造,凡"应言上而不言上,应待报而不待报"的非法兴造,"各计庸,坐赃论减一等",如果"非法兴造及杂徭役十庸以上,坐赃论"。[26] 明朝适应手工业发展需求,沿袭元代匠户制度,工匠被划入专门户籍——匠籍。工匠一旦被编入匠籍,便失去经营和迁徙的自由,世代不许脱籍,脱籍者按逃匠严惩。明朝对手工业产品的质量与规格要求大致效仿唐律,凡造作器物不如法者,笞四十。如制造军器不如法,或织造缎匹质量粗糙不合格者,各笞五十。[27] 明律将唐、宋律中有关手工业生产管理方面的条文加以整理,使之更加具体完备。如军民官司有所兴造,应申报上级批准,不经

[21] 《唐六典》。

[22] 参见张晋藩主编:《中国法制史》,中国政法大学出版社2007年版,第128~129页。

[23] 参见张晋藩:《中华法制文明的演进》,法律出版社2010年版,第429~430页。

[24] 《唐律疏议·擅兴》。

[25] 参见张晋藩:《中华法制文明的演进》,法律出版社2010年版,第517~518页。

[26] 参见《宋刑统》卷一六《擅兴律·兴造料清》。

[27] 参见张晋藩:《中华法制文明的演进》,法律出版社2010年版,第729~730页。

批准而非法营造者，各计所得人数及工钱坐赃论。营造所需材料、财物、人工申报不实者，笞五十。若财物和人工已费，各计所损财物价及所费雇工钱，重者坐赃论。或如工程修筑不牢固，三年内报毁者，由承修官员和专管上司分赔。监管上司故意隐匿者，经发觉后，责令专修，并交部治罪。再如役使人工，采取木石材料，烧造砖瓦，虚费功力不堪用，计所费雇工钱，坐赃论。因施工中考虑不周，而误杀人者，以过失杀人论。[28] 清朝在手工业立法方面，废除了明朝的匠籍制度，工匠与普通老百姓一样在法律上获得了同等的社会地位。国家一方面放宽了对手工业的垄断，允许民间手工业者在较大范围内自行经营；另一方面也限制民间手工业在某些领域的发展，武器、铸币、内廷所需织造与瓷器生产都属于官府经营。以开矿业为例，《户部则例》曾对陕西南山铁厂商民自出资金募工开挖一事严格规定："由地方官查明商人姓名、籍贯、取具甘结，并由藩司发给执照，方准开采"，"倘有私挖，即行封禁，照例治罪。"[29]

第三，在市场管理领域，随着商品经济在"以农为本"国策下的艰难发展，我国在相关领域的立法也有所进步。西周在市场管理上，设置了各种官吏检查货物品种、质量和价格是否符合规定，并禁止以次充好或用暴力扰乱市场秩序。如果违反市场管理规则，则根据情节处以"市刑"。《周礼·地官·司市》规定："小刑宪罚；中刑徇罚；大刑扑罚。"[30] 还在地方司徒下专设"司关"，负责征收关税、稽查货物和罚款。如果司关发现出入关的货物是违禁品，则"财物犯禁者举之"，而且"举之没入宫"。对于逃避关税者，则"举其货，罚其人"，不仅没收货物，而且要处罚货物所有人。[31] 秦朝虽推行"重本抑末"政策，但是商品经济仍然取得了明显发展。《金布律》规定："有买及卖也，各婴(即

[28] 参见《大明律·工律》。

[29] 参见张晋藩：《中华法制文明的演进》，法律出版社2010年版，第847页。

[30] 参见张晋藩：《中华法制文明的演进》，法律出版社2010年版，第90~91页。

[31] 参见占茂华：《中国法制史》(第1版)，中国政法大学出版社2009年版，第55~56页。

系)其价:小物不能各一钱者,勿嬰。"禁止官吏及所属佐、史私自出售官物,或利用官府马匹和差役进行商业活动,违者处迁刑。《秦律杂抄》规定:"吏自佐、史以上负从马、守书私卒、令市取钱焉,皆迁。"〔32〕汉朝总体而言实施抑商政策,景帝时颁布"算訾钱"法,凡有訾财万钱者,应纳一百二十七钱。武帝时,采纳桑弘羊之策在郡国设置均输平准官,直接经营官营商业。《盐铁论·本议》认为,"郡国置输官以相给运,而便远方之贡,故曰均输。开委府于京师,以笼货物。贱则买,贵则卖,是以县官不失实,商贾无所贸利,故曰平准"。〔33〕然而,"今法律贱商人,商人已富贵矣;尊农夫,农夫已贫贱矣"。〔34〕商业的发展并不以个人的意志为转移,由于当时已有西域丝绸之路,因此对外贸易也较为发达。汉律规定出入关卡需要有"传"即通行证。《汉书·文帝纪》如淳注曰,"两行书赠帛,分持其一,出入关,合之乃得过,谓之传也",否则以"阑出入关罪"论死。〔35〕在商业管理上,唐朝主要从商品市场、物价管理和度量衡管理等诸多方面入手,唐朝禁止强买强卖、欺行霸市或哄抬物价,规定:"诸买卖不和而较固取者;及更出开闭,共限一价;若参市而规自入者,杖八十。已得赃重者,计利,准盗论。"所谓"买卖不和",即相当于"强买强卖";所谓"而较固取者",是指"强执其市,不许外人买";所谓"更出开闭",是指买卖双方共为奸计,"自卖物者以贱为贵,买物者以贵为贱";所谓"参市",是指"负贩之徒共相表里,参合贵贱,惑乱外人","人有所买卖,在傍高下其价,以相惑乱"。在物价管理上,《唐律·杂律》规定:"诸市司评物价不平者,计所贵贱,坐赃论;入己者以盗论。"在要求主管市场官员公平议价的同时也赋予他们监督商品质量的职权,凡在市场上出售不符合规格的低劣商品,依法治罪。"得利赃重者,计利,准盗论","市及州、县官司知情,各与同罪,不觉

---

〔32〕 参见张晋藩:《中华法制文明的演进》,法律出版社2010年版,第164页。
〔33〕 参见张晋藩:《中华法制文明的演进》,法律出版社2010年版,第254页。
〔34〕 《汉书·食货志》。
〔35〕 参见张晋藩:《中华法制文明的演进》,法律出版社2010年版,第254页。

者，减二等。”在度量衡管理上，唐朝在全国实行统一标准的度量衡制度。《唐律·杂律》规定：“诸校斛斗秤度不平，杖七十。监校者不觉，减一等，知情，与同罪。”《关市令》规定：“斛斗秤度等，所司每年量校，印署充用。”私制的度量衡器不符合规格而在市场使用者，笞五十；虽然合乎规格，但是没有加过官府加盖印署者，笞四十。如果给他人造成损失，计所增减，准盗论。负责监校度量衡器的官员，如果徇私不平，治罪。[36] 宋朝的商业繁荣推动了市场管理法规的发展。除了《宋刑统》和有关敕令，宋朝还颁行单独的法律。王安石变法期间颁发了《市易法》，主要是在京都建立市易务作为管理市场调节物价的专门机构。宋朝在继承《唐律疏议》中有关中外贸易的立法外，还单独规定了《市舶条法》，其主要内容是首先确定了征税的基本标准，如“所市物货取息毋过二分”。[37] 未经抽解，不得私自取货，违者，科罪；其次禁止贩运人口及制造兵器物资。宋律规定，若商贾、市舶将男女人口等私贩下海，“舶商、船主、纲首、事头、火长各杖一百，船物没官，有首告者于官物内一半充赏”，“诸以堪造军器物卖与化外人及引领者，并徒二年”，“物没官”，知情者“减犯人一等”。[38] 随着商品与市场关系的发展，明律中也有不少市场与仓库管理的规定。首先，严格统一了度量衡标准。“凡私造斛、斗、秤、尺不平，在市行使，及将官降斛、斗、秤、尺作弊增减者，杖六十，工匠同罪。”其次，严格规定市场管理机构在平抑物价上的责任。“评估物价或贵或贱，令价不平者，计所增减之价坐赃论。”如果借评估物价使赃物归己者，“准窃盗论”。如有私充牙人者，“杖六十，所得牙钱入官。官牙、埠头容隐者，杖五十，革去”。最后，严格仓库方面的管理。“仓库钱粮财物不得虚支冒领，如出库钱粮不足数，监临主守及有关官吏虚出凭据者，计虚出之数并赃以监守自盗论。”负责核查

〔36〕 参见张晋藩：《中华法制文明的演进》，法律出版社2010年版，第431~432页。
〔37〕 《宋史·食货志》。
〔38〕 参见张晋藩：《中华法制文明的演进》，法律出版社2010年版，第521~522页。

的官吏，如果受财谎报足备者，计赃以枉法从重论。[39] 清初由于需要尽快恢复经济，多采取“利商”“恤商”政策，但传统的重农抑商政策并没有改变，更因为政治因素而下禁海令。康熙五十六年(1717年)，鉴于内地之米偷运出洋，导致内地米价上涨，再颁禁海令，如将船卖给外国人，“造船与卖船之人皆立斩”。[40] 此外，由于漕运是粮食与物资的南北大交流，又与治河密切关联，所以为保证漕运而制定的漕运法是经济立法中的重要组成部分。康熙初年曾将条款浩繁的漕运法规汇编成《漕运议单》，雍正十二年(1736年)又集漕运法规之大成，编纂成《漕运全书》。在运丁挑选上规定，如果运丁躲避差役，弃船逃走，“发边卫充军”。如果“纵丁生事勒索，折乾偷盗，以及停泊耽延致误抵通定限者，即行参处”。在漕粮保护上，规定：“重运盗卖漕粮，拿获日，卖主、买主照偷盗漕粮例从重议处。”至于谎报船沉，乘机侵盗，赃在六百石以上，一律议斩；不及六百石者，发边远充军。[41]

三、我国古代经济法制的特色

第一，在货币管理方面，作为经济运行的重要基础，货币领域的统一和管理一向被我国古代各个朝代所看重。秦始皇统一六国后制定颁发了一系列巩固统治和维护秩序的法律。《史记·秦始皇本纪》里指出秦朝统一后“一法度衡石丈尺，车同轨，书同文字”；《礼记·中庸》第二十八章曾概括为“今天下车同轨，书同文，行同伦”。秦朝对当时流通的货币——黄金、铜钱、布帛等设置了专门调控的法律即《金布律》，规定“择行钱布”“皆有罪”，“百姓市用钱，美恶杂之，勿敢异”，若基层管理者“列伍长”得知违反律令破坏币制的情况下“弗告”，同样成立犯罪。可见，民间不可私自铸造钱币，更不得进入市场流通领域，否则依律治罪。汉朝汉景帝时期颁发了《铸钱伪黄金弃市律》，严禁民间铸造

---

[39] 参见张晋藩：《中华法制文明的演进》，法律出版社2010年版，第731~732页。
[40] 《清圣祖实录》卷二七一。
[41] 参见张晋藩：《中华法制文明的演进》，法律出版社2010年版，第851~852页。

钱币;汉武帝时期更规定:“盗铸诸金钱,罪皆死。”〔42〕至汉武帝,为了加强朝廷对财政的控制力度,发行通用全国的五铢钱,严禁郡国铸钱,原郡国旧钱下令销毁,如盗铸金钱,“罪皆死”。〔43〕隋朝时期,隋文帝为了整顿南北朝以来混乱的货币制度,将铸币权严格控制在中央政府,于开皇元年下令铸“五铢钱”,“悉禁古钱及私钱”;开皇四年(584年)再颁诏令:“仍依旧不禁者,县令夺半年禄”“京师以恶钱贸易”者,予以严惩。〔44〕作为我国封建时代的代表性法律,唐律比秦汉时期的法律更加具体地规定了该类犯罪。唐律规定:“私铸钱者,流三千里;作具已备,未铸者,徒二年;作具未备,杖一百。若磨错成钱,令薄小,取铜以求利者,徒一年。”《唐元二十五年杂令》更对借贷关系进行了规定,明确月息不得超过六分,“积日虽多,不得过一倍,取息过律”被认为是“为政之弊,莫过于此”。〔45〕宋朝法制效仿唐朝,在《宋刑统》中列“私铸钱”规定:“诸私铸钱者,流三千里;作具已备,未铸者,徒二年。”宋高宗绍兴六年(1136年)规定,铸熔铜钱和私造铜器者,一两以上皆徒二年,罪重者从严判刑,罚偿钱三百贯;准许他人告发,邻居失察者,亦罚偿钱两百贯。绍兴二十八年(1158年)制定“铜钱出界罪赏”,如果将铜钱与外藩交易,徒二年,千里编管。〔46〕值得强调的是,宋朝出现了历史上比较完全意义上的纸币,即交子,并正式确立了钞法法制。两宋统治者都制定和重申了《伪造交子法》,绍兴三十二年(1162年)更被印于票面。〔47〕元朝建立后沿袭汉法,对于货币犯罪同样有详细的规定。《元史·刑法志·诈伪篇》规定:“诸伪造宝钞,首谋起意,并雕板抄纸,收买颜料,书填字号窝藏印造,但同情者皆处死,仍没其家产。两邻知而不首者,杖七十七,坊正、主受、社长失察,并巡捕军兵,各管四十七,捕

〔42〕参见屈学武:《金融刑法学研究》,中国检察出版社2004年版,第7页。
〔43〕《汉书·食货志》。
〔44〕参见张晋藩:《中华法制文明的演进》,法律出版社2010年版,第360~361页。
〔45〕秦醒民:《金融犯罪的惩治与预防》,中国检察出版社1996年版,第361页。
〔46〕参见蒋晓伟:《中国经济法制史》,知识出版社1994年版,第181页。
〔47〕参见蒋晓伟:《中国经济法制史》,知识出版社1994年版,第182页。

盗官及镇官运巡捕军官各三十七，未获贼途，依强盗立限缉捕”，“买使伪钞者，初犯杖一百七，再犯加徒一年，三犯科断流远。诸捕获伪钞者，赏银五锭，给银不给钞。”至元二十四年（1287 年）发行的至元宝钞，票面印有“伪造钞者处死，首告赏银五锭，仍以犯人家产給之”的规定。〔48〕 明朝货币制度也详细地规定了货币方面的相关犯罪。明朝采用以纸钞为主、银钱、铜钱、铁钱为辅的“钱钞并用”货币流通制度。为了维护国家货币制度的信用及其统一，明律中专列了《钱法》和《钞法》，其中既涉及有关货币制度的民商法律规定，也涉及相关的刑事法律责任。比如《钞法》规定：“凡印造宝钞与洪武大中通宝及历代铜钱相兼行使，其民间买卖诸物及茶盐商税，诸色课程，并听收受，违者杖一百。”《钱法》规定：“凡钱法设立宝源等局，鼓铸洪武通宝铜钱与大中通宝及历代铜钱相兼行使……若阻滞不即行者，杖六十。”《大明律·刑律》中还有专门的伪造宝钞罪规定：“凡伪造宝钞，不分首从及窝主，若知情行使者皆斩，财产并入官。”明初颁行“洪武通宝钱制”，“私铸铜钱者绞，匠人同罪，为首者依律问罪，胁从者与知情者枷示一月，家属戍边”。如将时用铜钱剪错薄小，取铜以求利者，仗一百。为禁私铸铜钱，明朝严禁私相买卖和收匿废铜，违者处笞刑、杖刑。《大明律·户律》规定：“伪造金银者，杖一百，徒三年；为从及知情买使者，各减一等。”〔49〕清朝法律在整体承继前代法律的基础上尚有所发展。清律规定：“私铸钱，为首者和工匠斩，财产没官；伙同者、知情者、买者、使用者、甲长与地方官知情，分别要处斩，告奸者赏钱五十两。其知情者分之利之同居父兄、伯叔与弟，减本犯罪一等，杖一百，流三千里。剪钱边界为绞临候，并限期收缴私钱。”〔50〕此外，清朝还在律外颁行“例”规，如《各官失察私铸处分之例》《旗人私销私铸禁例》《私铸铅钱禁例》等，对私铸、私售、使用伪币等犯罪逐条加以规定。清宣统二年（1911

〔48〕 参见胡启忠：《金融犯罪论》，西南财经大学出版社 2001 年版，第 8 页。
〔49〕 参见刘宪权：《金融犯罪刑法学新论》，上海人民出版社 2014 年版，第 47～48 页。
〔50〕 参见胡启忠：《金融犯罪论》，西南财经大学出版 2001 年版，第 9 页。

年）颁行的《钦定大清刑律》即《大清新刑律》在《仓库卷》、《钱债卷》和《诈伪卷》中更加详细地规定了货币方面的犯罪。《仓库卷》上篇设置了“钱法”专条：“凡钱法设立、宝源宝泉等局鼓铸制钱内外，俱要遵照户部议定书目，一体通行其民间，金银米麦布帛诸物价钱并依时值，听从民便，若阻滞不即行使者处六等罚。”《仓库卷》还分别设置了收粮违限罪、虚出通关朱钞罪、附余钱粮私下补数罪、私借钱粮罪、起解金银足色罪等有关金钱融通的犯罪。其中，起解金银足色罪规定：“凡收受诸色课程，变卖货物，起解金银须要足色，如成色不及分数，提调官吏人匠，各处四等罚，着落均赔还官。”《钱债卷》中专门设置了违禁取利罪，规定：“凡私放钱债及典当财物每月取利，并不得过分，年月虽多，不过一本一利，违者处四等罚，以余利计赃重者，罪止十等罚。”此外，《诈伪卷》中还专条设置了私铸铜钱罪，其中规定：“凡私铸铜钱者绞监候。匠人罪同，为从及知情买使者，各减一等，告捕者官给赏银五十两。里长知而不首者，处十等罚，不知者不坐。若将时用铜钱剪错薄小取铜以求利者，处十等罚。若以铜铁、水银伪造金银者徒三年，为从及知情买使者，各减一等，金银成色不足非系假造，不用此律。”除本条规定外，按清律规定，条下设例。本条之下就设有多种专门对不同私铸钱币情节及罚则加以规定的“例”。其中一条例规定：“凡私铸银圆铜圆、伪造纸币，但经铸成造就，无论银数钱数次数多寡，为首及铸造雕刻之匠人俱拟绞监候，入于秋审情实，为从俱发烟瘴地方安置，受雇之犯，徒三年。私铸伪造未成，畏罪中止者，为首及匠人俱发极边足四千里安置。”可见，清朝法律中不仅规定了伪造货币罪，还有变造货币罪、知情购买假币罪、知情使用假币罪和在金银成色上作弊的货币犯罪，而且对伪造货币的首犯、主犯、从犯以及中止犯的刑事责任都有涉及。[51]

第二，在禁榷制度方面，国家将关涉国家经济安全和重要民生的物品进行垄断化管理，制定了一系列独立的法律法规。所谓禁榷，即今之

---

〔51〕 参见刘宪权：《金融犯罪刑法学新论》，上海人民出版社2014年版，第49页。

专卖。史称齐禁山海之利,秦有盐铁之榷,汉置铁官以禁其事。[52]《周礼》有盐人之政令以共百事之盐,而不闻有盐荚。盐荚之法,管子所创也,已大异于先王藏富于民之意,然尚无私盐之禁令,其立法尚宽。私盐之禁令罪名,实始于汉武。[53] 汉武帝为了增加国家的财政实力,支援军事行动,从豪强地主和富商大贾中夺取了盐铁经营权,严刑禁止私人铸铁、煮盐,敢有私铸铁器、私煮盐者,"钛左趾,没入其器物"。从此,盐铁官营成为定制。[54] 唐初,朝廷对私人从事盐务并无限制,《唐书·食货志》规定:"乾元元年,盐铁铸钱使第五琦初变盐法,就山海井灶近利之地置盐院,游民业盐者为亭户,免杂徭,盗鬻者论以法。"唐朝开始变更盐法,开始"榷盐",罪重有致死者,此《唐律》之所不及载也。[55] 唐德宗时期,唐朝开始征收茶税,这是中国历史上第一次征收茶税,从此茶税正式成为国家的税收。大中初,盐铁转运使裴休著条约:"私鬻三犯皆三百斤乃论死,长行群旅茶虽少皆死,雇载三犯至五百斤、居舍侩保四犯至千斤者皆死,园户私鬻百斤以上杖背,三犯加重徭伐园,失业者刺史、县令以纵私盐论。"[56] 宋朝虽然取消了唐代"市坊"制度,但是禁榷范围却从传统的盐、茶、酒扩张到矾、铁、煤等多种商品。宋初,以严刑惩治私自炼盐,建隆二年(961 年)诏:"私炼盐者,三斤死;擅货官盐入禁法地分者,十斤死。"由于"朝廷养兵之费,多仰盐课",所以对贩私盐罪于"常法外重行断治"。[57] 宋朝规定盐的生产和销售由国家统一管理控制,私人不得擅自经营。盐的经销分为"官鬻"与"通商"两种形式,前者是指由官府直接运销食盐,后者是指由商人给予官府财物并获取凭照后再销售食盐。为了更好规制"榷盐"领

---

〔52〕 参见刘海年:《中国古代经济法制之研究》,载《南京大学法律评论》1996 年秋季号。
〔53〕 参见沈家本:《历代刑法考》(上册),商务印书馆 2011 年版,第 614 页。
〔54〕 参见张晋藩:《中华法制文明的演进》,法律出版社 2010 年版,第 252 ~ 255 页。
〔55〕 参见沈家本:《历代刑法考》(上册),商务印书馆 2011 年版,第 614 ~ 615 页。
〔56〕 参见沈家本:《历代刑法考》(上册),商务印书馆 2011 年版,第 623 页。
〔57〕 参见张晋藩:《中华法制文明的演进》,法律出版社 2010 年版,第 519 页。

域，早在宋太祖年间就开始制定《官盐阑入法》，明确规定："凡如禁地私贩食盐十斤三斤者，依法坐死罪。次年略予房款，分别增至三十斤与十斤处死。"〔58〕然而，"自古及今，刑之所犯，必称罪之轻重，岂有罪无等降，一用重刑之理？今私盐一斤至杖脊配广南，则孰不相率而为百千斤之多哉？"〔59〕因而，南宋后期有所调整，《庆元条法事类·榷禁门》规定："诸私有盐，一两笞四十，二斤加一等，二十斤徒一年，二十斤加一等，三百斤配本城；以通商界盐入禁地者减一等……"宋朝对"榷茶"的管理大致相同，还专门编制了《茶法条贯》法规指导官吏和百姓。〔60〕明朝和历代王朝一样对盐、茶、铁等物品实施垄断经营，但它第一次将"盐法""茶法"纳入国家正式法典《大明律》之中。对于无引而私贩者，洪武元年的《盐引条例》规定处绞刑，有军器则斩。《大明律》中减轻至杖一百；转卖者杖一百，徒三年。明朝对茶的控制分为官茶和商茶之分，前者是官府向茶农课征茶叶实物，用以向少数民族交换马匹；后者是指官府向茶商征收一定比例茶税，然后发给茶引作为运销茶叶之凭证。违反规定贩卖私茶者，按贩私盐律治罪。〔61〕除了《大明律》外，明朝中期颁布的《问刑条例》中也有"私茶条例"，但处罚相校明初要轻缓，如"兴贩私茶，潜在边境，与番夷交易"，"不拘斤数，连知情歇家牙保，俱发烟瘴地面充军。"〔62〕

第三，在赋税立法方面，古代各朝都十分重视赋税的征收和管理，因此也采取多种方式予以保证。赋税是官僚、军队、教士和宫廷的生活源泉，一句话，它是行政权力整个机构的生活源泉。〔63〕赋税和徭役是

---

〔58〕参见占茂华：《中国法制史》（第1版），中国政法大学出版社2009年版，第230页。

〔59〕参见沈家本：《历代刑法考》（上册），商务印书馆2011年版，第619页。

〔60〕参见占茂华：《中国法制史》（第1版），中国政法大学出版社2009年版，第230～231页。

〔61〕参见占茂华：《中国法制史》（第1版），中国政法大学出版社2009年版，第287页。

〔62〕《问刑条例·户律·课程》。

〔63〕［德］马克思、［德］恩格斯：《马克思恩格斯选集》（第1卷），人民出版社1972年版，第697页。

封建时代国家榨取人民的主要形式和赖以存在的基本条件。商鞅变法时确定:“民有二男以上不分异者,倍其赋”,按照秦律则定为“匿户罪”。秦朝已经规定了逃避赋税罪。作为国家的重要财政来源,秦朝赋税主要包括田赋、户赋和口赋三种。田赋是按照土地数量征收的实物税;户赋是以户为单位征收的赋税;口赋是按照人口征收的赋税。根据秦律规定,对隐匿人口、逃避赋税的行为,轻者罚金,重则流放。[64]汉朝有多种税收形式,如土地税、人口税、财产税以及工商税等。汉初,民生凋敝,实行十五税一的“轻田租”政策,景帝时田租减为三十税一,遂为定制。与此同时,要求农民必须按照田土亩数如实向国家报告交租数额,“占不以实,家长不身自书,皆罚铜二斤,没入所不自占物及贾钱县官也”。[65] 唐朝的经济法律趋于规范化。唐朝建立以后在推行均田制的过程中改革赋役制度,实行“租庸调制”。武德七年(624 年)颁布租庸调法规定,凡授田者,每丁每年向国家纳粟二石或稻三斛,即作为田赋的“租”;每年每丁服劳役二十天,闰年加两天,如不服役,可用绢或布代替,一天折绢三尺或布三尺七寸五分,即作为百姓对国家应负劳役的“庸”,每年缴纳绢或绫二丈,加丝绵三两,不产绢之地交纳布二丈五尺和麻三斤,即作为户口税的“调”。有关官吏和户主必须按照法定数额如期缴纳,否则治罪。“诸部内输课税之物,违期不允者,以十分论,一分笞四十,一分加一等”,“假有当里之内,征百石物,十斛不充笞四十,每十斛加一等,全违期不入者,徒二年”,“户主不按时充者,笞四十”,受笞以后,责令缴纳。[66] 宋朝的财政立法逐渐趋向于专门化,成为法律体系中相对独立的部门。为了确保税收缴纳的完成,《宋刑统》中规定了一系列“违期不允者”的惩罚,如“输税租违欠者,笞四十;递年违欠及形势户,杖六十……品官之家杖一百”。税租户外逃“限满不归,合宅什物,估卖入官”。为了加强理财,《宋刑统》中的财政法规

〔64〕 参见占茂华:《中国法制史》(第 1 版),中国政法大学出版社 2009 年版,第 105 页。
〔65〕 参见张晋藩:《中华法制文明的演进》,法律出版社 2010 年版,第 255 页。
〔66〕 参见张晋藩:《中华法制文明的演进》,法律出版社 2010 年版,第 427 ~ 428 页。

已无法满足实际需要，因而通过敕令等形式颁发财政法规也成为一种立法形式。《宋史·食货志》记载“一岁用度及郊祀大费，皆编著定式”。太祖时，为调整商税曾颁发《商税则例》，所谓“开基之岁，首订商税则例。自后累朝守为家法”。有宋一朝形成了自中央到地方的多层次财政监察体系，比如《庆元条法事类》确定了监审官吏的连带责任。凡监临主司隐匿课税，“计所缺准盗论，主司知情，与同罪，不知情，减四等”，“诸于税租簿脱误者，杖八十，令佐减二等”。〔67〕明朝在两宋财税立法的基础上，专列钞法和钱法。为了增加国库税收，在明律中专列税法。收取税粮有固定的期限，不得逾越。如果超过规定期限半月以上仍未收足者，提调官吏、里长和欠粮人户分别处以杖刑，罪止杖一百。因而受财者，计赃以枉法从重论，如果违限一年以上仍未收足者，人户、里长杖一百、迁徙，提调吏处绞刑。万历年间，张居正推行“一条鞭法”，将过去一切征发项目合并为“一条”，将过去按户按丁摊派之役归于田亩，实行赋税合一。〔68〕清朝对赋税的立法十分详细，其赋税制度改革最具代表性的是从“从滋生人丁永不加赋”到“摊丁入亩”。为了保证赋税制度的顺利运行，《大清律例》规定：“凡欺隐田粮、脱漏服籍者，一亩至五亩笞四十，每五亩加一等，罪止杖一百，其田入官，所隐税粮依数征纳。若将田图移丘换段、挪移等则、以高作下、减瞒粮额及诡寄田粮、影射差役并受寄者，罪亦如之。”〔69〕同时还仿效明制颁行《赋役全书》，为了符合社会的实际发展情况，定例每十年纂修一次。〔70〕

第二节　“刑民不分”的重新解读

一、我国古代经济立法的规律

与中国古代其他部门法一样，我国古代经济法律规范的内容和形

---

〔67〕参见张晋藩：《中华法制文明的演进》，法律出版社2010年版，第525～529页。

〔68〕参见张晋藩主编：《中国法制史》，中国政法大学出版社2007年版，第203页。

〔69〕《大清律例·户律·田宅》。

〔70〕参见张晋藩：《中华法制文明的演进》，法律出版社2010年版，第845～846页。

式都多种多样。它在单行法规、综合法典、诏旨命令甚至官方认可的习惯中都有出现。中国法制史的教科书往往站在刑法的角度加以阐述，固然是因为我国古代本就具有重刑轻民的法律传统，但也和因为资料散失和重视不够而导致对古代经济法制研究相对薄弱有所关联。纵观我国古代经济犯罪立法之沿革，可以看出我国古代经济犯罪立法具有如下几方面的特点：

第一，我国古代对于经济犯罪立法采取多种形式加以规制和惩罚，主要有法典式立法和单独型立法两种。《左传》记载："殷有乱政，而有汤刑；周有乱政，而作九刑。"然而法律始终是统治者秘而不宣的规则，直到子产"铸刑鼎"，我国开始进入公布成文法的新阶段。战国时期的魏国李悝在总结成文法运动经验的基础上，制定了中国历史上第一部系统的封建成文法典《法经》，包含《盗法》《贼法》《囚法》《捕法》《杂法》《具法》六篇，其中《盗法》就是涉及公民私有财产受到侵害的法律。汉朝萧何在《法经》基础上增加户，兴，厩三篇，合为九篇，故称《九章律》，其中户，兴，厩三篇多有经济犯罪方面的相关规定。魏明帝时期制定了共18篇的《曹魏律》。在体例上将《法经》中的《具律》改为《刑名》，放于全律之首，以统率诸篇，使体例趋于合理，在内容上增加了许多新的规定。作为中国封建法制的典型代表，《唐律疏议》规定了名例、卫禁、职制、户婚、厩库、擅兴、贼盗、斗讼、诈伪、杂律、捕亡、断狱12篇，其中杂律就规定了包括买卖、借贷、市场管理、伪造货币等在内的诸多内容。唐宣宗时期将刑律各篇分为若干"门"，每门下又分别附之以相关内容的敕、令、格、式，编制成了一部《大中刑律统类》。这种以律为主、分类编排的法典编撰形式被《宋刑统》所吸收，成为包含敕、令、格、式和朝廷禁令、州县常科等条文在内的综合性和总括性的法典。而在法典之外，古代各朝在农业生产和自然保护、手工业管理、市场管理尤其是货币管理、禁榷制度、财政赋税等领域颁行具体的法律、敕令、条例等立法，与法典一同编织了规制经济犯罪的严密法网。

第二，我国古代经济犯罪立法大致上遵循分散—合体—独立的发展轨迹。由于我国古代大部分时期实行"重农抑商"的国策，虽然有过

“农商并重”“工商皆本”的思潮，但是“重商”“恤商”的立法并未改变“重农抑商”的基本国策。雍正五年(1727年)在上谕中说：“朕观四民之业，士之外农为最贵。凡士工商贾，皆赖食于农，故农为天下之本务，而工贾皆其末页。”[71]但是商业互通有无，上贡赋税，下便百姓，随着生产力水平的提高和商品流通速度的增快，商业即使在小农经济为主并经常打压商人的封建社会也不断滋生发展，强大的现实需求刺激国家和朝廷在农业生产和自然保护、手工业管理、市场管理等领域不断立法，初时只是针对性的零散立法，以有的放矢地规范相关领域经济秩序为目的，如西周、秦朝、汉朝的《田律》《仓律》《金布律》《关市律》《工律》《司空律》《均工律》等，皆是因时制宜在分散的法律中规定具体的要求和相应的罪刑。随着相关经济领域的发展，零散立法不足以应对复杂局面，立法者会对零散规定加以整理、编纂和借鉴，从而成为封建王朝统一法典的组成部分，如汉时规定农田管理、征收田赋和畜牧业管理方面的是《田律》和《厩律》，同样的内容到明朝后就被规定于《大明律·户律》中的“欺隐田粮”和“荒芜田土”。最后，独立的专门性法律会应运而生，一同规定该领域内的违法犯罪。如清朝经济立法既有法典式立法，也有专门型立法。法典式立法的典型有《大清律例》和《大清会典》。《大清律例·户律》中的“户役”“田宅”“课程”“钱债”“仓库”，它们均含有经济法的内容。比如“户役”涉及丁银征收、夫役征调；“田宅”涉及田赋征免、农业生产管理；“钱债”涉及违禁取利、禁止高利贷活动；“仓库”涉及铸币原料采办、货币铸造及流通、钱粮征收和国库管理等。而《大清会典》主要规定经济行政官员的职责以及对经济主体法律行为的规定和惩处。专门型立法也有不少，比如顺治年间开始修订的《赋役全书》是清代有关土地赋税、丁银征收的专门法规。《漕运全书》是关于漕粮征收、交兑、漕运、运丁以及收仓的专门法律。同治年间修订的《户部则例》分为户口、田赋、库藏、盐法、茶法、参课、

---

〔71〕《清世宗实录》卷五七。

钱法、关税、税则、兵饷、杂支、通则共一百卷，[72]其中包含相应的罪刑规定，对违反该法的行为科以刑责。

第三，我国古代经济犯罪立法在国家改革时期多会出现专门型立法的模式。自古以来改革主要分为政治改革、经济改革和文化改革。在皇权森严、中央集权的封建社会，政治改革和文化改革都显得阻碍重重，即使有一时之成效，也很快会重新回到原先的轨道，直到清朝成为我国封建法制文明的最后形态。而经济改革的动力来源于国家面临财政民生内外交困的窘境，或者帝王对文治武功的政治追求，不改不足以使得王朝存续，不改不足以富国强兵。商鞅变法催生了种类繁多、内容丰富的经济管理法规，它们主要有《田律》《仓律》《金布律》《关市律》《工律》《司空律》《均工律》等，专门性的经济管理法规可以在最大程度上通过为臣民百姓设定经济领域的具体权利义务而提高生产力；王安石变法旨在解决宋朝"冗兵、冗员、冗费"和财政枯竭带来的内忧外患，熙宁年间相继颁布募役法、保甲法、方田均税法、市易法、免行法等法律，调整各个领域的经济关系以及打击各种危害国家统治的经济违法犯罪行为。改革期间经济领域立法频繁是因为法律归根结底是社会环境和社会关系的反应，它必须要符合整个社会生产力和生产关系的发展水平。当先行的经济法律制度无力应付破坏经济秩序的违法犯罪行为并导致经济局势江河日下的时候，调整经济领域的法律法规便成为国家决策者必须要面对的课题；而经济领域作为充满活力同时也充满变数的领域永远在社会整体结构中处于活跃的部分，因而也会每隔一段时间就需要统治者加以调试和适应。我国古代历次经济改革对经济领域法律制度的调整都证明了没有不变的经济法律制度，只有适合的经济法律制度。

第四，我国古代经济犯罪已经有较高的立法水平，并且处罚较为严厉。以货币方面的规定为例，随着立法经验的增加，货币犯罪方面的规制已经比较具体和详细。我国古代对此主要规定了货币制造方面的犯

---

〔72〕 参见张晋藩主编：《中国法制史》，中国政法大学出版社 2007 年版，第 232 页。

罪、货币流通方面的犯罪和货币借贷方面的犯罪。在货币制造方面，几乎各个朝代都有详细和严厉的规定，如汉武帝时规定，“盗铸诸金钱，罪皆死”；北周时规定“私铸者绞，从者远配为户”；宋朝交子印有“伪造交子，犯人处斩”；元朝宝钞印有“伪造钞者处死”；明朝刑律规定“凡伪造宝钞，不分首从及窝主，若知情行使者皆斩”。在货币流通方面，有些朝代还规定知情购买假币罪、知情使用假币罪等罪名和罚则。在货币借贷方面，唐、宋、元、明等朝代法律中均规定了借钱违约犯罪和违律取利犯罪等。[73] 中国古代对于经济犯罪虽然具有多种立法形式，但是对于一般的经济违法行为甚至民事违法行为都习惯用刑罚加以处理。如《法经》对路上拾取东西这种属于现代民商法上不当得利的行为都认为具有偷盗的意念和动机，并规定处以“刖足”的刑罚。清代对一般的偷采桑叶的行为都处以强制服劳役三十天的刑罚。[74]

二、刑民不分法律传统的驳斥

我国古代经济犯罪立法的特点让人重新思考我国古代的立法模式。法律的产生源于现实的需要，当人类聚合而居形成社会之后，为了调节或维系人与人、人与自然之间生产、生活所产生的各种关系，各种习惯或者规范应运而生。当规范发展到一定程度并得到国家强制力保障的时候，现代意义上的法律也就诞生了。不同的法律规制不同领域的社会关系，并由此产生了不同的法律部门。民法调整平等主体之间的人身和财产关系，诉讼法调整诉讼活动中国家和当事人之间的程序，而刑法则规定犯罪与刑罚的认定和实施。在不同的历史发展阶段，刑法和民法的关系呈现出不同的样态。如《古代法》作者梅因认为，“大凡半开化的国家，民法少而刑法多”；[75] 也有中国学者指出，20 世纪 30 年代以来法律史学者在总结传统的中华法系的特点时，提出了“诸法

---

〔73〕 参见刘宪权：《金融犯罪刑法学专论》，北京大学出版社 2010 年版，第 50 页。

〔74〕 宋四辈：《中国古代刑法典的编纂体例和结构特点——兼论中国传统刑法文化的作用和影响》，载《郑州大学学报》2003 年第 4 期。

〔75〕 杨一凡：《中华法系研究中的一个重大误区——“诸法合体、刑民不分”说质疑》，载《中国社会科学》2002 年第 6 期。

合体、刑民不分”的观点，影响了半个世纪。[76] 对此，中国学界曾围绕中华法系的特征进行过热烈的探讨，当代知名法史学者张晋藩教授曾系统地对中华法系“刑民不分”说予以批驳，指出“刑民不分，诸法合体”就主要法典的编纂形式而言是一个特点，也有它的客观根据，“但就封建法律体系而言，却是由刑法、民法、诉讼法、行政法、经济法等各种法律部门所构成的，是诸法并用，刑民有分的”；“法典的体例与法律体系是完全不同的概念，二者不能混淆，也不容混淆，否则便会产生以此代彼、以此为彼的误解。那种从中国古代代表性的法典的体例与结构出发，断言中国古代只有刑法，没有民法，无疑是混淆了法律体系与法典体例两个不同概念所致”。[77] 苏州大学艾永明教授也认为，我们之所以将“以刑为主”作为中华法系的一个重要特点，原因在于只注重历代“律”典的分析研究，只注重中国古代刑事法律和民事法律的比较，没有重视从动态的角度分析研究中国古代法律的发展变化。至迟从唐代开始，中国古代法律已经发生了重大变化，随着行政法律逐渐完备并且在法律体系中占据越来越重要的地位，中国古代法律已经不再“以刑为主”，而是行政法律越来越占有主导地位……以行政法律为主是中国古代成熟时期法律形态的一个重要特点。[78] 梳理上述意见，可以看出有些中国学者受到梅因在《古代法》中的观点影响，认为我国的法律体系中“刑民不分，诸法合体”，因而是一个“半开化”的国家，对我国的法律传统作出负面的评价。而反对如此定论的学者从法律体系和法典体例的不同出发，认为法典当中的刑法规范和民法规范相混合并不能代表中华法系的特征。如何看待我国刑法和民法的传统与关系因此成为一个颇具争议的问题，并影响到今后对于我国古代立法模式的定位和借鉴。一方面，我国从先秦到明清，历朝都存在多种法律形式，每一种法律形式都有特定的功能。律典是刑法典，其内容属于刑事法

---

〔76〕 张晋藩：《中国古代的法律体系与法典体例》，载《政法论坛》2001 年第 3 期。
〔77〕 参见张晋藩：《中国法律的传统与近代的转型》，法律出版社 1997 年版，第 311 页。
〔78〕 艾永明：《中华法系并非“以刑为主”》，载《中国法学》2004 年第 1 期。

律的范畴，不是刑事、行政、军事、民事等法律规范的诸法合编。律典与其他形式的法律是分工协调、诸法并用、相辅相成的关系，“诸法合体、刑民不分”缺乏足够的说服力。[79] 另一方面，由现代民法、商法等法律部门调节的一部分民商事关系的确由传统刑法所规制，从清末变法修律以来，封建统治者也认识到“矿律、路律、商律等类，皆应妥议专条”，于是把《大清律例》修改为《大清现行刑律》，把旧律有关继承、分产、婚姻、田宅、钱债等纯属民法的条款分出，不再科刑。

可见，我国古代立法模式的定位关键在于我们的判断标准。站在西方学术体系的角度，与现代法律体系相比，我国古代的立法模式的确是“刑民不分”，并且习惯以刑罚的方式来保证一般民事领域和经济领域的合法秩序。而从历史发展的脉络出发，古代法律大抵都是诸法合体，并没有什么民法、刑法的分别，中国古代是这样，外国古代也是这样。[80] 因而，我国古代立法模式定位关键在于我们如何确定观察的坐标系。若是以现代西方的学科体系标准来看待我国古代的立法模式，那么尽管我国的法律体系当中存在刑法、民法、诉讼法、行政法、经济法等各种法律部门，但是因为在编纂形式上并未制定独立的刑法典或民法典，那么难免让人容易接受“刑民不分”的印象。但是若以法律体系和法律内容来看，我国古代存在大量的经济法律规范，包括经济刑事法律规范、经济民事法律规范等。而不论我们采取何种标准，我们都不得不承认，一个国家一定时期的法律体系和立法模式都是源于当时的总体的社会现实。我国古代在专门型经济立法中加入刑事法律规范或者习惯以刑罚来保证经济领域的合法秩序并不代表天然的落后性和非理性。因此，我国古代的立法模式并非是“刑民不分”，在经济领域同样有刑法典、单行刑法、经济领域行政性法律法规中的刑事法律规范对经济犯罪加以规制；即使按照现代独立部门法的标准认为我国古代习惯

---

〔79〕 参见杨一凡：《中华法系研究中的一个重大误区——“诸法合体、刑民不分”说质疑》，载《中国社会科学》2002 年第 6 期。

〔80〕 参见亨利·梅因：《古代法》，商务印书馆（北京）1959 年版，小引部分。

以刑罚手段对一般的经济领域违法行为加以制裁,如此立法例也是基于当时的刑法文化传统和历史发展阶段,本身并不具备严重的可谴责性,以此作为排斥刑事法律规范出现在前置性法律中的理由并不具备逻辑上的坚实基础。

三、立法模式和经济基础的关系

我国古代尚没有形成现代法学意义上的部门法,自然也缺乏专门的经济犯罪概念,因此存在我国古代是否存在经济法的争议。不少法史学家和部分经济法学家认为中国古代有经济法。但也有研究认为,若从“经济法”和“经济”的概念来看,在重农抑商的中国古代社会是不存在经济法的。经济法以调整国家在经济活动中的作用为基础。作为Economy 的“经济”是指以商品(服务)交换活动为主体的经济,而非以自给自足为基础的生计活动。无论是作为萌芽的经济法律规范或是独立部门的经济法,其调整的经济是自由平等的商品(市场)经济关系,缺少商品经济,经济法就无法产生。[81] 但是任何一个国家或王朝要想长治久安国富民强,经济领域的发展和经济秩序的维护都是统治中不可或缺的一环。至于何时出现经济法,不同学者的观点则有所区别,比如曾宪义教授主编的教科书认为,夏朝法律已经出现“经济法规性质的内容”;陈晓枫教授主编的教科书在描述周代法律制度时已使用“经济制度”一词,但明确指出“经济法规占有突出地位”是在秦朝;张晋藩教授主编的教科书认为秦朝已有“经济管理法规”;马小红教授主编的教科书认为,秦孝公任用商鞅在“经济领域内广泛立法”,但到汉朝才有“经济法律制度”。[82]

学者根据不同的标准对我国古代是否存在经济法、何时存有经济法存有争议,但是没有争议的是我国古代的确存在大量的经济管理法规,只是它们未必以现代学科意义上的经济法的形式而表现出来。这

---

〔81〕 晋龙涛:《对中国古代有无经济法的几点思考》,载《经济研究导刊》2014 年第 32 期。

〔82〕 同上。

样一来,我们就自然而然面临一个更为基本的问题,即经济立法模式和经济基础之间到底存在什么样的关系?这个问题的解答不能依赖于一两个实例,只有在时光的放大镜下才能看到千年历史风云变幻下隐藏的线索。马克思早就指出:"社会不是以法律为基础的。那是法学家的幻想。相反地,法律应该以社会为基础。法律应该是社会共同的、由一定物质生产方式所产生的利益和需要的表现,而不是单个的个人恣意横行。""经济基础和上层建筑的矛盾,同生产力和生产关系的矛盾一样,也是人类社会的基本矛盾。在这两对基本矛盾中,生产力和生产关系的矛盾更具有根本的性质,它决定着经济基础和上层建筑的矛盾,然而它的发展和解决又是受着经济基础和上层建筑的矛盾运动的制约。"[83]作为经济基础,我国历代的经济水平、经济形态和经济模式决定着政治、法律、哲学等上层建筑。例如,若是明朝没有出现纸钞的大规模使用,就不会形成以纸钞为主、银钱、铜钱、铁钱为辅的"钱钞并用"的货币流通制度,更不会为了维护这种货币制度的信用和统一而在明律中专列《钱法》和《钞法》。而最根本的则还是生产力和生产关系的矛盾,我国历代王朝兴衰往往都有共同的症状,其中土地兼并,乱民蜂起,天灾连连,则会让本就脆弱的经济基础雪上加霜,从而动摇国本,危及统治。

从另一方面来看,"政治、法律、哲学、宗教、文学、艺术等的发展是以经济发展为基础的。但是,它们又都相互作用并对经济基础发生作用。并非只有经济状况才是原因,才是积极的,其余一切都不过是消极的结果。这是在归根结底总是得到实现的经济必然性的基础上的互相作用。……在这些现实关系中,经济关系不管受到其他关系——政治的和意识形态的——多大影响,归根结底还是具有决定意义的,它构成一条贯穿始终的、唯一有助于理解的红线",上层建筑同样会对经济基础产生重大的影响。北宋时期,由于长期以来实行"重农而不抑商"的政策,整个社会的财富积累和生活水平都达到封建时代很高的水准,甚

---

〔83〕 陈晏清:《马克思主义哲学纲要》,中央广播电视大学出版社1983年版,第258页。

至被誉为当时世界上最富有的国家，一幅《清明上河图》就描绘了当时社会各行各业的风俗百态。明朝时期，我国资本主义的萌芽已经出现，但是囿于顽固的自给自足的经济结构，国家对商业手工业的压迫剥削，更由于明代颁布“禁海令”对海外贸易的严格限制，导致了资本主义经济始终得不到更大程度上的发展。在西方资本主义蓬勃发展、海外贸易如火如荼的关键历史时刻，明清两代帝王出于政治的需要，对海外贸易采取了时紧时松但总体上严格限制的基本国策，最终形成了闭关锁国的落后局面，导致了整个近代中国社会经济的衰退低迷。可见，法律制度乃至国家政策等上层建筑对经济基础具有举足轻重的决定性作用。我国历代所采取的经济立法受到同样属于上层建筑的政治制度、意识形态、道德伦理的影响，但更取决于当时的总体经济发展情态；同时，经济法律作为上层建筑又将反过来影响我国的历代经济，从而形成了一个互相影响的循环模式。

第三节 古代立法传统的合理借鉴

一、重刑文化的警惕

由于中国古代代表性的法典都采取“诸法合体，刑民不分”的体例，而且历经两千余年没有变化，因而人们误以为这就是中华法系的本质特征，甚至认为中国古代只有刑法，没有民法。事实上，“诸法合体，刑民不分”只是立法者主观的立法经验和立法技术的产物，并非法律体系本身。社会关系的复杂性和多样性决定了法律调整方式的复杂性与多样性，从而形成了针对不同调节对象的不同部门法，成为法律体系中各个相对独立的部分。因此中国古代法律体系也有刑法、民法、经济法、行政法和诉讼法等内容，并且具有不同程度的发展。[84] 而且我国古代经济领域的诸多立法还都采取了专门性的单独立法，从而展示了较高的经济立法水平。据《资治通鉴》记载：贞观年间，“天下大稔，流

〔84〕 参见张晋藩：《中华法制文明的演进》，法律出版社2010年版，第11页。

散者咸归乡里，斗米不过三四钱，终岁断死刑才二十九人。东至于海，南及五岭，皆外不闭户，行旅不赍粮，取给与道路焉”。可见，封建王朝时期也有盛世和治世，与现代刑法体系不同的立法安排并未造成国家治理的力不从心，相反是因为人治而非法治的治国传统导致国家局势因为帝王本身贤德英明与否而动荡不安。诚如意大利历史学家克罗齐所言，“一切历史都是当代史”，太阳底下无新事，我国古代经济犯罪立法模式的内容和特点对于当代中国而言同样具有一定的启迪。

经济违法犯罪法律责任一体化并非异想天开式的“语不惊人死不休”，而是对我国古代经济犯罪立法模式的继承和对重刑法治传统文化的反思。一方面，我国古代经济犯罪的立法模式既有在法典中规定经济犯罪的刑事责任，也有在其他法律规范中规定具体的罪状和罪责。但是总体而言，由于商业经济本身发展程度的受限，并没有设计出现代法学意义上完备详细的经济犯罪前置性法律法规和经济犯罪刑事法律规范。至于公司、股票、破产等现代商业制度中不可缺少的单元自然也不可能在封建时代茁壮成长而成为新生制度。尽管上下五千年的法制文明史中具有在形式上结合了刑事法律规范和其他前置性规范的立法形式，能够在独立的专门型法律中一体规定违法行为与犯罪行为的责任，给人以一目了然之感，但这更多的是出于立法技术而非现代部门法独立之后的立法理念。另一方面，社会经济和文化根源导致这种立法模式表现出较强的“重刑轻民”倾向，而这恰恰是我们需要加以警醒的地方。中国社会具有这种强烈的刑法化倾向，刑法总是过度干预社会生活的各个领域、各个层次和各个方面。中国两千多年专制社会以儒家传统的“重义轻利” 为主的治世思想不但严重阻碍了工商业的发展，也严重影响了民商事法律的发达。孔子曾说过：“君子喻于义，小人喻于利。”后世儒家转而以此来极力排斥人们各种正当的物质利益要求。在这种“重义轻利、存公去私”观念作用下，必然要求国家使用强制性手段来干涉本应属于其他法律调整的领域，以确保国家为本位的社会利益和政治控制不受侵犯。于是，一切与国家本位、社会利益和政治统治相冲突的民间行为都有可能被视为犯罪，这便是一切法律刑事化、国家化的内在要求。[85] 我国当代犯罪圈的扩大和刑法典的"肿胀"表现在各个方面：第一，在刑法理论上，我国刑法学界受到贝克的风险社会理论的影响开始兴起风险刑法研究的热潮。公众在风险社会中对安全的现实需求汇聚成刑事政策上的压力，最终通过目的管道传递至刑法体系的内部，驱使刑法体系向预防目的之方向一路狂奔。法益论中法益概念实体内容的模糊和单薄、法益关联性要求的弱化、法益外延的扩张；侵害结果及因果关系作为责任根据的地位的下降、不法论的类型化发展、构成要件的判断日趋实质化；客观归责理论的流行、故意理论的客观化趋势、"被害人学"的发展等，让刑事立法日益从结果本位向行为本位转变，刑法对法益保护日益提前化，大量危险犯因而被创制。[86] 风险社会中的刑法规制在未来很长一段时间内将无法扭转或避免，随着各种新型经济犯罪的出现，经济领域违法行为的入罪化趋势要远大于其出罪化趋势。经济违法犯罪刑事立法一体化更有益于实现经济犯罪的"分流"和"疏导"，而非一齐挤入本已经内容丰富的刑法典。第二，在立法实践中，忽略刑法总论和立法规律而依据社会热点和民意倾向进行的立法也并不少。针对这种"总论虚置"和"现象立法"，菲利早在一百多年前就指出："今天的立法者一开始就急于成为十足的立法癖，似乎每个新发现的社会现象都需要一部专门的法律、规则或一个刑法条文。"[87] 近年来的历次修正案，立法者的目光都盯在刑法分则部分，少数涉及总则的也集中在刑罚论部分。刑法总论特别是犯罪论部分，似乎成了一个被忽视甚至漠视的角落。[88] 此次《刑法修正案（九）》将为实施诈骗、销售违禁品、管制物品等违法犯罪活动而设立网

---

〔85〕 杨兴培：《刑民交叉案件中"先刑观念"的反思与批评》，载《法治研究》2014 年第 9 期。

〔86〕 参见劳东燕：《风险社会与变动中的刑法理论》，载《中外法学》2014 年第 1 期。

〔87〕 [意] 恩里科·菲利：《犯罪社会学》，郭建安译，中国人民公安大学出版社 1990 年版，第 100 页。

〔88〕 车浩：《刑事立法的法教义学反思——基于〈刑法修正案（九）的分析〉》，载《法学》2015 年第 10 期。

站、通信群组、发布信息的行为独立入罪，实现网络犯罪预备行为实行化；针对明知他人利用信息网络实施犯罪，为其犯罪提供互联网接入、服务器托管、网络存储、通信传输等技术支持，或提供广告推广、支付结算等帮助的行为独立入罪，实现网络犯罪帮助行为正犯化。忽视已经成熟的刑法理论和解释方法而热衷于现象立法会带来一系列问题，比如缺乏总则理论的原则性引导，刑法典会成为一个松散而无体系的法条集合体，处于无保障和不稳定的状态中；或者在缺乏理论原则统一引导的情况下，条文之间相互衔接、相互交叉甚至相互抵触的麻烦将难以避免。第三，在刑法运用上，司法工作者需要通过解释条文将普遍的刑法变成个案中的刑法，静态的刑法变成动态的刑法，纸质的刑法变成现实的刑法。当前我国刑法教义学中存在形式解释论和实质解释论之争。"实质解释论强调对刑法的解释，不仅要形式解释，更要实质解释，当然最好能够将形式解释与实质解释结合起来……而形式解释强调对刑法的解释应先进行形式解释，只有在符合形式解释结论的情况下，才需要进一步作实质解释。"时至今日，司法裁判者超越罪刑法定设定的边界作出不利于被告人的扩大解释已不稀罕。比如像诉讼欺诈这类行为，总有人不甘心放纵被告人，于是就出现了要么按诈骗罪进行论处的观点，要么按敲诈勒索罪论处的观点，要么按伪证罪论处的观点。[89] 可见对"法无明文规定之行为"，总有人想通过解释入罪，甚至有人为了迎合司法实践的处理需要，在解释中不惜将公认的诈骗罪构成要件进行改动，最后还是司法解释坚守了学理（最高人民检察院的司法解释规定不以诈骗罪论处）。[90] 每一个实质解释论者都认为自己的"火眼金睛""明察秋毫"地看到了事物的本质，对事物的解释既符合了形式合理性的首要要求，又成功地维护了法律"正义、公平"的目的价值。但事与愿违的是，我们这个唯一的世界里容纳了无数的眼睛，但

〔89〕 参见杨兴培：《刑法实质解释论与形式解释论的透析和批评》，载《法学家》2013年第1期。

〔90〕 同上注。

无数的眼睛里却并非装载着唯一的世界。当"实质"的"实质"任人评说,"实质"的标准不见影踪,我们可以清楚看到"实质"在实质解释论者手中开始千变万化。通过经济违法犯罪法律责任的一体化,或许有助于我们细化条文规定,在各自领域法律中确定更具有专业性和针对性的语义,从而实现罪刑法定原则的明确性要求。

二、刑民一体的超越

经济违法犯罪法律责任一体化是对我国历史上立法模式的超越,并非是简单地回到我国原先的传统刑法框架之中。正如马克思所说,事物的辩证发展就是经过两次否定,出现三个阶段即"肯定—否定—否定之否定",从而形成一个周期。事物的这种否定之否定的过程从内容上看是自己发展自己、自己完善自己的过程;从形式上看是螺旋式上升或波浪式前进,方向是前进上升的,道路是迂回曲折的,是前进性与曲折性的统一。当我们被问及刑法和民法的差异时,即使门外汉也会引用经典的表述,即刑事案件需要主观上的罪过而民事案件中存有过错或者严格责任即可;刑事案件中检察官要以罚金或自由刑来为受害人伸张正义,而民事案件中则以金钱补偿作为救济手段。但是这样的差异却渐渐受到实践中的挑战,比如有些非刑事机构拥有了类似刑事惩罚的权利,美国证监会作为非刑事司法机构就常常以严厉的罚金来惩治被告人。[91] 而刑事检察机关在有些方面也变得越来越"民事",比如不仅在一些严格责任犯罪中,而且在公司犯罪方面都降低了主观罪过的要求。[92]

纵览我国古代经济犯罪刑事立法模式的变迁,可以发现分散—合

---

〔91〕 Mann K., "Punitive civil sanctions: The middleground between criminal and civil law", Yale Law Journal, 1992, pp. 1795 – 1873.; Baer M. H., "Choosing Punishment", Boston University Law Review, 2012, p. 92.

〔92〕 Kadish S. H., "Some observations on the use of criminal sanctions in enforcing economic regulations", The University of Chicago Law Review, 1963, pp. 423 – 449; Coffee Jr J. C., "Does unlawful mean criminal: Reflections on the disappearing tort/crime distinction in American law", BUL Rev., 1991, pp. 71 – 193.

体—独立是经济领域刑事法律规范发展所历经的不同阶段。经济犯罪刑事立法一体化的根源在于行为不法。从违反前置性法律到违反刑事法律规范,从行政不法过渡到刑事不法,在古代可能只是帝王或统治阶级根据现实统治需要所采取“世轻世重”的人治策略,而在现代民主法治制度下,则需要考虑如此立法的正当性问题。经济违法犯罪法律责任一体化并非要重新回到我国封建时代习惯以刑罚来保障其他法律执行的立法模式,而是重新考虑行政不法和刑事不法的关系,试图根据社会危险性和人身危险性的不同建立一个从行政不法到刑事不法,从行政责任到刑事责任轻重有别又前后衔接的阶梯状立法体系。这样一来,具体经济领域中的违法犯罪行为和责任就无需被行政法和刑法截为两部分,从而还原现实世界中法律关系本身所具有的一体性。在经济违法犯罪法律责任一体化中有两种情形:第一种是由于社会法律关系主体的行为纷繁复杂,部分主体的行为一方面既产生严重的社会危害性并具备了刑事违法性,另一方面又同时侵犯到其他法律关系,这种情形下同时产生行为主体所必须应当承担两种不同的刑事责任与其他法律责任(如行政责任或民事责任)。第二种是主体行为侵犯了其他法律关系,社会危害性尚不足以严重到构成对刑事法律关系的违反。由于经济犯罪的行政犯属性,经济犯罪的二次违法性排除了不侵犯其他法律关系而直接侵犯刑事法律关系的情形。无论是经济违法还是经济犯罪都以行为人实施了违法行为为前提,只是该行为所造成的社会危害性的程度存在差别,是否具备刑事违法性存在区别,二者存在一定的联结点。同一法律行为同时违反了不同性质的实体法律规范而引起的不同法律责任的案件,其所反映的法律关系往往相互交织、错综复杂,于是就产生了不同诉讼交叉的问题。经济违法和经济犯罪的衔接和交叉在现实中十分普遍,关键在于把握好经济违法向经济犯罪转化的临界点。[93] 这种把握在经济违法犯罪法律责任一体化的立法模式中更容易为刑法理论研究者和司法实践工作者所实现。经济违法犯罪

〔93〕 参见杨鹏、章文丹:《有限刑民一体观》,载《中国检察官》2013 年第 8 期。

法律责任一体化的本源在于不法责任。归责是对行为人的行为在法律层面上是否应当承担责任以及承担何种责任的判断。在不同国家以及国家不同历史时期,对刑事责任和其他责任竞合时的冲突解决模式并不相同。大多数国家的法律都经历了一个从侵权责任和刑事责任合一到逐渐分离的过程,经济领域中经济违法和经济犯罪的责任该如何划分和处理也是立法者必须予以妥善安排的问题。我国古代倾向于以刑事责任来替代其他责任,不管采取何种立法模式,重刑文化习惯于不管大病小病都“下猛药”,而非轻重有度地针对不法和犯罪安排不同的责任。经济违法犯罪法律责任一体化正是为了建立“轻轻重重”的责任体系,避免陷入刑事法律规范和前置性法律相分隔所引起的责任体系失衡。总而言之,或许有人担心在附属刑法中规定详尽的罪状和刑罚会步入我国古代所谓“刑民不分、诸法合体”的歧路,但是经济违法犯罪法律责任一体化不是将经济领域前置性法律调节的社会关系重新划归为刑法调整的范围,消除刑法和前置性法律各自调节领域、法律规范、目标任务等一系列的差别,而是在统一协调刑事立法和经济立法的基础上打通刑法和前置性法律的学科隔阂,形成法学体系内部的统一化和体系化。

三、出礼入刑的转化

正如吉尔兹在阐释人类学里所说的“地方性知识”一样,地方性和普遍性是一对存在矛盾的范畴。[94] 法律作为一种地方性知识,与其存在的社会条件、文化传统、法治理念都密切相关。通过点面结合地总结我国经济犯罪立法情况的演变和特点,曾经的历史经验将会对我国当代经济犯罪立法模式有所启迪。我国古代法律制度有着多种特征,比如权力分类上司法行政不分,法律编纂上刑民一体,合法性上君权神授,但是礼治与法治的关系却是贯穿于我国整个法律史的重大主题之一。

---

〔94〕 参见吴彤:《两种“地方性知识”——兼评吉尔兹和劳斯的观点》,载《自然辩证法研究》2007 年第 11 期。

经济违法犯罪法律责任一体化是我国古代“出礼入刑”法律理念的现代转化。“礼”在我国古代不仅仅以道德的形式存在，也随着“出礼入刑”“礼法合一”的法律儒家化过程有着实质上的法律约束力。礼与法作为两种社会控制的手段，具有不同的作用。“夫礼者，禁于将然之前；而法者，禁于已然之后。是故法之所用易见，而礼之所为生难知也。”[95]所以孔子说，“道之以政，齐之以刑，民免而无耻；道之以德，齐之以礼，有耻且格”。[96] 如果说，我国古代行为规范和责任承担是“出礼入刑”，那么经济犯罪刑事立法的现代化表现则是“出前置性法律而入刑事法律规范”。道德与法律是文明社会共有的现象，前者主要通过约束心灵来规范行为，依靠社会舆论机制来作为强制的外在力量；法律则以明文的规则来调整人们的权利义务，由国家权力来保证其运行。值得一提的是，我国古代往往以刑、法、律来指代古代法律。《尔雅·释诂》曰：“刑，法也”，“律，法也”。“刑”“法”“律”三者的通用表明了我国古代独特的语言现象和对“法”的特殊观念，即将“礼”单列称谓，而专称“刑”为“法”，或者“律”。如果以现代意义上的法律观念来衡量，儒家思想中的法律主要由法律化的“礼”与“刑”两大部分构成。[97]“礼”当中既有一部分属于道德式的“礼仪”“教化”，也有一部分具有法律的强制性，比如“出礼入刑”中的“礼”。“夫礼者，所以定亲疏、决嫌疑、别同异、明是非也”，“道德仁义、非礼不成。教训正俗，非礼不备。分争辩讼，非礼不决”。[98] 由此可见，“礼”在我国古代也能以法律手段维护道德原则，实现治理天下、教化万民的职能。

“礼”在我国古代具有如此高的地位，但形成“出礼入刑”甚至“礼法合一”的局面并非一日之功。礼作为一种客观存在的宗法制度，早在夏、商、周时代就已经深入人心。但是秦朝一统天下后，“以刑去

---

[95] 《汉书·贾谊》。

[96] 《论语·为政》。

[97] 参见任强：《知识、信仰与超越——儒家礼法思想解读》，北京大学出版社2009年版，第95页。

[98] 《礼记·曲礼》。

礼”,“以吏为师”,崇尚严刑峻法的法家思想,最终因为暴政而二世亡天下。汉初统治者吸取教训,采用“无为而治”的黄老学说,之后汉武帝“罢黜百家,独尊儒术”,确立了儒家的正统地位。但是实际上,统治者往往“外儒内法”,“王霸并用”,从此开启了礼法并用的历史进程。汉朝以儒家思想所形成的“礼”作为立法原则,定下“三纲五常”,决定人与人之间的权利义务;在刑事领域,“德主刑辅”,以礼来防范于前,以刑来惩恶于后,主张“存留养亲”和“亲亲得相首匿”;在解释法律时,古代司法人员面对疑难时采用“春秋决狱”的方式“以经断狱”。魏晋南北朝时期,“八议”和“官当”在曹魏时已经有所体现;“准五服以制罪”的制度已经出现于晋朝律法;“十恶”的原型“重罪十条”已经出现在北齐律法当中,礼法结合的程度进一步提高。隋唐是我国封建社会发展的全盛时期,唐律以“德礼为政教之本,刑罚为政教之用”作为“名例”的开篇。唐律“一准乎礼”导致礼既是抽象的谨慎原则,也有具体的礼仪形式。礼与法的结合是中国传统文化极为重要的一面,两者相辅相成,互相配合,当礼义表现为抽象的伦理原则时,需要法律以具体的规则去贯彻落实;当礼义表现为琐碎的生活规范时,又需要法律去明确违反的后果。《唐律疏议》本身更是根据儒家经义对唐律条文逐句解释的成果,如果说法律是唐朝制度的骨架,那么礼义就成为填充的血肉,骨肉相连的“礼法合一”造就了中华法系的杰出代表,不但对周边国家和地区产生了深远影响,也成为垂范久远的法律文本。宋朝的《宋刑统》、明朝的《明律》在篇目和内容上都与唐律极为接近,甚至在《大清律例》中仍然有大部分内容能在唐律中找到渊源。也因此,“礼法合一”“出礼入刑”的法律传统绵延不绝,深刻影响着我们的法律观念。

我国在法治现代化以来,道德和法律的关系开始在实定法中分离,“礼”已成为单纯的道德要求和文化传统,但是“礼”“法”关系的历史经验足以给我们一定的启迪。在著名法学家罗斯科·庞德(Roscoe Pound)看来,法律不是别的,而是一种社会控制的工具。实现社会控制的手段有三:法律、道德和宗教。在刚开始的时候,三者是很难分开的，但是自16世纪以来，法律已经成为社会控制的首要工具。因为自那时开始，社会组织已经成为首要的了，它要求所有其他的社会控制手段的行使只能从属于法律，并在法律确定的范围内行使权力。[99] 在刑事法学领域，经济犯罪在法律面前同样具有双重的违法性，行政违法性和刑事违法性之间的关系与“礼”“法”关系并不相同，但是却有类似之处。经济基础决定上层建筑，法律作为上层建筑的一部分应当适应经济形势的发展而加以一定的调整。黑格尔曾言：“存在即合理。”合理在何处？在于“存在”总存在“存在”的理由。回顾我国的刑法发展历程，从古代的刑盛于民而非刑民不分，到近代刑法改革的刑事法典独立化和专门化，再到今日单独的刑事法典难以应付的层出不穷的新型犯罪，都受到我国内部社会局面和经济形势的推动，也受到我国外部政治局势和法学体系的影响。即便“诸法合体，刑民不分”的立法模式，自然也有其适应当时社会的合理所在。归根结底，立法应体现先进生产力的发展要求，自觉认识和把握生产力发展的趋势，以法律这种上层建筑来确认和保护符合生产力发展的生产关系。立法是一个国家基于社会统治的需要而对社会关系进行法律调整和规制的行为，如何在立法层面上设置刑法和前置性法律的边界，何种行为入罪，何种行为出罪属于立法者根据社会需要和行为性质加以考量的权限，属于国家刑罚权的领域。提倡经济违法犯罪法律责任一体化是因为在市场经济日益发展，市场法制建设逐渐完整的今天，经济领域的犯罪规制需要紧跟经济制度和社会形势的发展，因此也特别需要参考经济领域法律法规等前置性法律法规的演变。以德治国的道德驱动模式已经不适应在刑法领域中发挥我国古代曾经的作用，以法治国方略要求的法律导向模式要求我们建立整合前置性法律和刑事法律规范的一体化法律体系。经济违法犯罪法律责任一体化并不局限于刑法和经济领域法律之间的互相调整，更是在理念层面追求梳理、整合、建立完善的社会主义市场经济领域法律体系。

---

〔99〕 王哲：《西方政治法律学说史》，北京大学出版社1988年版，第491页。

第四章　经济犯罪立法模式的中外比较

第一节　英美法系国家经济犯罪的立法模式

一、英美破坏人与自然和谐关系的犯罪

虽然我国已经是世界上第二大经济体，综合国力也在不断提升，但是我国刑法学无论从司法实践还是法学理论上都深受西方法学的影响。这种趋势在经济犯罪领域有其自身的合理性和先进性。因为经济发展和经济治理比起政治制度和国家治理来说更具有普遍性，西方先进国家在经济犯罪领域的防治经验值得借鉴。在环境保护意识强烈和生态经济发达的西方国家，环境的刑法保护是一个十分引人关注的领域。环境犯罪有广义和狭义之分。有学者认为，广义的环境犯罪是“自然人主体或者非自然人主体，故意、过失或者无过失实施的污染大气、水、土壤或破坏土地、森林、草原、珍稀濒危动物等生态环境和生活环境，具有现实危害性或

实际危害后果的作为和不作为行为。[1] 也有学者认为，环境犯罪是“自然人故意或过失，单位（包括特殊主体的国家）故意、过失或无过失地污染、破坏环境及自然资源，造成或足以造成污染和其他危害的行为”。[2] 狭义的环境犯罪是指将环境犯罪的各个要素严格限制在一定范围之内，从而提炼出能够概括环境犯罪本质的定义。有学者认为，“危害环境罪是指违反环境保护法律、破坏国家环境管理制度，故意或过失地实施危害环境以及人体健康和重大公私财产，情节严重的行为”。[3] 英美法系国家在环境犯罪有诸多立法，“他山之石，可以攻玉”，因此择其精要，以作参考。

（一）英国环境犯罪的立法模式

英国环境犯罪刑事立法模式主要以附属环境刑法为主，并且由最初零散的法条规定发展为现在的综合性专门法律。[4] 早在中世纪，英国的环境刑事立法就在小范围污染的控制上有所体现，但作为现代意义上的环境刑法则产生于第一次工业革命之后。英国作为工业革命的发源地和发起国，环境污染很早就是一个困扰社会的大问题。

早期的环境立法并没有将环境作为一个整体来保护，立法上呈现“头痛医头、脚痛医脚”的零散特征。19 世纪初期，英国政府为了解决工业发展过程中日益严重的环境污染问题，率先于 1821 年在关于蒸汽机和火车头的法律中制定了防止空气污染的法律规定，同年还颁布了《都市改善法》。[5] 之后陆续颁布了《公共卫生法》（1848 年）、《地下水利用法》（1865 年）、《环境卫生法》（1866 年）、《河川污染预防法》（1874 年）、《海洋渔业管理法》（1888 年）、《企业管制法》（1906 年）、《煤烟防治法》（1913 年）、《水域用油法》（1922 年）、《公共卫生法》

〔1〕 付立忠：《环境犯罪新论》，载《法律科学》1995 年第 2 期。

〔2〕 王俊：《环境犯罪概念的刑法展开》，载《云南大学学报》（法学版）2006 年第 6 期。

〔3〕 朱弘：《论环境的刑法保护》，载《法学》1996 年第 9 期。

〔4〕 赵秉志、李山河：《环境犯罪及其立法完善研究——从比较法的角度》，北京师范大学出版社 2011 年版，第 54 页。

〔5〕 赵秉志等：《环境犯罪比较研究》，法律出版社 2003 年版，第 28 页。

(1936 年)、《噪声防治法》(1960 年)、《水资源法》(1963 年)、《油污染防治法》(1971 年)、《污染控制法》(1974 年)等。

直到 20 世纪 50 年代,英国发生了震惊世界的“伦敦烟雾事件”,英国政府痛定思痛后才建立了 20 世纪 90 年代以后的较为完备的环境刑事法律体系,其显著特点是将环境刑事法律条款置于内容广泛的环境保护综合性法律之中,从而形成一个包含具体行政管理要求、各种法律责任在内的一体化综合性法律。以 1990 年颁布的《环境保护法》为例,其内容涵盖了对所有环境要素的保护,规定了地方政府对空气污染的控制职能、废物排放限制标准、环境质量标准、排放废物的法定条件、办理许可证所需的费用、禁止令等,还对造成或可能造成环境危害的行为制定了刑事制裁措施。[6] 比如《环境保护法》第 23 条规定,“违反本法第 6 条规定,或依本法第 9 条规定应该发给许可证而没有颁发,或者不服从甚至违反环保执行令的要求以及禁止令的禁止性规定,或毫无理由不服从依第 19 条(2)发布的环保令的要求,或故意对环境保护直接相关的材料作虚假陈述以及故意对需要保存的资料作虚假陈述的,构成危害环境的犯罪,对违反者处以 2 万英镑以下的罚金,或处 3 个月以上 2 年以下的监禁,或者两者并处”。

由于英国行政机关对环境保护立法和司法具有较大的自主权,因而英国环境刑法的认定往往更依赖于前置性的行政法律法规的规定,表现出很强的行政犯属性。比如 1974 年《污染控制法》在刑罚处罚上区分重罪和轻罪,同时违法行为和犯罪行为也依照一定标准规定在同一部法律之中。比如《污染控制法》第 31 节第 1 条规定:“任何人导致或允许(a)有毒、有害污染物进入任何河流、控制水域及规定的地下水;(b)某种物质进入河流,从而引起河流正常水流阻塞,使或者将使其本身造成的污染状况大为恶化;(c)任何固体废物进入河流或限定水域都是违法行为。”第 31 节第 7 条规定:“违反本节 1 条(a),(b)条款的人应该判处:(1)即刻定罪时,不超过 3 个月的监禁或者 400 英镑

---

〔6〕 刘仁文:《环境资源保护与环境资源犯罪》,中信出版社 2004 年版,第 238 页。

以内的罚款,或者同时处以监禁以及罚款(轻罪);(2)被控告定罪时,不超过2年的监禁或罚款,或同时处以监禁以及罚款。"[7]

（二）美国环境犯罪的立法模式

作为典型的判例法国家,美国在理论上并没有系统的危害环境罪法律概念,但是美国通过附属刑法和单行刑法的方式在联邦和各州建立了环境犯罪的立法体系。针对环境污染的刑事立法始于1899年的《废物法》(Refuse Act)。在此后的半个多世纪里,由于对如何应对经济发展所带来的环境污染以及是否需要某种形式的政府干预等问题存在激烈争议,所以环境法律中未再增设新型的环境犯罪。20世纪80年代后,情形发生了改变。1980年的《固体废物处置法修正案》(Solid Waste Disposal Act Amendments)、1984年的《危险和固体废物修正案》(The Hazardous and Solid Waste Amendments of 1984)、1986年的《超级基金修正案和再授权法》(The Superfund Amendments and Reauthorization Act of 1986)、1987年的《水质法》(The Water Quality Act of 1987)、1990年的《清洁空气法修正案》(CAA Amendments of 1990)中均增设了有关环境犯罪方面的重罪条款。[8]

具体来说,美国在联邦层面先后制定和颁布了一系列环境法律,其中既具体规定了各种环境管理措施和污染防治措施,也包含了严重污染环境行为的刑事规范。以《资源保护回收法》(Resources Conservation & Recovery Act of 1976)为例,其规定的环境犯罪行为载于《美国法典》第42篇第6928节。该节第4条规定:"(1)任何人故意运输或导致运输本节所表明或列举的危险废弃物;(2)故意处理、储存或处置本节所标明或列举的危险废弃物,其中分别为:没有许可证、故意违反许可证所规定的材料情况和要求,故意违反临时性适用规则或标准所

[7] 参见赵秉志、李山河:《环境犯罪及其立法完善研究——从比较法的角度》,北京师范大学出版社2011年版,第55页。

[8] 贾学胜:《美国对环境犯罪的刑法规制及其启示》,载《暨南学报》(人文社科版),2014年第4期。

规定的材料情况或要求;(3)在证明符合行政当局规定的申请、标签、证明、记录、报告或许可证或其他文件中,故意隐瞒有关材料信息或对材料作虚假描绘或陈述;(4)故意制造、存储、处理、运输、处置、出口或以其他方式处理危险废弃物或用过多的废弃油,并故意毁坏、篡改、隐瞒或者不报送应当保存或保送的记录、申请、证明、报告或其他文件……"该节第5条规定:"任何人违反第4条(1)、(2)、(3)、(4)之规定,故意运输、处理、贮存、处置或出口危险废弃物,并且同时知道其行为使他人濒于死亡或处于严重伤害危险之中的,在定罪基础上应处以2.5万美元以下罚金或15年以下监禁,或者并处。如果被告是组织者,在定罪的基础上,应该处以2.5万美元以下罚金或15年以下监禁,或者并处。如果被告是组织犯,在定罪的基础上,应处以100万美元以下罚金。"〔9〕

与此同时,美国各州也在环境刑法方面颁行法律并采取支持环境保护的司法立场。比如《加利福尼亚州刑法典》第1章第10节"公共健康及安全罪"规定了公害罪犯具有除去义务,怠于行使除去义务者将构成轻罪。《纽约州刑法典》于1881年完成公害犯罪处罚规定后,又另编入《整理综合法》第5章"特殊犯罪"第204条"公共秩序罪"。〔10〕美国各级司法机关在处理环境污染案件中也大都确定和发展了有利于环境保护的判例。以水污染的控制和治理为例,美国在20世纪六七十年代建立了以《清洁水法》为核心的水污染治理法律体系。《清洁水法》所规制的环境犯罪行为载于《美国法典》第33篇第1319节第3条,该条将违反《清洁水法》的犯罪行为划分为以下四种,即过失违法、故意违法、故意危害、虚假陈述。〔11〕在具体的司法判决上,1977年的"自然资源保护委员会诉柯赛尔案"中,哥伦比亚特区巡回法

〔9〕参见李希慧等:《环境犯罪研究》(第1版),知识产权出版社2013年版,第41~42页。

〔10〕参见李希慧等:《环境犯罪研究》(第1版),知识产权出版社2013年版,第43页。

〔11〕参见周密主编:《美国经济犯罪和经济刑法研究》,北京大学出版社1993年版,第397~398页。

院宣判环保局颁发的规定“除了某些相对重要的污染源外，其他农业活动排放物不必持有许可证”。环保局不得以污染源数量众多而无法为每个污染源颁发许可证为抗辩。在1978年“韦尔豪泽公司诉科斯特尔案”中，法院支持环保局在考虑制定“最佳实用技术”排污限制标准时，可以不考虑污水体的自身质量和自净能力，旨在希望建立全国统一的污水管制制度，防止出现各州为本州利益而出现故意放松地方排污限制的情况。〔12〕

二、英美破坏人与物合法关系的犯罪

（一）英国知识产权犯罪的立法模式

英国是世界上最早建立现代意义上知识产权制度的国家，并通过“日不落帝国”时代的殖民扩张而将法律的种子播撒到世界各地，今日美国法律的一部分基因就源于英国。以著作权为例，英国主要以独立性法律、附属刑法对其实施刑法上的保护。英国的著作权保护源远流长，自1709年的《安娜法令》颁布开始，1734年通过了《雕刻著作权法》，1814年通过了《雕塑著作权法》，1862年通过了《美术作品著作权法》。〔13〕 此外，还有1905年的《商标法》、1907年的《专利与外观设计法》、1910年的《修改合并与著作权相关法律法案》、1911年的《著作权法》等，1956年颁布了现行著作权法并于1988年进行了修订，即《联合王国1988年版权外观设计与专利法》中的第一编“版权法”。英国对于侵犯著作权犯罪行为制定的罪名包括制作侵权复制品罪，进口侵权复制品罪，占有侵权复制品罪，出售侵权复制品罪，出租侵权复制品罪，公开展览侵权复制品罪，散发侵权复制品罪，制作侵权复制品罪，占有侵权物品罪，未经授权表演作品罪，未经授权播放录音、影片罪等，具体内容集中规定在第107条。该条第（1）项规定：“未经版权所有人许可而实施下列行为者构成犯罪：（a）为出售或出租之目的而制作；或（b）

〔12〕 参见曾睿：《20世纪六七十年代美国水污染控制的法治经验及启示》，载《重庆交通大学学报》（社会科学版）2014年第6期。

〔13〕 吴汉东、胡开忠：《无形财产权制度研究》，法律出版社2001年版，第297页。

非为私人或家庭使用之目的而向联合王国进口;或(c)在实施任何侵犯版权行为之观念的支配下而在商业过程中占有;或(d)在商业过程中(i)出售或出租,(ii)提议或公示欲出售出租,(iii)公开展览,(iv)散发,(e)在非商业过程中以损害版权所有人利益的程度散发版权作品的侵权复制件,而且行为人知道或有理由认为此种复制件侵犯版权。”该条第(2)项规定,下列行为同样构成犯罪:“(a)制作专门设计或改造用来复制某一特定版权作品的物品;或(b)占有这样的物品,而且行为人知道或者有理由认为,此物品将被用来为出售或出租或在商业过程中使用之目的而制作作品之侵权复制件。”对于侵犯邻接权构成犯罪的行为规定在107条第(3)项中,以下方式(接收广播或电视节目的方式除外)侵犯版权:“(a)公开表演文学、戏剧或者音乐作品;或(b)公开播放或放映录音或影片,如果其知道或有理由认为版权将受到侵犯,任何导致这些作品被如此表演播放或放映的人将构成犯罪。法人可构成上述犯罪,被证实是其经管人、经理、秘书或其他类似官员,或可能使他们同意或默许而为之结果,该人与法人共同构成犯罪。”[14]

但是在数字化革命的冲击下,知识产权制度面临着挑战和转型。“知识产权法似乎又到了一个危急时刻,既限于数字化革命的创造与实践的包围之中,对基因变种的植物或者动物授予专利所引起的伦理问题尚悬而未决,又即将被有机计算(Organic Computing)抓住错误的把柄。”[15]为了应对新世纪的挑战,英国首相卡梅伦正式授权并委托伊恩·哈格里夫斯对英国知识产权状况进行独立审查。哈格里夫斯团队于2011年5月提交了最终审查报告《数字化机遇:知识产权与增长的审查》(以下简称“审查报告”)。2011年8月,英国政府发布官方文件《对于哈格里夫斯知识产权与增长审查报告的政府回应》,接受了该报

〔14〕 刘科:《中国知识产权刑法保护国家化研究》,中国人民公安大学出版社2009年版,第68~71页。

〔15〕 [澳]布拉德·谢尔曼,[英]莱昂内尔·本特利:《现代知识产权法的演进——英国的历程》,金海军译,北京大学出版社2012年版,第1页。

告的主要建议，并确立了推进英国知识产权法律制度现代化目标的三个层次：国内知识产权法律制度、欧盟知识产权法律制度与国际知识产权法律制度。2011 年英国最终颁布了《阻止与预防知识产权犯罪战略》，为在打击数字环境下的知识产权犯罪中如何进行部门合作、国际合作提出了原则性的要求。[16] 这意味着知识产权法律制度的一体化和协调化程度将越来越高。

（二）美国知识产权犯罪的立法模式

美国知识产权的司法保护在民事救济上颇为发达，但是刑事救济在特殊情形下也扮演十分重要的角色。以版权为例，美国版权主要以联邦《版权法》和各州普通法进行保护。《美国版权法》第 501 条规定了版权侵权问题，同时也可对版权侵权提起刑事诉讼。《美国法典》第 17 编第 506 条规定了侵犯版权的刑事犯罪，其刑罚处罚依据是《美国法典》第 18 编第 2319 条。《美国法典》第 17 编第 506 条规定的刑事犯罪如下："(a)刑事侵权——任何人在下述情况下故意侵犯版权者应根据《美国法典》第 18 编第 2319 条的规定承担刑事责任：(1)以营利为目的或为个人财产收益目的，或者(2)在 180 天内通过复制或销售，包括通过电子渠道，一份或多份版权作品的一份或多份复制品或唱片，总零售价超过 1000 美元。(b)没收和销毁——当任何人被判违反上述(a)款，法院在判决中除应载明本法所规定的处罚外，还应命令没收并销毁或以其他方式处置所有侵权复制品或唱片以及所有在制造这些侵权复制品或唱片过程中使用的工具、方法和设备。(c)欺诈性版权标注——任何人凡有欺诈故意，明知其为虚假，将版权标注或其他类似文字置于任何物品上，或任何人凡有欺诈故意，公开销售或为公开销售而进口明知是虚假的版权标注或文字，应处以不超过 2500 美元的罚款。(d)欺诈性移除版权标注——任何人凡有欺诈故意，将版权标注从受版权保护的作品上移除或更改，应处以不超过 2500 美元的罚款。(e)虚

[16] 参见徐红菊：《英国国家知识产权战略于我国立法的价值》，载《社会科学辑刊》2015 年第 3 期。

假陈述——任何人在申请第409条版权登记时或者在与这项申请有关的任何文字说明中，故意对重要事实作出错误陈述，应处以不超过2500美元的罚金。"[17]在刑事责任的规定上，美国主要依据行为人复制或发行侵权作品的数量来确定。《美国法典》第2319条规定：在任何180天期间复制或发行至少1000份侵犯一件或多件录音作品版权的录音制品或复制件；在任何180天期间复制或发行至少65部侵犯一部或多部影片或其他音像作品版权的拷贝；或上述行为的重犯或再犯，只要先前的违法行为涉及录音作品或影片或其他音像作品，则可处以25万美元的罚金或5年以下的监禁，或者两者并处。如果违法行为涉及在任何180天期间复制或发行多于100份但少于1000份侵犯一件或多件录音作品版权的录音制品或复制作品，或涉及在任何180天期间复制或发行多于7部但少于65部侵犯一部或多部影片或其他音像作品版权的拷贝，则应处以25万美元以下罚金或2年以下监禁，或二者并处。

1992年11月，美国总统布什签署有关侵犯著作权刑事处罚的修正法案。该修正法案规定：为了商业利益或个人目的从事侵犯著作权行为的，应处1年以下监禁或2.5万美元罚金，或二者并处；若违法行为涉及在任何180天期间复制或发行至少10份侵犯其零售价超过2500美元的一个或多个版权作品的复制件或录音制品，应处最高不超过25万美元罚金或5年监禁，或二者并处。对于违反《美国法典》第7卷第506条规定，复制或传播一部或多部著作权作品的10件以上复制品，其零售价超过2500美元的，应处不超过3年监禁或罚金，或二者并处。《美国法典》第2319条A节规定，未经授权而制作现场音乐表演的录音带、录像带或非法复制上述非法制作的录音带、录像带，或转播或以其他方式将现场表演的音像传送给公众的，或传播、要约传播、出售、要约出售、出租、要约出租或贩卖上述非法制品的，处不超过5年监

[17] 参见孙南申等：《美国知识产权法律制度研究》，法律出版社2012年版，第82～88页。

禁，或罚金，或二者并处；再犯的，处不超过 10 年监禁，或罚金，或二者并处。[18] 可见，修正案明显加重了对严重侵犯著作权犯罪行为的刑事处罚。数字技术的快速发展给著作权刑事保护带来挑战，美国国会分别于 1997 年和 1998 年通过两部专门的独立性法律《反电子盗窃法》和《数字时代版权法》，对版权法、联邦刑法及相关法律进行部分修正，强化对以电子方式实施的著作权侵权行为的刑事处罚。

总体来看，美国对知识产权犯罪的刑事立法采取了各法并行、综合保护的模式。在《美国法典》《美国量刑指南》和商标、版权、专利、商业秘密等方面的专门法律中都有侵犯知识产权犯罪的规定。各方面的立法经过不断的修改和完善，体现出不断强化和扩张对知识产权的刑法保护，提高刑事处罚力度的趋势。比如，2008 年《资源和机构知识产权优先法》明确规定侵犯知识产权犯罪为“重罪”，以替代“犯罪”这一表述。《禁止电子盗窃法》规定，在数字环境下未经权利人授权，散发或复制权利人享有版权的作品达到一定数额的，无论是否以营利为目的都构成犯罪。

三、英美破坏人与人诚信关系的犯罪

（一）英国金融犯罪立法模式

英国的金融体系是全球最重要的国际性金融体系之一，伦敦作为与纽约、东京并列的国际金融中心，在全世界都具有重大的影响力。英国的监管体制，尤其在经历安然公司倒闭和“9·11”恐怖袭击后，一体化的监管机制显现出比单一监管者更能处理系统性风险的优势，[19] 这意味着行政监管机构职能在扩大，行业性的法律规范将更容易被创制出来。在英国并不存在一个毫无争议的金融犯罪概念，它一般被定义

---

〔18〕 王志广：《中国知识产权刑事保护研究》（理论卷），中国人民公安大学出版社 2007 年版，第 166～168 页。

〔19〕 ［英］麦克·巴克尔、约翰·汤姆斯：《英国金融体系：理论与实践》，陈敏强译，中国金融出版社 2005 年版，第 315～317 页。

为与金融市场相关的欺诈、渎职、滥用职权或处理犯罪所得的违法行为。[20] 金融犯罪立法模式是指金融犯罪立法的表现形式。从宏观上看金融犯罪立法模式主要有三种,分别是刑法典模式、单行刑法模式和附属刑法模式。英国在金融犯罪上主要采取单行刑法和附属刑法的立法模式。在单行刑法上,英国有 1958 年《防止(投资)诈骗法》、1986 年《贩运毒品罪法令》、1993 年《内幕交易法令》、1994 年《控制洗钱的规则》,这些法律都规定了具体犯罪的罪状和刑罚,形成专业化和一体化的防治规范体系。在附属刑法上,英国具有 1944 年《投资业务管理法》、1973 年《公正交易法》《限制性交易实践法》、1984 年《股票交易所上市管理法》、1985 年《公司法》、1986 年《金融服务法》等金融法律,同时在众多金融法律中附随规定了相应金融犯罪的具体罪状和刑罚。比如《金融服务法》第 179 条第(6)款规定:"违反本条规定的,其行为构成犯罪(a)经过公诉程序判决的,应当单处或并处不超过两年的监禁或罚金;(b)经过简易程序判决的,应当单处或并处不超过三个月的监禁或不超过法定最高额的罚金。"[21]

作为判例法国家,英国对金融犯罪的修正往往采取单行刑法或附属刑法的方式,并通过判例对规范进行诠释和应用。以英国内幕交易罪为例,内幕交易的刑事责任首先在 1980 年《英国公司法》中得到规定。如果交易者知道内幕信息并根据该信息进行证券交易,那么该行为构成刑事犯罪,后来此项规定被 1985 年《公司证券法》所吸收。[22] 在金融行业飞速发展的背景下,英国制定了影响重大的《金融服务法》来取代 1985 年《公司证券法》,该法明确规定了内幕交易的种类和法律责任。1989 年,在欧盟颁布《内幕交易指令》后,英国据此通过了

---

〔20〕 Harrison et al. ,The Law Relating to Financial Crime in the United Kingdom. *Ashgate Publishing,Ltd.* ,2013.

〔21〕 胡启忠:《论金融犯罪的立法模式——金融犯罪立法研究》,载《西南民族学院学报》2002 年第 5 期。

〔22〕 郑顺炎:《证券内幕交易规制的本土化研究》,北京大学出版社 2002 年版,第 31 页。

1993年的《刑事审判法》，其第5章“内幕交易”正式取代《金融服务法》中有关内幕交易的条文，成为当时对内幕交易进行规制的主要法律根据。而1994年《内幕交易法令》中关于证券和相关市场的第56条规定进一步要求内幕信息必须满足特定和准确的要求，排除了一般宽泛的、不具体的信息被认定为内幕信息的可能。作为欧盟的一员，欧盟的法案同样对英国有所影响，因而欧洲议会和欧盟理事会2003年1月关于内幕交易和市场滥用的2003/6号指令对英国内幕交易法律制度产生了一定影响。[23]

（二）美国金融犯罪立法模式

美国的金融犯罪立法模式主要表现为以单行刑法和附属刑法为主，由于没有统一的刑法典，在联邦层面规定金融犯罪及处罚的法律往往是单行刑法和附属刑法。在单行刑法上，美国有1984年的《内幕交易制裁法》与《综合犯罪控制法》、1986年的《洗钱犯罪控制法》、1988年的《内幕交易与证券欺诈管制法》、1990年的《犯罪控制法》、1994年的《禁止洗钱法令》等刑事法律。单行刑法中规定了具体的罪状和刑罚。比如，1984年的《内幕交易制裁法》和1988年的《内幕交易与证券欺诈管制法》都规定对于违反证券法律进行内幕交易的自然人，可以判处5—10年监禁，并处100万美元以下罚金；对于违反证券法律进行内幕交易的非自然人（包括证券交易所、股份公司、合伙人、各种社会团体和协会），可判处150万美元以下罚金。在附属刑法上，美国有1913年的《联邦储备法》、1989年的《金融机构改革、恢复和执行法》、1970年的《银行保密法》、1982年的《货币和金融法》等法律，其中规定了货币犯罪、银行业务犯罪等金融犯罪及处罚。1933年的《证券法》（后经多次修改）、1934年的《证券交易法》（后经多次修改）、1940年的《投资公司法》和《投资顾问法》、1970年的《证券投资者保护法》等证券法律中规定了证券犯罪及其处罚。附属刑法结合自身的专业领域规

〔23〕 参见宋筱琦：《英国证券内幕交易的规制及其对中国的借鉴》，华东政法大学2005年硕士学位论文，第2~7页。

定了更加详细的罪状,便于对相关行为进行定罪处罚。比如,1998 年修订的 1933 年《证券法》第 24 节规定:有意违反本篇任何条款或违反委员会根据其权力颁布的条例或规则的任何人,或在根据本篇发出的注册报告书中有意制造对任何重大事实的不实陈述或漏报规定应报的或为使该报告书中的陈述不致被误解所必要的重大事实的任何人,一经确认便应被罚以不超过 10000 美元的罚金或者不超过 5 年的监禁,或者并处。

在单行刑法和附属刑法的基础上,美国金融犯罪立法展现出了综合化和一体化的立法模式,并系统梳理和调整了相关的金融刑事法律规范。比如美国在 2001 年安然丑闻之后于 2002 年颁行的《萨班斯-奥克斯利法案》(Sarbanes-Oxley Act)(以下简称《索克斯法》),2008 年金融危机后于 2010 年制定颁发的《多德-弗兰克华尔街改革与消费者保护法》(Dodd-Frank Wall Street Reform and Consumer Protection Act)(以下简称《多德-弗兰克法案》)。《索克斯法》相比《1933 年证券法》、《1934 年证券交易法》进行了大幅度的修改,被认为是 20 世纪 30 年代以来涉及范围最广、处罚措施最严厉、最具影响力的公司证券法律。该法案最为重要的创举是设置了第 404 条法律,要求公司首席执行官和首席财务官必须对财务报告的真实性宣誓;提供不实财务报告的,有可能将被处以 10 年或者 20 年监禁的重刑,并将可并处罚金扩大 10 倍至 2500 万美元。《多德-弗兰克法案》则是美国政府为了应对 2008 年金融危机耗时两年推出的大规模金融改革法案。在不断创新的金融领域,美国"双线多头"的金融监管体制暴露出多种弊端。在"伞形"的监管体制下,监管机构之间的职能既有交叉,又有分工。于是在日新月异的金融市场环境中会引发监管重叠、监管真空和监管套利的不利情形。制度和法律本就互为表里,职能不清、欠缺统筹的监管制度也必然导致各自为战的法律规范,因而《多德-弗兰克法案》涉及了对金融领域重要法律制度的重新定义和修正管理。比如该法案的修订集中于杜绝不公平、欺诈性的金融产品和金融活动;打击隐蔽费用、条款滥用等欺骗行为,确保消费者获取信用卡公司、房地产抵押贷款经纪人、银行等金融机构提供的有关贷款或其他金融产品的详尽信息，以保护消费者权益；改进金融监管法规，采纳“沃克尔规则”，限制大金融机构的投机性交易，禁止银行或拥有银行的机构从事违背客户要求的自营交易或投资套利基金；对以下一系列法律进行了技术性和一致性修正，包括2002年《索克斯法》、1991年《银行企业法》、1990年《犯罪控制法》、1989年《金融机构改革、复兴与实施法》、1977年《社区再投资法》、1970年《银行控股公司法修正案》、1968年《银行保护法》、1956年《银行控股公司法》、1934年《证券交易法》、《禁止存款机构管理层交叉任职法》、《紧急业主救济法》、《联邦信贷联盟法》、《联邦存款保险法》、《联邦住房贷款银行法》、《联邦储备法》、《美国法典》第十八编、《美国法典》第三十一编等。[24]

第二节 大陆法系国家经济犯罪的立法模式

一、德日破坏人与自然和谐关系的犯罪

(一)德国环境犯罪的立法模式

在德国环境刑法的发展史上，1980年和1994年是两个具有标志性的时间节点。具体来说，自1980年开始，德国环境刑法摆脱了仅靠附属刑法惩治环境犯罪的局面，实现了环境刑法的法典化，比如刑法典第29章就是有关污染环境的犯罪。自1994年开始，《德意志联邦共和国基本法》确立了国家保护自然环境的目标，从而在宪法层面上使环境法益成为独立的保护对象。1980年以前的德国刑法典关于惩治危害环境犯罪行为的规定很少，只有个别条款偶尔关注对环境的保护。[25] 这个时期的德国法律对环境的保护主要依靠大量的行政法规

---

〔24〕 参见中国证券监督管理委员会：《美国多德—弗兰克华尔街改革与消费者保护法》(美洲卷)，第1~11页。

〔25〕 参见赵秉志、李山河：《环境犯罪及其立法完善研究——从比较法的角度》(第1版)，北京师范大学出版社2011年版，第49页。

以及其中的附属刑法，比如《联邦污染防制法》（第63—65条）、《水务管理法》（第38—40条）、《化学物品法》（第27条）、《空运法》（第59—60条）、《植物保护法》（第24条）、《药剂法》（第95—96条）均载有刑事法律规范。[26] 即使刑法典中设置了空白罪状对危害公共道路、市街、广场安全、清洁及宁静的违警犯予以定罪处罚，然而具体保护对象还是由行政法加以控制。但是数目繁多的环境行政立法并未收到预期的治理效果。于是，德国在20世纪70年代开始讨论整合环境法律规范的问题。当时刑事政策上的一个指导思想是将环境刑法从行政法中提取出来并将其纳入统一刑法典当中，这也意味着环境犯罪不再是仅仅违反环境行政管理秩序的行为，而是与更为严重、更为恶劣的其他刑事犯罪一样不可放纵。德国刑法典吸收了环境行政立法特点，从而使零乱分散的各种环境犯罪刑事法律规范相对系统化。

但是当环境法与其他法学领域的界限越来越明显后，原先许多学者认为不能像“民法典”“刑法典”一样制定一部“环境法法典”的论断也发生了相应变化，包含行政规定和具体罪刑的“环境法法典”的制定已成可能。因此，早在1987年德国联邦环境部就开始成立“环境法原则”“环境法典”研究小组来研究环境法法典化的问题。目前来看，德国刑法典条文设置空白犯罪构成，将违反行政法义务作为犯罪的前置性条件。比如，1998年修订的《德国刑法典》第325条规定，“违背行政法义务，在设备、尤其是工厂或机器的运转过程中，造成空气的改变，足以危害设备范围之外的人、动物的健康或其他贵重物品的，处5年以下自由刑或罚金”。德国环境犯罪形态主要表现为行为犯和危险犯，并规定对未遂犯和过失犯的处罚。比如，《德国刑法典》第324条规定：“未经许可污染水域或对其品质作不利改变的，处5年以下自由刑或罚金；犯本罪未遂的，亦应处罚；过失犯本罪的，处3年以下自由刑或罚金”。德国刑法典对环境犯罪并没有规定法人犯罪，符合德国刑法理论对法人犯罪主体地位不予认可的通说，但事实上德国法律对法人

---

〔26〕 参见赵秉志等：《环境犯罪比较研究》，法律出版社2003年版，第331页。

污染环境行为的惩治主要是通过附属环境刑法的形式来加以实现。

(二)日本环境犯罪的立法模式

日本1907年公布的现行刑法典并没有专章规定环境犯罪,对严重破坏环境行为的刑事责任条款按照行为的种类散见于分则的各章节之中。它们主要体现在以下章节:(1)第十五章"有关饮用水的犯罪"规定的若干罪名。例如,污染净水罪(第142条)、污染水道罪(第143条)、将毒气等混入净水罪(第144条)、将毒气等混入水道罪(第146条)、损坏或堵塞水道罪(第147条)。另外还规定了本罪的加重犯,如污染净水等致死伤的结果加重犯(第145条)、将毒物等混入水道致死的结果加重犯(第146条)。1974年,《日本改正刑法草案》对刑法典进行了修正,将原来"有关饮用水的犯罪"修改为"有关公众健康的犯罪",包括污染饮用水罪(第203条)、污染水道罪(第204条)、将毒物混入饮食罪(第205条)、将毒物混入水道罪(第206条)、断绝水道给水罪(第207条)、释放毒物罪(第208条)、过失将毒物混入饮食罪(第211条)、过失释放毒物罪(第211条)。(2)第十章"有关爆炸物与危险物的犯罪"规定的若干罪名。例如,泄漏煤气、电气、蒸气、放射性物质罪(第172条)与过失泄漏煤气、电气、蒸气、放射性物质罪(第175条)等。

随着群体性环境灾难的频繁发生,人们开始逐渐意识到,行政立法中的行政处罚对重大伤亡事件肇事者的惩罚过于轻缓,因此专门环境刑法应运而生。1970年秋,日本"公害国会"的临时会议进行了各种公害立法工作,其中就有专门针对环境犯罪的法律,即《关于危害人体健康的公害犯罪制裁法》。该部法律自此成为此后日本惩治环境犯罪的主要依据,同时也开创了世界上制定单行环境刑法的先例。[27] 实行环境刑法行政化、环境刑法法典化和环境刑法单行法化"三轨"制的国家中,只有日本既在环境行政法中设置了刑事责任条款,又在刑法典中规

---

〔27〕 王吉春:《环境刑法立法模式比较研究》,载《福建法学》2014年第4期。

定了部分环境犯罪，还制定了针对部分环境犯罪的单行刑事法规，[28]表现了日本对环境犯罪的严密规制和惩罚力度。因而，日本环境犯罪的立法模式具有十分突出的特点，刑法典和单行环境刑法条文不设置空白犯罪构成，并没有将违反相关行政法规作为犯罪的前置性条件。比如刑法典第203条规定："污染饮用水使其不能使用的，处1年以下惩役或者5万元以下罚金。"《公害罪法》第2条第1款规定："由于工厂或企业业务活动而排放有害于人体健康的物质，并对公众生命和健康造成危害者，处以3年以上惩役或300万元以下罚款。"同时刑法典并没有规定法人的刑事责任，法人刑事责任主要体现在单行环境刑法和附属环境刑法之中。日本刑法一开始从法人没有犯罪能力出发否认法人需要承担刑事责任，但随着法人实施的危害环境行为愈演愈烈，人们开始意识到对法人进行刑事制裁的必要性，因此许多法律中也开始明文规定对法人处罚的条款。[29] 单行环境刑法和附属环境刑法规定的具体罪状和刑罚能够更好地让公众了解法律内容，形成稳定预期，从而有利于对环境的长远保护。

二、德日破坏人与物合法关系的犯罪

(一)德国知识产权犯罪的立法模式

德国知识产权的刑法保护模式主要以附属刑法、单行刑法为主，在知识产权各部门法当中详细规定了罪状和刑罚。以专利权的保护为例，根据《专利法》第142条的规定，侵犯专利权的行为不仅需要承担民事责任，还需要承担刑事责任。专利犯罪的构成要件如下：(1)客观上，行为人实施了下列行为。未经专利权人或第16a、49a条规定的补充保护证书的所有人的必要同意，制造、许诺销售、销售、使用或为这些目的之一进口或占有专利产品或补充保护证书产品；使用或为了使用而许诺销售专利方法或相关保护证书方法；制造、许诺销售、销售、使用或为这些目的之一进口或占有专利产品或补充保护证书产品或通过专

---

〔28〕 参见郭建安、张桂荣：《环境犯罪与环境刑法》，群众出版社2006年版，第171页。
〔29〕 参见[日]大谷实：《刑法总论》，中国人民大学出版社2008年版，第107～108页。

利方法直接制造的产品的。(2)主观上,行为人必须存有主观故意。具体来说,行为人对属于法定构成要件的事实认识错误,比如行为人不知道专利的存在,错误地解释了专利的保护范围,或认为自己的行为是研究目的,是行使先实施权或继续实施权的,不构成故意犯罪。但是,行为人行为时对其行为的违法性认识错误构成故意犯罪。(3)行为人为直接侵害人,而非间接侵害人。但是,间接侵害人可能构成教唆犯、帮助犯或共同正犯。对于上述行为的刑事责任,《专利法》规定可处3年以下自由刑或罚金,二者只能选择适用。但是,行为人因其行为已经获利或试图获利的,可在自由刑外科处罚金。行为人以实施上述犯罪行为作为职业的,处5年以下自由刑或罚金。[30]

再以著作权的保护为例,德国对著作权的刑法保护主要规定在1965年的《著作权法》和1990年的《反盗版法》中。侵犯著作权行为主要有四种:(1)未经许可使用著作权罪。在法定许可的情形外,未经权利人同意,复制、传播或公开再现作品,改编或改写作品,处3年以下监禁或罚金;犯罪未遂也应受刑事处罚。(2)不经许可显示著作权人名称罪。《德国著作权法》第107条规定:未经著作权人许可,在已经完成的美术作品原件上标记著作权人著作权标记,或散发标记该标志作品的原件的行为;在已完成美术作品的复制品、改编物或改动物上标记使复制品、改编物或改动物看起来像原件的著作权标志,或者将标记该标志的复制品、改编物、改动物加以传播的行为,如果根据其他规定对该行为没有更重处罚的,处3年以下监禁或罚金,未遂犯也应受到刑事处罚。(3)侵犯邻接权及与著作权有关的其他权利罪。《德国著作权法》第108条规定,在法定许可情形外,未经权利人许可的下列行为处3年以下监禁或罚金:将科学版本或该版本的改编物或改动物复制、传播或公开再现者;将遗作或该作品的改编物或改动物违反对保护遗作版权权利的规定使用者;将照片或该照片的改编物或改动物复制传播或公开再现者;将艺术表演者的表演违反规定而使用者,或将音像载体

---

〔30〕 参见范长军:《德国专利法研究》,科学出版社2012年版,第136~137页。

违反规定而使用者；将电台广播违反规定而使用者；将图像载体或音像载体违反规定而使用者。(4)不法营业使用罪。行为人从事非法的复制或传播是营业性质的，处5年以下监禁或罚款。企图从事上述犯罪行为也应受刑事处罚。德国对侵犯著作权犯罪案件的诉讼以自诉为主、公诉为辅。对侵犯著作权"犯罪行为"除非刑事追究部分因涉及公众的特别利益认为有必要依职权追究外，其他均属于自诉犯罪。

(二)日本知识产权犯罪的立法模式

日本对于知识产权的刑法规制虽然有多种形式，但是总体来说，还是以附属刑法的立法模式为主。以商标法为例，现行的日本商标法出台于1959年，到目前为止已经经历了二十多次的修改，以适应不断变化的国内经济和国外市场。其中涉及商标刑事保护的立法修改主要有以下几次：1978年，日本商标法将"服务商标"纳入保护范围，增加了有关侵害服务商标的内容规定，并将法人侵犯商标的行为定为犯罪；2002年商标法增强了商标犯罪行为的刑罚力度，对各种类型的商标犯罪增加了法定最高刑和罚金；2005年商标法进一步提高了侵害商标权、商标专用权犯罪的法定刑和罚金，即个人最高可判处有期徒刑10年，罚金1000万元，而法人最高可判处3亿日元。2008年，日本增加"违反秘密保护命令"的行为作为入罪的一个客观类型，对行为人可判处有期徒刑5年，罚金500万日元。总体来说，日本商标犯罪主要有以下四种类型：(1)商标侵权行为的刑罚。商标法第37条或第67条规定，侵害商标权或独占许可使用权的，处以5年以下有期徒刑或者500万日元以下的罚金，或者并罚。(2)诈欺罪。以诈欺行为进行商标注册、防护标志注册，或者根据商标权或者防护标志注册权利的存续期限进行续展注册、提出注册异议，从而受到决定或复审裁决的行为人，处以3年以下的徒刑或者300万日元以下的罚金。(3)虚假表示的刑罚。违反《商标法》第74条规定的，处以3年以下有期徒刑或者300万日元以下的罚金。具体的行为类型需要参照《日本商标法》第74条的规定，比如在使用注册商标以外的商标时，在该商标上附以注册商标的标识或附以容易与注册商标发生混淆的标识的行为；在指定商品或指定服务以外的商品或服务上使用注册商标时，在该商标上附以注册商标的标识或附以容易与注册商标发生混淆的标识的行为；在商标或其包装上附有注册商标以外的商标，在指定商品以外的商品或在该商品包装上附有商品注册商标，或在商品或其商品包装上附有服务注册商标，并在这些商标上附以注册商标的标识或附以容易与注册商标发生混淆的标识的行为等。(4)违反保守秘密命令罪。当违反《日本商标法》第39条准用《专利法》第105条之4第1款规定的命令的，处以5年以下有期徒刑或者500万日元以下的罚金，或者并罚。[31]

再以著作权为例，日本1994年修订的《著作权法》规定了以下几种著作权犯罪：(1)侵权罪。此罪是指侵犯作者人格权、版权、出版权或邻接权的行为，处3年以下徒刑或30万日元以下罚金。(2)侵犯已亡作者人格权罪。此罪指在作者死后侵犯作者人格权的行为，处30万日元以下罚金。(3)诈称作者姓名罪。此罪指将非作者的实名或著名变名作为作者姓名用于作品的复制物上并发行此复制物的行为，处1年以下徒刑或10万日元以下罚金。(4)擅自复制、发行外国原盘商用唱片罪。指国内唱片制造商取得外国唱片原盘、制作商业用唱片后，除将声音首次固定于原盘之日所属的第2年起20年以后复制、发行的情况外，对于擅自复制此商业用唱片并将之发行的人，处1年以下徒刑或10万日元以下罚金。(5)不注明出处罪。指必须注明作品出处时，违反规定不注明作品出处的行为，处1万日元以下罚金。在1999年修订的著作权法律中规定，故意增设虚假权利管理信息和故意除去、改变权利管理信息等行为并严重侵犯作者人格权、著作权等权利者，可处3年以下有期徒刑或300万日元以下罚金。对于以获得商业优势或赢利为目的而规避技术措施者，可处1年以下徒刑或100万日元以下罚金。[32] 综上所述，商标犯罪的历次修改都在《商标法》当中完成，《著

---

〔31〕 参见李龙：《日本知识产权法律制度》，知识产权出版社2012年版，第364～366页。

〔32〕 王志广：《中国知识产权刑事保护研究》(理论卷)，中国人民公安大学出版社2007年版，第184页。

作权法》也设置了详细而明确的罪状和刑罚，因而日本主要采取了附属刑法这种模式来规制知识产权犯罪。

三、德日破坏人与人诚信关系的犯罪

（一）德国金融犯罪立法模式

德国金融犯罪的立法模式采取刑法典、单行刑法和附属刑法综合立法的方式进行规定，表现出对金融犯罪多层次、多角度的防治。在刑法典立法模式上，《德国刑法典》在第8章规定了有关伪造货币和有价证券的犯罪及其处罚。比如第146条"伪造货币"规定："一、实施下列行为之一的，处1年以下自由刑：1. 意图供流通之用，或有流通可能而伪造或变造货币，使票面具有较高价值；2. 以相同意图获取伪造或变造的货币；3. 将在第1项或第2项条件下伪造、变造的货币或获取的伪造、变造货币作为真币使用。二、行为人以此为职业或作为为继续实施伪造货币犯罪而组成的犯罪集团成员犯此罪的，处2年以上自由刑。三、犯第1款之罪情节较轻的，处3个月以上5年以下自由刑；犯第2款之罪情节较轻的，处1年以上10年以下自由刑。"第151条"有价证券"规定："下列有价证券，如为防止伪造而以特殊方法印制和选用特殊纸张印制的，视同第146条、第147条、第149条和第150条所指货币：1. 注明一定金额，可作支付手段的记名或不记名债券，2. 股票，3. 投资公司发售的股份证明，4. 第1项至第3项有价证券的利息、红利证明、延期证明以及有关交付此类有价证券的保证书，5. 已印有一定票面金额的履行支票。"〔33〕第22章规定了"诈骗及背信犯罪"，包括"诈骗罪""计算机诈骗罪""诈骗救济金罪""诈骗投资罪""诈骗保险金罪""信贷诈骗罪""背信罪""滥用支票和信用卡罪"等。比如第265条"诈骗保险金"规定："一、为使自己或第三人从保险中获得好处，对投保的防止沉没、毁损、影响使用、损失或盗窃之保险标的物加以毁损，损坏，使其不能使用，去除或转让他人，如行为未依第263条（即诈骗罪）

〔33〕 参见《德国刑法典》，许久生、庄敬华译，中国法制出版社2000年版，第133～135页。

科处较重刑罚，处 3 年以下自由刑或罚金。二、犯本罪未遂的，亦应处罚。"第 266 条"背信"规定："一、根据法律、官方委托或法律行为，有权处分他人财产或对他人负有义务而滥用其权利或基于法律、官方委托、法律行为及信托关系有义务管理他人财产利益，破坏其义务，致他人的财产利益遭受损害的，处 5 年以下自由刑或罚金。二、情节特别严重的，处 1 年以上 10 年以下自由刑。"〔34〕

在单行刑法上，德国在打击有组织犯罪方面的刑事立法工作，主要是通过"反非法毒品交易与其他有组织犯罪表现刑事的法律"（简称为反有组织犯罪法），增加与补强对有组织犯罪的处罚规定，以及在刑事诉讼法方面作了新的规定。值得一提的是，洗钱罪是德国反有组织犯罪法中新增加的罪名。这个罪制定以后没多久就被德国刑法典所包括，成为《德国刑法典》第 261 条规定的内容。该条罪名原来为"洗钱罪"，在 1988 年 1 月德国刑法典重新修改公布后，该条更名为"洗钱与掩饰不正当财产罪"。〔35〕 在附属刑法上，德国在现行《有价证券交易法》《有价证券保管法》《交易所法》等金融法中规定金融犯罪及其处罚。如《有价证券交易法》第 38 条规定："凡 1. 违反本法第 14 条第（1）款第（1）项或第（2）款的禁止性规定而购买或转让内幕人证券者；2. 违反本法第 14 条第（1）款第 2 项的禁止性规定而告知他人或使他人得知内幕人事者；3. 违反本法第 14 条第（1）款第 3 项的禁止性规定而推荐购买或者转让内幕人证券者，处 5 年以下剥夺自由或处罚金。"

（二）日本金融犯罪立法模式

日本金融犯罪立法模式呈现多层次化的特点，属于刑法典与附属刑法规定结合型的立法模式。这种立法模式不但在刑法典中作出相应规定，同时在金融法律法规中明确金融犯罪的罪状和刑罚。1948 年至

---

〔34〕 参见《德国刑法典》，许久生、庄敬华译，中国法制出版社 2000 年版，第 183～187 页。

〔35〕 参见王世洲主编：《关于著作权刑法的世界报告》（第 1 版），中国人民公安大学出版社 2008 年版，第 405～406 页。

1986年,日本刑法典共修改了7次,但是从1987年开始,日本立法机关开始频繁修改刑法典,出现了刑事立法活性化的现象。日本立法机关制定了许多单行刑法,在附属刑法中也增设了大量行政犯罪。“和日本不同,在中国,至少在现阶段,所有刑罚法规都集中于刑法典之中,而在刑法典之外则几乎看不见……由于刑法典上的条文数量很少,因此乍看之下,中国刑法中的处罚范围似乎很广,但实际上则不是如此,日本刑法中的处罚范围要比中国广泛得多。”〔36〕

以刑法典为例,《日本刑法典》第16章和第17章分别规定了伪造货币罪和伪造有价证券罪。《日本刑法典》第16章第212条规定了“伪造货币、行使伪造的货币”,以行使为目的、伪造、变造日本国或外国货币的,处3年以上有期惩役。行使伪造、变造的日本国或者外国货币,或者以行使为目的,将伪造、变造的日本国或者外国货币交付他人或者输入日本国或者外国的,与前项同。第213条规定了“取得伪造的货币”,以行使为目的,取得伪造、变造的日本国或者外国货币的,处5年以下惩役。第214条规定,前两条之罪的未遂犯,应当处罚。第215条规定,对于犯前三条之罪的,可以根据情节并科100万日元以下罚金。第17章第219条规定了“伪造有价证券”,以行使为目的,伪造、变造日本国或者外国的公债券、公司股票、票据、支票或者其他有价证券的,处6个月以上10年以下惩役。以行使为目的,伪造、变造有价证券的背书或者其他记载的,与前项同。第220条规定了“制作虚伪的有价证券”,以行使为目的,制作虚伪的有价证券,或者在有价证券上作虚伪记载的,处6个月以上10年以下惩役。第223条规定,本章之罪的未遂犯,应当处罚。第224条规定,对于犯前5条之罪的,可以根据情节一并科处50万元以下罚金。〔37〕

以附属刑法为例,日本在金融领域颁布了大量的独立性金融法律,

---

〔36〕 参见[日]西原春夫:《日本刑法与中国刑法的本质区别》,载《刑法评论(7)》,法律出版社2005年版,第123页。

〔37〕 《日本刑法典》,张明楷译,法律出版社2006年版,第175~178页。

包括《证券交易法》《抵押证券管理法》《金融期货交易法》《商品交易所法》《金融商品取引法》等，详细规定了金融犯罪的罪状和刑罚。《金融期货交易法》第96条规定："违反第7条的规定者，处1年以下徒刑或100万日元以下罚金，或二者并处。"再如，《日本刑法典》第18章"伪造有价证券罪"中只规定了伪造有价证券、行使伪造的有价证券等传统证券犯罪，其他证券犯罪则规定于《证券交易法》当中，该法专门在第6章"罚则"部分详细规定了各种证券犯罪及其法定刑。近年来，日本主张放宽政府对经济的管制，希望以行业自律来实现对金融市场的控制，从而增强其自主性与自控力，并提高其国际竞争力和危机应对力。具体到金融犯罪领域，主张应当建立经济预防、行政制裁、刑罚与民事责任追究相结合的整体性规制模式，并且应当更多地运用非刑罚措施来预防和惩处金融违法行为，从而仅针对最为恶劣的行为科处刑罚。[38]

第三节 我国经济犯罪的立法模式

一、我国破坏人与自然和谐关系的犯罪

我国目前环境犯罪的立法模式主要以刑罚典为主，附属刑法为辅。1997年颁布的《刑法》在总结1979年《刑法》环境犯罪立法不足的基础上，在第六章"妨害社会管理秩序罪"中设立专节即第六节"破坏环境资源罪"，用9个条文14个罪名分别规定了污染环境和破坏环境资源的犯罪。在现行《刑法》中，有关环境犯罪的规定不仅存在于第六章第六节，同时还有破坏环境资源的相关犯罪被规定在其他章节中，主要包括三个部分：其一，可能致使环境被严重破坏和污染的危害公共安全罪、重大责任事故罪、危险物品肇事罪；其二，可能致使环境被污染的走私类犯罪，如走私固体废物罪，走私珍贵动物、珍贵动物制品罪；其三，

---

〔38〕 张小宁：《刑法谦抑主义与规制缓和——以日本金融犯罪的规制为鉴》，载《山东社会科学》2015年第6期。

可能致使环境被污染或破坏的渎职类犯罪，如违法发放林木采伐许可证罪、环境监管失职罪等。同时，还包括一些附属环境刑法，如《海洋环境保护法》《水污染防治法》《野生动物保护法》《森林法》《矿产资源法》《环境保护法》等法律中的刑事法律规范。[39]

相应地，我国环境犯罪的立法体系存有两大问题：第一，在环境犯罪整体刑事法律规范体系中存在多层次和多维度立法导致的混乱和失调。在环境法益保护上，应该保持刑法条文的一致性。在《刑法修正案（八）》出台之前，《刑法》第 338 条"污染环境罪"饱受学界非议。因为修改之前，只有"造成重大环境污染事故，致使公共财产遭受重大损失或者人身伤亡的严重后果的"才构成犯罪。该条文在修改前显然并未将环境法益作为刑法的直接保护法益。《刑法修正案（八）》出台之后，污染环境罪将"严重污染环境"作为实质构成要件，显然已将自然环境作为直接保护对象。修改之前的重大环境污染事故罪，当严重污染环境的行为发生，没有造成人身伤亡且无法对严重污染所造成的经济损失作出评估时，就无法惩罚这些严重污染行为，因而不利于自然环境的保护。就我国现行刑法而言，已经基本上将环境法益作为刑法的直接保护法益。从《刑法》第 338 条至第 345 条以及《刑法》第 408 所规定的 16 个环境犯罪罪名来看，只有《刑法》第 339 条第 2 款"擅自进口固体废物罪"中规定"造成重大环境污染事故，致使公私财产遭受重大损失或者严重危害人体健康的"和《刑法》第 408 条"环境监管失职罪"中"导致发生重大环境污染事故，致使公私财物遭受重大损失或者造成人身伤亡的严重后果"作为犯罪的基本构成要件。在环境刑法保护范围上，现行《刑法》公布后，通过刑法修正案和司法解释的方式扩大了环境刑法的调整范围。以 2013 年《关于办理环境污染刑事案件适用法律若干问题的解释》为例，该解释第 1 条第 1 项至第 5 项将"私设暗管或者利用渗井、渗坑、裂隙、溶洞等排放、倾倒、处置有放射性的废

---

〔39〕 参见蔡雪冰、谭静蓉：《论我国环境刑法立法体例问题》，载《时代法学》2014 年第 1 期。

物、含传染病病原体的废物、有毒物质”等五种情形直接规定为污染环境犯罪，显然是将上述五种严重污染环境的行为作为行为犯予以规制。但从《刑法》第338条“严重污染环境”条文表述来看，是指“造成严重环境污染的结果”，与之相对应的是该条中的“后果特别严重”。因此，如果对“严重污染环境”作平义解释的话，本罪应当是结果犯。而环境污染刑事案件司法解释将“严重污染环境”解释成“实施严重污染环境的行为”或者“造成严重环境污染的结果”无疑扩大了污染环境罪的调整范围。[40] 第二，即使在刑法典内部也存在环境刑法立法分散和位阶偏低的问题。我国《刑法》将环境犯罪的主要罪名设置在第六章第六节中，但同时将很多罪名分散设置在许多其他章节。如第三章第二节的走私罪中规定了走私珍贵动物、珍贵动物制品罪，走私珍稀植物、珍稀植物制品罪，走私废物罪；第三章第八节中规定了非法转让、倒卖土地使用权罪；第六章第四节中规定了故意毁坏名胜古迹罪；第九章中规定了违法发放林木采伐许可证罪，环境监管失职罪，非法批准征用、占用土地罪，非法低价出让国有土地使用权罪等罪名。此外，《刑法》第六章“妨害社会管理秩序”主要规定惩治治安类和街区类犯罪，将“破坏环境资源罪”与“扰乱公共秩序”“破坏国边境秩序”“妨害社会风化”等治安、伦常类犯罪归于一章，忽略环境犯罪特殊性的同时也严重降低了环境犯罪的刑法位阶。

二、我国破坏人与物合法关系的犯罪

我国知识产权的保护同样以刑法典为主，附属刑法为辅，但是随着侵害知识产权的犯罪行为的日益增多，刑法在知识产权的参与度也越来越高。以著作权为例，随着对著作权保护的加强，为有效打击严重侵犯著作权的行为，刑事手段逐渐介入到著作权保护体系当中。现行著作权刑事保护涉及的主要法律是1997年《刑法》和修订后的《著作权法》，以及最高人民法院、最高人民检察院、公安部单独或联合颁布的4

---

〔40〕 曾粤兴、张勇：《论我国环境刑法与环境行政法之间的协调与衔接》，载《河南财经政法大学学报》2013年第6期。

个司法解释。以《刑法》和《著作权法》为例，侵犯著作权犯罪同样呈现多层次保护的特点。

1997 年《刑法》集中规定了侵犯著作权犯罪。我国 1997 年《刑法》中有关侵犯著作权犯罪的规定集中在第 217 条和第 218 条，并归入《刑法》分则第三章破坏社会主义市场经济秩序罪第七节侵犯知识产权罪当中，罪名为侵犯著作权罪和销售侵权复制品罪。《刑法》第 217 条规定，以营利为目的，有下列侵犯著作权情形之一的，违法所得数额较大或者有其他情节的，处 3 年以下有期徒刑或者拘役，并处或者单处罚金；违法所得数额巨大或者有其他特别严重情节的，处 3 年以上 7 年以下有期徒刑，并处罚金：(1)未经著作权人许可，复制发行其文字作品、音乐、电影、电视、录像作品、计算机软件及其他作品的；(2)出版他人享有专有出版权的图书的；(3)未经录音录像制作者许可，复制发行其制作的录音录像的；(4)制作、出售假冒他人署名的美术作品的。《刑法》第 218 条规定，以营利为目的，销售明知是本法第 217 条规定的侵权复制品，违法所得数额巨大的，处 3 年以下有期徒刑或者拘役，并处或者单处罚金。侵犯著作权犯罪主要适用自由刑和罚金。同时，单位构成犯罪的，也应当承担刑事责任，对单位判处罚金，并对其直接负责的主管人员和其他直接责任人员依照自然人犯罪规定予以处罚。

我国现行《著作权法》在第五章"法律责任和执法措施"中规定了侵犯著作权犯罪。现行《著作权法》颁布于 1990 年 9 月 7 日，经过 2001 年 10 月 27 日和 2010 年 2 月 26 日两次修正。《著作权法》对作品的范围、著作权主体、著作权范围及归属、权利保护期和限制、邻接权范围、法律责任、执法措施等作出了明确规定，并在第五章涉及著作权的刑事保护。我国《著作权法》和《刑法》对著作权刑事保护的规定并非一致。总体来说，《著作权法》规定的著作权刑事保护内涵要广于《刑法》的相关规定，主要体现在以下几个方面：(1)作品范围。《著作权法》列举了文字作品；口述作品；音乐、戏剧、曲艺、舞蹈、杂技艺术作品；美术、建筑作品；摄影作品；电影作品和以类似摄制电影的方法创作的作品；工程设计图、产品设计图、地图、示意图等图形作品和模型作品;计算机软件;法律、行政法规规定的其他作品。而《刑法》只列举了文字作品、音乐、电影、电视、录像作品、计算机软件及其他作品。从列举范围来看,《著作权法》要远远广于《刑法》的规定。当然,两者都规定了"其他作品"作为"兜底条款"。那么,《刑法》中规定的"其他作品"是否可以理解为《著作权法》所规定的一切受保护的作品?理论上对此存在争议,有学者认为,"其他作品"是指戏剧、曲艺、舞蹈、美术、摄影作品;〔41〕有学者认为,"其他作品"应解释为具有本罪前面所列作品相同特点的作品;〔42〕也有学者认为,"其他作品"应理解为我国著作权法和其他法律、行政法规规定的一切受保护的作品。〔43〕从侵犯著作权犯罪属于刑法中的"行政犯"这一角度来理解,对侵犯著作权犯罪的定罪量刑应该结合相应行政法、经济法律法规中的内容加以考虑。将"其他作品"理解为著作权法等法律法规规定的作品范围,符合侵犯著作权犯罪"行政犯"的特性,因此有一定的道理。但刑法和有关司法解释均未予以明确阐述,这种扩张性解释又显然不利于被告人,违背了罪刑法定原则的精神,因而有违背罪刑法定原则之嫌。(2)侵犯著作权罪的犯罪对象。我国《刑法》中有关侵犯著作权犯罪的对象主要包括:他人享有著作权的文字作品、音乐、电影、电视、录像作品、计算机软件及其他作品;他人享有专有出版权的图书;他人创作的录音录像制品;假冒他人署名的美术作品。而《著作权法》规定除上述对象外,还包括他人创作的表演作品,他人制作的广播、电视作品,他人享有著作权的权利管理电子信息,假冒他人署名的除美术作品外的其他作品。(3)侵犯著作权犯

〔41〕朱继良、雷东生:《对侵犯著作权犯罪的探讨》,载《法学评论》1995年第3期。

〔42〕向开柱、李国如:《侵犯著作权犯罪的罪名确定和犯罪构成特征新论》,载《郑州大学学报》(哲社版)1996年第1期。转引自刘宪权、吴允锋:《侵犯知识产权犯罪理论与实务》,北京大学出版社2007年版,第286页。

〔43〕聂洪勇:《知识产权的刑法保护》,中国方正出版社2000年版,第122~126页。转引自刘宪权、吴允锋:《侵犯知识产权犯罪理论与实务》,北京大学出版社2007年版,第286页。

罪的行为方式。《刑法》中规定的行为方式主要包括:未经权利人许可,复制发行其作品的行为;出版他人享有专有出版权的行为;制作、出售假冒他人署名的美术作品的行为;销售侵权复制品的行为。而《著作权法》规定的侵犯著作权犯罪的行为方式除《刑法》规定外,还包括:通过信息网络向公众传播未经许可的作品的行为;播放未经许可的广播、电视作品的行为;未经权利人许可,故意避开或者破坏权利人为其作品、录音录像制品等采取的保护著作权或者与著作权有关的权利的技术措施的行为和未经权利人许可,故意删除或者改变作品、录音录像制品等的权利管理电子信息的行为。

三、我国破坏人与人诚信关系的犯罪

迄今为止,我国可以说已经形成了以金融法律为核心,金融法规、金融规章和金融司法解释为配套,金融自律性规范、金融行政解释和国际金融条约为补充,全方位、多层次的金融法律体系。回顾立法历程,可以简要举例如下:(1)我国在1985年到1996年进行了一系列的制度创新安排,为市场金融建立了初步框架,实现了金融制度创新。我国在1995年的全国人大会议上通过了《人民银行法》《商业银行法》《保险法》《票据法》《关于惩治金融犯罪的决定》(简称“四法一决定”),为惩治金融领域的违法犯罪奠定了法律基础。(2)我国在1998年的全国人大上通过了《中华人民共和国证券法》,及时出台《关于惩治骗购外汇、逃汇和非法买卖外汇犯罪的决定》,国务院颁布了《非法金融机构和非法金融业务取缔办法》《关于在国有中小企业和集体企业改制过程中加强金融债券管理工作的通知》,1999年,国务院颁布《金融违法行为处罚办法》,为打击证券、外汇领域等的违法犯罪行为提供了指引。

在金融犯罪的专门领域,我国金融犯罪的刑事法律规范包括刑法典、单行刑法和附属刑法三个组成部分。我国刑法典规定大多数金融犯罪和刑罚,因此刑法典是金融刑法的主要形式。1997年《刑法》主要将金融犯罪规定在分则第三章“破坏社会主义市场经济秩序罪”第四节“破坏金融管理秩序罪”和第五节“金融诈骗罪”当中。《刑法》生效之后，因为碰到新情况、新局势，1998 年 12 月 29 日全国人大常委会通过《关于惩治骗购外汇、逃汇和非法买卖外汇犯罪的决定》，随后众多的刑法修正案也规定了一些涉及金融犯罪的新罪名。如此一来，金融犯罪涉及的具体罪名就高达 38 个。[44]

具体来说，我国刑法典在分则第三章规定了三十多种金融犯罪的罪状与刑罚，属于严格意义的金融犯罪刑法规范，刑法修正案本身是对刑法典的修正和补充，因而属于刑法典中的一部分。金融犯罪涉及金融诈骗犯罪，洗钱犯罪，危害外汇管理制度犯罪，危害证券、期货管理犯罪，危害金融票证、有价证券管理制度犯罪，危害客户、公众资金管理制度犯罪，危害货币管理制度犯罪，危害金融机构设立管理制度犯罪，危害金融机构存贷管理制度犯罪。这些犯罪类别之下各有具体的个罪，设定了简明的罪状和相应的法定刑。刑法修正案作为修改和补充刑法典的主要方式，在刑法典颁布后多次出现。以第 174 条“擅自设立金融机构罪”为例，1999 年《刑法修正案（一）》就对此罪进行了修改，该条规定未经国家有关主管部门批准，擅自设立商业银行、证券交易所、期货交易所、证券公司、期货经纪公司、保险公司或者其他金融机构的，处 3 年以下有期徒刑或者拘役，并处或单处 2 万元以上 20 万元以下罚金；情节严重的，处 3 年以上 10 年以下有期徒刑，并处 5 年以上 50 万元以下罚金。[45]

我国也有规定金融犯罪的单行刑法，目前只有全国人大常委会于 1998 年 12 月制定的《关于惩治骗购外汇、逃汇和非法买卖外汇犯罪的决定》（以下简称《决定》）。单行刑法是由全国人大常委会制定的惩治某一类犯罪的法律或者是对刑法中某些犯罪的罪状或法定刑的修改、补充的规范性文件，其条款或者是完整的刑法条款，或者是对具体某一

---

〔44〕 参见刘宪权：《金融犯罪刑法学新论》，上海人民出版社 2014 年版，第 4 页。

〔45〕 1997 年《中华人民共和国刑法》原条文为：“未经中国人民银行批准，擅自设立商业银行或者其他金融机构的，处 3 年以下有期徒刑或者拘役，并处或者单处 2 万元以上 20 万元以下罚金；情节严重的，处 3 年以上 10 年以下有期徒刑，并处 5 万元以上 50 万元以下罚金。”

条文的修改。《决定》具体规定了骗购外汇、逃汇以及非法买卖外汇犯罪的罪状与刑罚,因而也属于严格意义上的金融犯罪刑法规范。我国金融法律或其他法律中也有关于金融犯罪的规定,通常称为"附属刑法"或"附属金融刑法"。例如,《证券法》在第十一章"法律责任"中详细规定了各种证券违规行为和犯罪行为,并在第231条中规定:"违反本法规定,构成犯罪的,依法追究刑事责任。"然而有学者认为从严格意义上讲,只有规定了具体罪状及其法定刑的法律规范才称得上刑法规范。我国大多数规定金融犯罪的前置性法律法规并没有规定法定刑,更没有具体的罪状,因此我国的附属金融刑法并非严格意义上的金融刑法规范。"我国附属刑法附着于非刑事法律,这与国外相同,而从内容上看,它没有明确的罪状和法定刑,这是与国外附属金融刑法的不同所在。"[46]从这个意义上讲,我国规定金融犯罪的法律形式只有刑法典和单行刑法,因为它们只是在规定金融领域一般违法行为的处罚时,附带笼统地规定"构成犯罪的,依法追究刑事责任",并没有具体罪刑结构,没有直接的可操作性。但是附属刑法与那种直接在前置性法律中规定具体罪状和刑罚的"行政刑法"本身并非同一个概念,附属刑法的"附属性"正是表现在它所规定的内容本身就与刑法典紧密相连,不可分离。因而,附属刑法是我国金融犯罪立法模式中的一种,它与"行政刑法"在独立性和系统性上存在差距。总体来说,金融领域违法犯罪行为的立法规制是一个与行业大势相融合的系统工程。以世界金融强国美国为例,用1933年到2017年长达84年的时间,从分业经营转向混业经营的金融体制。在市场与管制之间,通过不断调整、改革和创新的制度变迁,建立了符合本国国情的金融监管体制。随着诸如市场条件和技术因素等外部因素的变化,金融机构不断创造各种新的金融产品和工具,而监管者则不断调整和修正法律法规以适应市场的变化。在这个过程中,银行业、证券业和保险业健全内部风控机制,增强抗风险的能力;监管机构完善混业经营的防火墙制度、积累监管经验;政府

---

〔46〕 参见胡启忠:《金融刑法适用论》,中国检察出版社2003年版,第23页。

和国会则不断立法、修法和废法。金融体制的改革和金融法律法规的完善都是庞大的工程,并非可以毕其功于一役,而这也正是我们研究现有金融违法犯罪行为,完善金融犯罪立法模式的空间所在。

第五章　中国经济犯罪立法模式的问题和反思

第一节　我国经济犯罪立法模式的现状

一、现行刑法颁行前的立法模式

在计划经济时代,我国经济犯罪的立法模式一开始是单一刑法典模式,具体表现为以 1979 年刑法典来应对经济领域中的犯罪态势。除颁布实施单行刑事法律外,也开始了刑法典的起草准备工作。1950 年 7 月,中央人民政府法制委员会主持拟定了《中华人民共和国刑法大纲草案》。1954 年 9 月,又拟定了《中华人民共和国刑法指导原则草案(初稿)》。后因国家政治形势变化,我国刑法典的起草工作历经曲折,至 1957 年 6 月底才写出了 22 稿;到 1963 年 10 月,虽然拟定出当时较为成熟的刑法草案第 33 稿,但最终未能通过和实施。其后这一工作因历史原因,再一次长时间处于停顿状态，直至1978年才开始重新启动。[1]

1979年刑法典是在刑法草案第33稿的基础上修改建立的刑法典，标志着我国刑事法典从无到有的历程。粉碎“四人帮”后，法治工作开始提上全国人民代表大会的议程。叶剑英委员长在第五届全国人民代表大会上所作的《关于修改宪法的报告》指出：“我们还要依据新宪法，修改和制定各种法律、法令和各方面的工作条例、规章制度。”[2] 1979年2月，全国人大常委会法制委员会宣告成立，在彭真同志的领导下开始抓紧进行立法工作。刑法典草案以第33稿为基础，结合新问题、新情况和新经验，在征求中央有关部门的意见后，作了较大的修改，先后拟就了三个稿子。[3] 其中，第二个稿子在获得中共中央政治局原则通过后，又在法制委员会全体会议和第五届全国人大常委会第八次会议上审议，之后提交到第五届全国人大常委会第八次会议进行二次审议，在经过一定的修改和补充后，终于在7月1日获得一致性通过。1979年7月6日，刑法典正式公布并规定自1980年1月1日起施行，从此与1979年刑事诉讼法典一道终结了我国系统刑事法律缺失的状态，刑事司法工作开始从依赖政策转向依靠法律，这不得不说是一个巨大的进步。1979年刑法还处于比较粗糙的立法阶段，但是“麻雀虽小，五脏俱全”。该刑法典共有13章192条，其中总则5章89条，分则8章103条。第一部刑法制定和颁布之初，我国尚处于高度集中的计划经济体制。严格管理的计划经济体制在禁锢生产力的同时也遏制了大量经济犯罪的可能性。因此，1979年刑法典在分则第三章“破坏社会主义市场经济秩序罪”中仅仅规定了15个条文，并以“投机倒把罪”这样的口袋罪加兜底条款来实现对经济犯罪的预防和惩治。

在启动经济体制改革后，我国在刑法典之外颁布了一些专门规制

---

〔1〕 李秀清：《新中国刑事立法移植苏联模式考》，载《法学评论》2002年第6期。

〔2〕 人民出版社：《中华人民共和国第五届全国人民代表大会第一次会议文件》，人民出版社1978年版，第132页。

〔3〕 参见高铭暄、赵秉志编：《新中国刑法立法文献资料总览》（上册），中国人民公安大学出版社1988年版，第365～433页。

破坏市场经济秩序犯罪的单行法律,属于刑法典和单行刑法为主的经济犯罪立法模式。十一届三中全会以后,改革开放的春风吹遍神州大地,经济领域的破冰激发了人们的主动性和创造性,商品经济的发展颠覆了以往平均主义塑造的“稳定”局面。以投机倒把罪为例,“投机倒把罪”的兴与废正是经济体制变迁的一个标签。消灭私商和小商贩的投机倒把是社会主义改造的诱因之一,等到计划经济时期,投机倒把逐渐成为政治罪名。到20世纪80年代,投机倒把罪的一部分内容因经济放活而逐步退出,另一部分因“双轨制”施行而日益突出。[4] 制度上和法律上的落后难以应对经济领域层出不穷的犯罪行为,立法者开始调整思路陆续制定针对性的单行法律法规。自1981年至1997年刑法典全面修订前,近17年的时间内我国通过了25部单行刑法,同时在107部非刑事法律中设置了附属刑法规范。[5] 这些对1979年刑法的补充、修改对经济犯罪立法的影响主要体现在以下几方面:(1)在犯罪主体上,增加了某些罪的单位犯罪规定;(2)在分则罪名上补充规定了133个新罪名,1979年刑法只有129个罪名,但是在1997年修订的刑法典通过之前,罪名已经增长至262个;(3)在法条适用上,通过“比照”的立法方式扩大了刑法分则对某些条文(如1979年《刑法》第187条“玩忽职守罪”、第188条“徇私枉法罪”)所规定犯罪的适用范围。[6] 中国共产党第十四次全国代表大会通过了建立社会主义市场经济体制的决定,因而在各方面发生了很多深刻变化。市场经济中涌现的违法行为和犯罪行为亟须定义、分类和规制。如图一所示,针对破坏市场经济秩序犯罪的单行刑法就涉及环境犯罪、知识产权犯罪、公司犯罪等各个经济领域。因此这种附属性的刑事法律规范和刑法典、单行刑法一起构建了当时经济犯罪领域的刑事法律防控体系。这期间的

---

〔4〕 张学兵:《当代中国史上投机倒把罪的兴废——以经济体制的变迁为视角》,载《中共党史研究》2011年第5期。

〔5〕 参见高铭暄、赵秉志:《中国刑法立法之演进》,法律出版社2007年版,第42页。

〔6〕 参见高铭暄:《中华人民共和国刑法的孕育诞生和发展完善》,北京大学出版社2012年版,第4~6页。

特别刑法规范在条文数量上远远超过了刑法典，并且各种刑法规范相互交织，罪刑关系很不协调、刑事立法缺乏总体规划等。由于这些矛盾十分突出，因而要求制定统一、全面而系统的刑法典的呼声日益高涨。[7]

二、现行刑法颁行时的修订内容

1997 年现行《刑法》的修订吸收了单行刑法和附属刑法的刑事法律规范，建立了经济犯罪的多元立法模式。1988 年 7 月，《七届全国人大常委会工作要点》将刑法典的修订工作正式列入立法规划。在调查研究、开座谈会、汇编条文、征求意见、草拟刑法草案等流程后，立法工作机关在 1996 年将一部较为成熟的刑法修订草案提交给第八届全国人大常委会进行审议。1997 年 3 月 14 日，第八届全国人民代表大会审议通过了修订的《中华人民共和国刑法》即 1997 年刑法典，并规定自 1997 年 10 月 1 日起施行。1997 年刑法典共有 15 章 452 条，其中总则 5 章 101 条，分则 10 章 350 条，附则 1 条，其中包含罪名 412 个，吸收自单行刑法和附属刑法的罪名共有 132 个，源自 1979 年刑法典的罪名共有 116 个，修订过程中新增的罪名共有 164 个。

现行刑法将一些民事法规、经济法规和行政法规中相关的刑法内容吸收为刑法典中的具体条款后并未宣布这些法规中的刑事内容条款失效，也并没有像之前宣布诸多单行型刑法规范失效，于是经济犯罪的刑事立法模式就存在多层次、多体系的现象和特征。以走私罪为例，我国在 1987 年就制定了《海关法》，肯定了法人可以成为行政犯（如走私罪）的犯罪主体，该法在第 47 条第 1 款、第 2 款规定了走私罪概念，在接下来的第 4 款规定单位也可以成为走私罪的惩罚对象。“企业事业单位、国家机关、社会团体犯本罪的，由司法机关对其主管人员和直接责任人员依法追究刑事责任；对该单位判处罚金，判处没收走私货物、物品、走私运输工具和违法所得。”1997 年刑法修订时，就吸收了《海关法》的规定，在总则部分明确肯定了单位的刑事责任，根本上解决了行

[7] 参见赵秉志：《当代中国刑法法典化研究》，载《法学研究》2014 年第 6 期。

政犯的单位犯罪主体问题。同时，2013 年《海关法》在第八章“法律责任”部分依然规定了违反海关法的民事责任、行政责任和刑事责任。该法第 82 条规定：“违反本法及有关法律、行政法规，逃避海关监管，偷逃应纳税款、逃避国家有关进出境的禁止性或者限制性管理，有下列情形之一的，是走私行为：(1)运输、携带、邮寄国家禁止或者限制进出境货物、物品或者依法应当缴纳税款的货物、物品进出境的……(3)有逃避海关监管，构成走私的其他行为的。有第一款所列行为之一，构成犯罪的，依法追究刑事责任。”该法第 91 条规定：“违反本法规定进出口侵犯中华人民共和国法律、行政法规保护的知识产权的货物的，由海关依法没收侵权货物，并处以罚款；构成犯罪的，依法追究刑事责任。”

总体而言，1997 年刑法典是新中国历史上最完备、最系统也是最与时俱进的刑法典。当时全国人大常委会副委员长王汉斌就曾指出：要制定一部统一的、比较完备的刑法典。首先，1997 刑法典修订将刑法实施 17 年以来全国人大常委会作出的有关刑法修改补充规定和决定都纳入刑法，将其他前置性法律法规中“依照”“比照”刑法追究刑事责任的规定改为具体的刑法条款，将拟制定的反贪污贿赂法独立成章纳入刑法，对于新出现的需要追究刑事责任的犯罪行为，经过研究认为比较成熟的也拟出规定并加入刑法。（参见表 1）其次，对一些原来笼统性、原则性的规定，尽量将其明确化和具体化。以现行《刑法》第 143 条“生产、销售不符合安全标准的食品罪”为例，1979 年刑法典中并没有规定，因为当时并没有明确的卫生食品标准。1993 年，全国人大常委会为了遏制市场经济中日渐猖獗的生产、销售不符合卫生标准食品的犯罪现象，专门审议通过了《伪劣商品犯罪的决定》。该决定第 3 条第 1 款规定了生产、销售不符合卫生标准的食品罪的具体罪状和刑罚，1997 年刑法典所规定的“生产、销售不符合卫生标准的食品罪”就是在该决定的基础上调整而成，不但明确了罚金的数额，将原先规定的实害犯改为危险犯，而且也将法定刑由原来的两档调整为更加具体、分明的三个档次。最后，注意保持法律的连续性和稳定性，对于刑法的原有规定，包括文字表述和量刑规定，能够不加修改的就尽量保持原样。根据这些指导思想,1979 年《刑法》分则第三章“破坏社会主义经济秩序罪”被修改为“破坏社会主义市场经济秩序罪”,条文从原来的 15 条增加到 92 条,并将涉及市场经济犯罪的 12 个补充规定几乎全部吸收进破坏社会主义市场经济当中。根据第一部《刑法》实施以来的情况,原来按照投机倒把罪追究刑事责任的具体行为按照具体情况分别纳入生产、销售伪劣商品罪和破坏金融管理秩序罪之中,在扰乱市场秩序罪之中对合同诈骗、非法经营专营专卖物品、买卖进出口许可证等犯罪行为作了专门规定,将贪污贿赂犯罪独立成章。从 1997 年《刑法》修订的指导思想和实际情形来看,全国人大想制定一部统一而比较完备的刑法典。刑法学界也有人曾乐观估计,在未来的十几年中刑法不会再有大的变动。[8] 事实上,它也的确在甄别、修改原有刑法规范的基础上又大量补充了刑法典外的刑事法律规范,其修法幅度之大、涉及范围之广都实属罕见。1997 年刑法典不但明确规定了罪刑法定、适用刑法人人平等和罪责刑相适应这三项现代刑法的基本原则,而且废止了有罪类推制度,也取消或分解了法条内容宽泛模糊的投机倒把罪、流氓罪和玩忽职守罪等三大“口袋罪”,从而基本实现了刑法典的现代化并突出了人权保障的机能。[9]

表 1　1997《刑法》修订前针对破坏市场经济秩序犯罪的单行法规

颁发时间	法律法规名称
1982 年 3 月	《关于严惩严重破坏经济的罪犯的决定》
1988 年 1 月	《关于惩治走私罪的补充规定》《关于惩治贪污贿赂罪的补充规定》

〔8〕 参见杨兴培、李翔:《经济犯罪和经济刑法研究》,北京大学出版社 2009 年版,第 389～390 页。

〔9〕 赵秉志:《积极促进刑法立法的改革与完善——纪念 97 刑法典颁行 10 周年感言》,载《法学》2007 年第 9 期。

续表

颁发时间	法律法规名称
1988 年 11 月	《关于惩治捕杀国家重点保护的珍贵、濒危野生动物犯罪的补充规定》
1990 年 12 月	《关于惩治走私、制作、贩卖、传播淫秽物品的犯罪分子的决定》
1992 年 9 月	《关于惩治偷税、抗税犯罪的补充规定》
1993 年 2 月	《关于惩治假冒注册商标犯罪的补充规定》
1993 年 7 月	《关于惩治生产、销售伪劣商品犯罪的决定》
1994 年 7 月	《关于惩治侵犯著作权的犯罪的决定》
1995 年 2 月	《关于惩治违反公司法的犯罪的决定》
1995 年 10 月	《关于惩治虚开、伪造和非法出售增值税专用发票犯罪的决定》

三、现行刑法颁行后的密集改动

事与愿违，1997 年刑法典并没有如立法者一开始所期望那样达成垂范久远的目标，反而经历了单行刑法、立法解释、刑法修正案和司法解释的密集改动，刑法典的稳定性荡然无存。现行刑法的立法者在 1997 年制订刑法典时，没有充分理解经济犯罪领域的特点，社会经济的迅猛发展更是立法者始料未及，因而也注定 1997 年刑法陷入了不得不改、不得不动的境地。在 1997 年刑法典刚刚生效没多久，全国人大常委会就在 1998 年制定颁布了《关于惩治骗购外汇、逃汇和非法买卖外汇犯罪的决定》，在其中增设了骗购外汇罪，非法存放、转移外汇罪等新罪名。该决定第 1 条规定："有下列情形之一，骗购外汇，数额较大的，处五年以下有期徒刑或者拘役，并处骗购外汇数额百分之五以上百分之三十以下罚金；数额巨大或者有其他严重情节的，处五年以上十年以下有期徒刑，并处骗购外汇数额百分之五以上百分之三十以下罚金；数额特别巨大或者有其他特别严重情节的，处十年以上有期徒刑或者无期徒刑，并处骗购外汇数额百分之五以上百分之三十以下罚金或者没收财产：(1)使用伪造、变造的海关签发的报关单、进口证明、外汇管理部门核准件等凭证和单据的；(2)重复使用海关签发的报关单、进口证明、外汇管理部门核准件等凭证和单据的；(3)以其他方式骗购外汇的。伪造、变造海关签发的报关单、进口证明、外汇管理部门核准件等凭证和单据，并用于骗购外汇的，依照前款的规定从重处罚。"《决定》在1997刑法典之外设置了新的罪名、罪状和刑罚，改变了刑法典一统刑事领域的格局。如表2所示，此后单行性的刑法规范相继出台，包括《关于取缔邪教组织、防范和惩治邪教活动的决定》《关于维护互联网安全的决定》《关于加强反恐怖工作有关问题的决定》。其中，《关于维护互联网安全的决定》明确了侵犯互联网安全犯罪的各种类型，也与经济领域的犯罪密切相关。单行刑法作为一种刑法典之外的立法模式而体现在我国刑事法学领域。

表2　1997刑法后颁发的单行刑法

颁发年份	名称	主要内容
1998年	《全国人民代表大会常务委员会关于惩治骗购外汇、逃汇和非法买卖外汇犯罪的决定》	增设了骗购外汇罪、非法存放、转移外汇罪
1999年	《关于取缔邪教组织、防范和惩治邪教活动的决定》	确定邪教属于犯罪
2000年	《关于维护互联网安全的决定》	明确侵犯互联网安全犯罪的各种类型
2011年	《关于加强反恐怖工作有关问题的决定》	反恐怖工作的刑法适用及资产处置程序等问题

刑法立法解释是对刑法条款的具体内容加以阐明，其效力与刑法典的文本效力等同。如表3所示，《关于〈中华人民共和国刑法〉有关信用卡规定的解释》《关于〈中华人民共和国刑法〉有关出口退税、抵扣税款的其他发票规定的解释》《关于〈中华人民共和国刑法〉第158条、

第 159 条的解释》等都是对经济犯罪相关概念的解释。以信用卡的定义为例，中国人民银行在 1996 年发布的《信用卡业务管理办法》认为信用卡包含贷记卡和借记卡，然后随着银行业与国际接轨，中国人民银行在 1999 年发布《银行卡业务管理办法》，用银行卡取代信用卡的概念，包含贷记卡和借记卡。那么，1997 年制定的现行刑法中“信用卡”的含义是否需要随之而改变就充满争议。有学者认为刑法对专业名词的理解应该同专业领域法律保持一致，如果《刑法》固守原有概念将所有银行卡都认为是信用卡就会罔顾事实地混淆信用卡与非信用卡的界限。〔10〕也有学者认为现行《刑法》中的信用卡在立法本意上是广义的信用卡，不能因为行政规范中的名称变更而改变《刑法》的确定内容，信用卡的本质特征是一种信用支付工具，透支只是其众多功能之一，不应该将功能和特征等而视之。〔11〕2004 年 12 月 29 日，第十届全国人大常委会委员会第十三次会议通过《关于〈中华人民共和国刑法〉有关信用卡规定的解释》，明确《刑法》规定的“信用卡”是指由商业银行或者其他金融机构发行的具有消费支付、信用贷款、转账结算、存取现金等全部功能或部分功能的电子支付卡，即包含了借记卡。

表 3 针对 1997 刑法的立法解释

颁发年月	名称	主要内容
2000 年 4 月	《关于〈中华人民共和国刑法〉第九十三条第二款的解释》	明确“其他依照法律从事公务的人员”
2001 年 8 月	《关于〈中华人民共和国刑法〉第二百二十八条、第三百四十二条、第四百一十条的解释》	“违反土地管理法规”的含义

〔10〕参见赵秉志主编：《新千年刑法热点问题研究与适用》（下），中国检察出版社 2001 年版，第 1252 页。

〔11〕参见赵秉志主编：《新千年刑法热点问题研究与适用》（下），中国检察出版社 2001 年版，第 1397 ~ 1398 页。

续表

颁发年月	名称	主要内容
2002 年 4 月	《关于〈中华人民共和国刑法〉第二百九十四条第一款的解释》	“黑社会性质的组织”的认定
2002 年 4 月	《关于〈中华人民共和国刑法〉第三百八十四条第一款的解释》	挪用公款“归个人使用”的情形认定
2002 年 8 月	《关于〈中华人民共和国刑法〉第三百一十三条的解释》	明确“人民法院的判决、裁定”
2002 年 12 月	《关于〈中华人民共和国刑法〉第九章渎职罪主体适用问题的解释》	渎职罪主体适用问题的解释
2004 年 12 月	《关于〈中华人民共和国刑法〉有关信用卡规定的解释》	信用卡的定义
2005 年 12 月	《关于〈中华人民共和国刑法〉有关出口退税、抵扣税款的其他发票规定的解释》	出口退税、抵扣税款的其他发票规定的含义
2005 年 12 月	《关于〈中华人民共和国刑法〉有关文物的规定适用于具有科学价值的古脊椎动物化石、古人类化石的解释》	文物的定义和范围
2014 年 4 月	《关于〈中华人民共和国刑法〉第三十条的解释》	规定追究单位刑事责任的情况下，追究自然人刑事责任
2014 年 4 月	《关于〈中华人民共和国刑法〉第一百五十八条、第一百五十九条的解释》	只适用依法实行注册资本实缴登记制的公司
2014 年 4 月	《关于〈中华人民共和国刑法〉第二百六十六条的解释》	诈骗社会保险待遇的，属于诈骗公私财物
2014 年 4 月	《关于〈中华人民共和国刑法〉第三百四十一条、第三百一十二条的解释》	非法狩猎的野生动物属于“犯罪所得”

刑法修正案对经济犯罪的修改十分频繁,涉及罪名的修改和增加,罪状的修改以及法定刑的修改。如表4所示,除了2001年8月《刑法修正案(二)》外,我国历次刑法修正案都涉及经济犯罪的修改,尤其是2006年6月的《刑法修正案(六)》,其70%左右内容都与经济犯罪相关。比如,在罪名修改和增加上,该修正案将"提供虚假财会报告罪"修改为"违规披露、不披露重要信息罪",新增"虚假破产罪""背信运用受托财产罪"等。在罪状修改上,对洗钱罪增加了上游犯罪的种类,拓宽了该罪的管辖范围。在法定刑修改上,对于操纵证券、期货市场罪由倍比罚金改为了罚金,对单位直接责任人员的单独处罚改为与一般主体同样的处罚,实质上增加了罚金刑。

表4 历年刑法修正案涉及的部分经济犯罪刑法规范修改

1999年12月《刑法修正案(一)》	惩治隐匿或故意销毁应当保存的会计凭证、会计账簿、财务会计报告罪等
2001年8月《刑法修正案(二)》	惩治非法占用耕地、林地等农用地的犯罪
2001年12月《刑法修正案(三)》	修改洗钱罪,将其"上游犯罪"扩展到恐怖活动犯罪
2002年12月《刑法修正案(四)》	惩治破坏社会主义市场经济秩序和国家机关工作人员的渎职犯罪行为
2005年2月《刑法修正案(五)》	惩治信用卡方面的经济犯罪行为
2006年6月《刑法修正案(六)》	70%左右内容涉及经济犯罪,丰富金融犯罪构成要件,虚假破产、背信损害上市公司等行为入罪
2009年2月《刑法修正案(七)》	走私国家禁止进出口的货物、货品罪,修改内幕交易、泄露内幕信息罪等
2011年2月《刑法修正案(八)》	第一次取消了9个经济犯罪的死刑罪名
2015年8月《刑法修正案(九)》	增加从业禁止、对非国家工作人员行贿罪、废除伪造货币罪死刑等
2017年11月《刑法修正案(十)》	增加"侮辱国歌罪",不涉及经济犯罪

为了应对经济犯罪,我国司法部门往往以司法解释的形式对法律适用的疑难进行进一步的说明,但是司法解释之多已经到了不见刑法典,只见司法解释的地步。以恶意透支信用卡为例,《刑法》第196条规定:"恶意透支是指持卡人以非法占有为目的,超过规定限额或规定期限透支,并且经发卡银行催收后仍不归还的行为。"但是如何界定"以非法占有为目的"是无数实践经验的总结,"两高"在2009年12月颁发的《关于办理妨害信用卡管理刑事案件具体应用法律若干问题的解释》中规定了应当认定为"非法占有为目的"的典型行为类型:"(一)明知没有还款能力而大量透支,无法归还的;(二)肆意挥霍透支的资金,无法归还的;(三)透支后逃匿、改变联系方式,逃避银行催收的;(四)抽逃、转移资金,隐匿财产,逃避还款的;(五)使用透支的资金进行违法犯罪活动的;(六)其他非法占有资金,拒不归还的行为。"同时指出,"恶意透支的数额是指在第一款规定的条件下持卡人拒不归还的数额或者尚未归还的数额,不包括复利、滞纳金、手续费等发卡银行收取的费用。"长此以往,司法解释大有架空刑法典之势,加上司法解释缺乏系统的整理和协调,似乎又回到了1997年刑法修订之前各种刑事法律规范罗列铺陈却散乱不堪的局面。

第二节　我国经济犯罪立法模式的反思

如上所述,我国自1997年《刑法》颁行以来并没有如意料之中迎来稳定的刑法典模式,反而陷入了刑事法律规范修改愈演愈烈的怪圈。我国当前的经济犯罪立法模式以刑法典为主、以刑法修正案和单行刑法为辅、以各经济领域前置性法律法规中的刑事法律规范为补充,构建了多层次、多维度的经济犯罪刑事立法体系。然而,这种立法体系和立法模式却存在以下几大问题。

一、现实发展情势的适应障碍

我国当前的经济犯罪立法模式无法适应经济领域现实发展的需要。以刑法典为主的立法模式在面对层出不穷的经济犯罪时会陷入一个两难的境地:若及时修改以回应现实需要,刑法典则会丧失基本法典的稳定性,这会损害法典本身的权威性和预期性;若保持不变,则势必造成经济犯罪防治上的法律缺位,出现无法可依、徒呼奈何的困境。我们或许可以采取单行刑法或附属刑法的方式。然而,以单行刑法的方式对刑法条文进行更新、修改的模式一直遭到理论界和实务界的普遍反对,立法者最终还是决定采取修正案的方式对刑法进行修改,如此一来每一次刑法修正案的出台就意味着刑法典本身的变动。若是以附属刑法的方式进行修改则可避免刑法典的变动,但是我国附属刑法的立法方式往往不具备具体的罪状,甚至不表明具体参考的刑法条文,如此一来附属刑法只流于表面的形式主义,缺乏刑事法律规范的实质内涵。

商品经济本身就是充满各种活跃生产要素的流通和创新,而互联网经济的兴起让传统刑法面临前所未有的挑战。我国刑法对破坏市场秩序和金融秩序的行为设立了相应的罪名。虽然刑事法律关系在理论上并不常见诸笔端,但检察院代表国家对被告人进行起诉,法院代表国家行使审判权,辩护人代表被告人实施辩护已经在实践中形成了刑事法律关系。具体到互联网金融,从大数据金融模式下对公民个人信息利用的角度,行为人可能构成非法获取公民个人信息罪,出售、非法提供公民个人信息罪;从用资人的角度,行为人可能涉嫌非法吸收公众存款罪,集资诈骗罪,高利转贷罪;从出资人的角度,行为人可能面临诈骗罪,集资诈骗罪的风险;最为重要的,从网络融资平台的角度来看,平台可能涉及非法吸收公众存款罪,集资诈骗罪,非法经营罪,擅自设立金融机构罪,吸收客户资金不入账罪,挪用资金罪,挪用公款罪,背信运用资金罪,违法运用资金罪和洗钱罪。互联网金融中,互联网依然是推行金融创新和实现金融功能的工具。作为工具,自然也能被运用工具之人误用、滥用、错用以至于构成各种犯罪。我们常说,“刑法看行为,民法看关系”,出资人、网络融资平台和用资人能否构成上述罪名取决于其具体的主观过错和客观行为。但由于法律本身的滞后性和经济领域本身的创新性,新兴领域中的具体行为注定不能严丝合缝地为刑法典规范所涵摄。

以互联网金融领域中的具体问题为例，网络融资平台的沉淀资金和法定孳息归属问题处于权属不明的状态，我们有时候难以仅仅通过刑法解释学解决疑难，而是需要前置性法律或刑法条文加以明确。除却第三方支付机构沉淀资金归属问题外，对于类似具有沉淀资金性质的业务行为也应引发人们的思考。以春节期间大行其道的“抢红包”活动为例，“红包”一直是网络平台吸引用户、推销产品的惯用手段，但随着阿里巴巴旗下支付宝和腾讯旗下微信的加入，“抢红包”活动引发了全民参与的热情。支付宝推出了“新年讨红包”活动，分为“讨彩头”“发红包”两部分。微信则进一步地从“一对一”发展到“一对多”群模式，分为“拼手气群红包”“普通红包”两部分。发红包和收红包双方都需要用银行卡绑定账户，用户抢到红包之后的资金却并非马上到达该用户账户；有些用户因为手续的麻烦和红包的小额，甚至会在抢到红包后弃之不取。也许单个用户的红包数额可忽略不计，但春节期间，一天就有 500 万人参与了微信抢红包，这些放置在经营方账户的沉淀资金规模庞大，其资金流向和收益却被完全忽视。经营业务活动的创新本无可厚非，但由于沉淀资金及其收益的归属不明，就容易引发对庞大资金合法性问题的争议。2010 年《关于审理非法集资刑事案件具体应用法律若干问题的解释》（以下简称 2010 年《解释》）第 3 条规定，“非法吸收公众或者变相吸收公众存款罪，具有下列情形之一的，应当依法追究刑事责任：(1) 个人非法吸收或者变相吸收公众存款，数额在 20 万元以上的，单位非法吸收或变相吸收公众存款，数额在 100 万元以上的；(2) 个人非法吸收或者变相吸收公众存款对象 30 人以上的，单位非法吸收或者变相吸收公众存款对象 150 人以上的……”“抢红包”活动引发的沉淀资金和涉及对象会分别超过 100 万元和 150 人，若实际收益归经营方所有，我们就需考虑其是否符合非法吸收公众存款或变相吸收公众存款中的非法性问题，若能认定具备“非法性”特征，则恐有涉嫌变相吸收公众存款之险。当然，“刑法是一种两次性的规范形式，犯罪是一种两次性的违法行为”，若前置法不能明确其违法，刑法则不应单兵突进地积极惩罚，这样的刑法难免会让人们畏手畏脚而裹足不前，无所适从而手足无措。[12]

二、刑法典本身的频繁变动

我国当前的经济犯罪立法模式只能依靠刑法修正案的方式加以更新，从而造成了刑法典本身持续的变动。在《关于惩治骗购外汇、逃汇和非法买卖外汇的决定》颁布后，立法机关担忧这种对刑法的修改方式会造成刑法条文冗杂。为了维护刑法典的完整和稳定，对后来国务院提出的《关于惩治违反会计法犯罪的决定（草案）》《关于惩治期货犯罪的决定（草案）》的立法建议采取直接吸收的方式，同时也借鉴了美国的宪法修正案模式，即以刑法修正案模式来修改《刑法》，于是 1999 年 12 月，九届人大常委会第十三次会议审议通过了我国历史上第一部《刑法修正案》，开创了我国刑法修改的基本模式。

我国之所以采取刑法修正案的方式是因为一方面我国没有“行政刑法”的传统，附属刑法中的刑事法律规范只起到简单的“标示”作用；另一方面是希望避免单行刑法的修改方式造成刑法典本身的臃肿和膨胀。但是，事实证明由于我国对经济犯罪和其他犯罪采取一样的立法模式，面对经济犯罪领域层出不穷的新情况不得不频繁动用刑法修正案来修改刑法，因而导致了极力避免的刑事法律的臃肿和膨胀。首先，我国刑法修改幅度大。我国经济犯罪主要规定在第三章破坏社会主义市场经济秩序罪，《刑法》分则第五章规定的职务侵占罪、挪用资金罪、挪用特定款物罪，《刑法》分则第六章规定的破坏环境资源罪、走私毒品犯罪和《刑法》分则第八章规定的贪污贿赂罪中。以我国第三章破坏社会主义市场经济秩序罪为例，所涉罪名达 100 多个，占刑法总罪名近 1/4。可以说，经济刑法一直是我国刑法修改、完善中最活跃的领

〔12〕　参见郑旭江：《互联网金融的法律分析》，载《西华大学学报》（哲学社会科学版）2014 年第 6 期。

域。[13] 具体来说,《刑法修正案(一)》修改罪名 7 个,增加罪名 1 个;《刑法修正案(二)》未增改罪名;《刑法修正案(三)》修改罪名 1 个;《刑法修正案(四)》修改罪名 4 个;《刑法修正案(五)》修改罪名 1 个,新增罪名 1 个;《刑法修正案(六)》修改罪名 8 个,新增罪名 5 个;《刑法修正案(七)》修改罪名 4 个,新增罪名 2 个;《刑法修正案(八)》修改罪名 19 个,新增罪名 3 个。《刑法修正案(一)》到《刑法修正案(八)》共计修改罪名次数 64 次,除去重复修正罪名,修改罪名 61 个,新增罪名 12 个。如果将拆解罪名加上共有新罪名 13 个,涉及 74 个罪名,占破坏社会主义市场经济秩序罪罪名总数的 69%。[14] 其次,我国刑法修改频率高。其实我们仔细回顾一下,刑法自 1997 年 3 月 14 日大规模修订之后的最初几年,基本上是每隔一年多一点时间就修改一次。直到《刑法修正案(六)》(2006 年 6 月 2 日)以后,修改的时间间隔开始稍有延长,其中《刑法修正案(七)》(2009 年 2 月 28 日)与《刑法修正案(八)》(2011 年 2 月 25 日)就时隔近两年,《刑法修正案(八)》与《刑法修正案(九)》2015 年 8 月 29 日时隔四年多,然而,相对于我们这个大国而言,作为基本法律的刑法的修改频率仍然过于频繁。最后,我国刑法修改不科学。在修正案频繁颁布的背景下,立法者表现出对前瞻性和科学性的缺失,这导致刑法中有些条文遭遇重复的修改,如《刑法》第 151 条、第 162 条、第 182 条、第 191 条、第 312 条等,刑法条文刚被上一个刑法修正案修订,没多久又面临下一个刑法修正案的改动,导致刑法本身的权威性和稳定性受到极大的挑战。同时,刑法修改也出现情绪化、浪漫化的色彩。比如,《刑法修正案(八)》增设的危险驾驶罪就是对以刑法来控制交通危险驾驶的呼声的响应。虽然刑罚对此具有强大的威慑力,但是当危险驾驶罪成为一个地方、一个地区或一个国

---

〔13〕 参见王安异:《我国经济刑法的立法根据质疑》,载《中国刑事法杂志》2011 年第 3 期。

〔14〕 参见庄乾龙:《从刑法修正案看经济刑法立法走向》,载《研究生法学》2012 年第 2 期。

家的高频适用罪名，当罪犯的"标签"在广大社会成员中丧失原有的负面评价效应，刑法的威慑力将会遭受重创，并引发一系列刑罚效应。再如，刑法有时候也会在没有前置性法律法规规定的情况下，单兵突进地成为规制经济领域犯罪的"急先锋"，1999 年《期货交易管理暂行条例》以及与之配套的四个办法才正式实施，而在此之前刑法就已经规定了相关犯罪。[15]

从世界法治文明的发展过程来看，法律的相对稳定对于一个国家的法治建设来说十分重要，例如，《法国刑法典》从 1810 年制定后直到 1994 年才进行大规模修订，可为体现法律稳定性之楷模。所以，对一部涉及国家长治久安的治国大典来说，我国的刑事立法者应当对中国社会的发展变化有一个基本的了解和必要的估计，能不修改法律时就尽量不要修改。不能过分强调时下的国情，满足于"社情民意"的需要，更不可盲目追逐社会热点，采取浪漫主义短期立法的心理。我们必须警醒，一种行为是否要作为犯罪加以规制，除了社会危害性之外，也需要考虑这种行为是否已经具有了规模化和类型化，刑罚是否是规制此类行为的不得已的最好选择。一个过分重视刑法在社会治理中作用的政府，是一个执政水平有限的政府，一个总想依靠刑法来"快刀斩乱麻"处理问题的国家是一个不敢创新的国家，一个总想突破前置法的规定"小题大做"威慑潜在风险的民族是一个缺乏自信的民族。因此，刑法作为第二次违法规范形式的产物，它的完善还有赖于首先制定和完善一些前置性的法律为前提条件，刑法的有效执行还有赖于前置性法律的有效执行。[16]

三、刑事法律规范的相互失调

我国刑法典的大幅修改，附属刑法的"标示"条款和司法解释的频繁出台，导致了我国刑事法律规范出现相互失调的不良"症状"。"在现代国家中，法必须适用于总的经济状况，这不仅是它的表现，而且还

---

〔15〕 参见刘宪权：《金融犯罪刑法学专论》，北京大学出版社 2010 年版，第 332 页。

〔16〕 参见杨兴培：《刑法修正案九的得与失》，载《检察风云》2015 年第 20 期。

是不因内在矛盾而自己推翻自己的内部和谐一致的表现。"[17]刑法典、刑法修正案、附属刑法之间常常出现的配合不佳、有所疏漏甚至互相抵牾的情形,最终将会影响刑事法律规范的整体性和协调性。

以证券、期货犯罪为例,我国刑事法律规范就表现出配合不佳的情形。1997 年《刑法》最早对证券犯罪做了比较完整的规定,随后 1998 年颁布的《证券法》在十一章"法律责任"部分涉及证券犯罪,规定"构成犯罪的,依法追究刑事责任"。由于两部法律在有些内容上不一致,所以全国人大常委会又以刑法修正案的方式对刑法相关部分做了修正。具体而言,《证券法》第 178 条、第 179 条规定,"非法开设证券交易场所"与"未经批准并领取业务许可证,擅自设立证券公司经营证券业务的行为"也可构成犯罪。但原《刑法》第 174 条"擅自设立金融机构罪"规定中未包括证券、期货机构等。因而 1999 年刑法修正案对《刑法》第 174 条作了修正,明确规定,"未经国家有关主管部门批准,擅自设立商业银行、证券交易所、期货交易所、证券公司、期货经纪公司、保险公司或者其他金融机构的……构成擅自设立金融机构罪",将原条文的"未经中国人民银行批准"改为"未经国家有关主管部门批准",以适应设立证券公司须经国务院证券监督管理机构审查批准的行政法律规定,同时明确"证券交易所、期货交易所"也属于金融机构,以保持与证券法规定的一致性。

刑法和前置性法律也往往会出现有所疏漏的情形。比如,1997 年《刑法》和 2010 年修正的《著作权法》中的刑事责任条款是我国目前著作权犯罪的法律渊源。《刑法》第 217 条、第 218 条规定了"侵犯著作权罪""销售侵权复制品罪"。《著作权法》第 48 条列举了 8 种侵犯著

---

〔17〕 [德]马克思、[德]恩格斯:《马克思恩格斯选集》(第 4 卷),人民出版社 1972 年,第 483 页。

作权的行为,并规定“构成犯罪的,依法追究刑事责任”。[18] 但是《刑法》第217条侵犯著作权罪只规定了《著作权法》8种侵犯著作权行为中的4项,其他4项无法适用。[19] 再如,2004年12月29日全国人大常委会《关于〈中华人民共和国刑法〉有关信用卡规定的解释》规定,刑法上的“信用卡”不仅包括了民事、经济法律中所指称的信用卡,还包括民事、经济法律中指称的借记卡。这种概念上的差异显然有损于刑法与相关部门法的协调关系,应当加以完善。[20] 再以刑法和前置性法律的配套情况为例,全国人大常委会制定并通过了《关于惩治骗购外汇、逃汇和非法买卖外汇犯罪的决定》,通过增设骗购外汇罪等方式,进一步扩大了外汇犯罪的范围。但随着外汇的市场化和国际化的发展,我国对外汇的管制逐渐放开。原先被认定为犯罪的行为类型可能在不久的将来就在前置性法律中被认可为合法。而上海自由贸易区放开外汇管制的各项法律和政策更是对刑法和前置性法律之间的协调统一、整体配套提出了更高的要求。

刑法和前置性法律法规甚至会出现相互抵牾的情形。以著作权犯罪中“发行”这个专业概念为例,《著作权法》第10条第6款将发行权定位为“以出售或者赠与方式向公众提供作品的原件或者复制件的权利”,既包含了狭义的总发行,也包含了销售等转移作品原件或复制件

---

〔18〕 八种行为分别是(一)未经著作权人许可,复制、发行、表演、放映、广播、汇编、通过信息网络向公众传播其作品的,本法另有规定的除外;(二)出版他人享有专有出版权的图书的;(三)未经表演者许可,复制、发行录有其表演的录音录像制品,或者通过信息网络向公众传播其表演的,本法另有规定的除外;(四)未经录音录像制作者许可,复制、发行、通过信息网络向公众传播其制作的录音录像制品的,本法另有规定的除外;(五)未经许可,播放或者复制广播、电视的,本法另有规定的除外;(六)未经著作权人或者与著作权有关的权利人许可,故意避开或者破坏权利人为其作品、录音录像制品等采取的保护著作权或者与著作权有关的权利的技术措施的,法律、行政法规另有规定的除外;(七)未经著作权人或者与著作权有关的权利人许可,故意删除或者改变作品、录音录像制品等的权利管理电子信息的,法律、行政法规另有规定的除外;(八)制作、出售假冒他人署名的作品。

〔19〕 参见唐稷尧:《论我国经济犯罪的立法模式选择》,载《四川师范大学学报》(社会科学版)2006年第6期。

〔20〕 参见赵秉志、袁彬:《刑法与相关部门法关系的调适》,载《法学》2013年第9期。

的行为。而《刑法》第217条第1款规定,“以营利为目的,未经著作权人许可,复制发行其文字作品、音乐、电影、电视、录像作品、计算机软件及其他作品,违法所得数额较大或有其他严重情节的”构成侵犯著作权罪,第218条规定,“以营利为目的,销售明知是本法第二百一十七条规定的侵权复制品,违法所得数额巨大的,处三年以下有期徒刑或拘役,并处或单处罚金”,为了避免第218条内容不被第217条吸收或覆盖,第217条中的“发行”应理解为不包括销售在内的总发行,由此导致了刑法典中的“发行”概念和行业法律《著作权法》的同类概念失调。随着互联网技术的普及,侵犯著作权人信息网络传播权日益普遍,为了弥补刑法在侵犯信息网络传播权犯罪方面的缺位,2011年的《关于办理侵犯知识产权刑事案件适用法律若干问题的意见》在第12条规定“发行”包括总发行、批发、零售、通过信息网络传播以及出租、展销等活动。而在《著作权法》中,“发行”应是通过转移作品有形载体所有权的方式向公众提供作品的行为,“信息网络传播权”应是“以有线或者无线方式向公众提供作品,使公众可以在其个人选定的时间和地点获得作品的权利”。[21] 美国《版权法》也将Copies和Phonorecords(录音的Copies)定位为“物质载体”(Material Objects)。[22] 由此可见,虽然司法解释对“发行”的扩张性解释可解网络环境下著作权保护的“燃眉之急”,但是终究导致了刑法和前置性法律的矛盾。

第三节　我国经济犯罪立法模式的争议

一、经济犯罪立法模式的各方总结

得益于全球一体化的发展,我们可以在经济联系和学术交往中深度了解世界各地的经济规则和立法模式。经济犯罪立法模式并非要探

〔21〕 参见许其勇:《论经济犯罪的刑民一体化模式——从著作权犯罪切入》,载《福建警察学院学报》2012年第1期。

〔22〕 参见王迁:《网络环境中的著作权保护研究》,法律出版社2013年版,第68页。

寻如何在法律中规定具体的罪状和刑罚，而是研究国家通过何种法律安排和制定经济犯罪的防治策略。以经济犯罪法律渊源为标准，世界各个国家和地区的经济犯罪立法模式主要有以下几种：(1)刑法典规定型。这种方式在国家刑法典中规定经济犯罪的罪状和刑罚，而不假手其他法律。由于经济犯罪的二次违法性、相对复杂性、敏感多变性、鲜明时代性和高度争议性，采取单纯的刑法典规定型的国家几乎没有。(2)附属刑法型。这种方式是在其他非刑事法律中规定经济犯罪的罪状和刑罚，形成与民事责任、行政责任共列一部法律的情形。世界各国多采取这种立法模式，但是在表现形式上存有差异。比如英国因为信奉自由经济和实行判例司法，所以政府机构对经济领域的干预较少，因而其经济犯罪的刑事法律规范常常散见于各种不同的法律当中。而美国在不同时期对经济领域采取不同的管理政策，在需要政府加强管理的时候，就会制定专门的经济法律以保证美国经济的平稳发展。2001年安然丑闻后于2002年颁行的《索克斯法》，2008年金融危机后于2010年制定颁发的《多德-弗兰克法案》就是最好的例证，法案较为集中地规定了经济犯罪的刑事法律规范。(3)特别刑法规定型。这种方式以特别刑法或单行刑法的方式专门规定经济犯罪的罪状和刑罚。特别刑法往往具有很强的针对性，比如美国为了规制经济领域中的内幕交易行为，专门制定1984年《内幕交易制裁法》、1988年《内幕交易与证券欺诈实施法》等，就属于典型的特别刑法规定型。(4)刑法典与附属刑法结合型。这种方式是在刑法典外的前置性法律当中规定经济犯罪的具体罪状，并在责任条款部分点明“构成犯罪的，追究刑事责任”，同时，在刑法典作出内容相同的规定，并确定具体的法定刑。(5)特别刑法与附属刑法结合型。这种方式结合上述(1)(2)两种立法模式，除了在经济法律当中规定具体的经济犯罪外，还在一些单行刑法中针对特定的经济犯罪作出专门规定。一般来说，这种立法模式都是一般先有附属刑法规定，然后再为解决专门问题而制定专门的特别刑法。比如，美国在1933年《证券法》和1934年《证券交易法》附属刑法通过后，又针对内幕交易制定了《内幕交易制裁法》和《内幕交易与证券欺诈实施法》这两部特别刑法。[23]

在多种的经济犯罪立法模式中，我国到底属于何种经济犯罪立法模式也存在一定的争议。有学者认为，我国的经济犯罪立法模式属于刑法典型。虽然我国经济法律当中也存在对经济违法行为的描述，但是在刑事责任条款上总是笼统规定“构成犯罪的，依法追究刑事责任”，且通常没有罪状和法定刑的规定。从严格意义上讲，只有规定了罪状和刑罚的法律规范才能称为刑法规范，在我国只有刑法才对经济犯罪的罪状和刑罚进行了明确规定，因而我国属于刑法典型的经济犯罪立法模式。[24] 有学者认为，我国属于刑法典和特别刑法型的立法模式。同样认为附属刑法不是严格意义上的刑法规范，只有单行刑法像刑法典一样规定了具体罪状和刑罚。以金融犯罪为例，我国经过近20年的立法和司法实践，才将金融犯罪系统规定于刑法典当中，并辅以单行刑法，这种以刑法典为主，单行刑法为辅的刑事法律体系能够较好地发挥预防和打击金融犯罪的作用。[25] 还有学者认为，我国属于刑法典、特别刑法和附属刑法结合型。即承认特别刑法和附属刑法的存在，认为这种除了刑法典外，还保留单行刑法和附属刑法的立法模式是分散的立法模式，可以不受刑法典体系的限制。[26] 笔者认为，我国经济犯罪的立法模式属于刑法典为主、附属刑法为辅，特别刑法为例外的立法模式。我国虽然采取刑法修正案对刑法典进行修改，但是刑法修正案一般被认为是刑法典的组成部分，不是独立的立法模式。关键在于如何认识单行刑法和附属刑法的性质。单行刑法在1997年刑法实行后所产生，并在之后的立法实践中渐渐沉寂，但是我们无法否认单行刑法生效和存在的事实，因此是经济犯罪立法模式的例外。而我国的附属刑法因为只规定“构成犯罪的，依法追究刑事责任”，往往被认为是

---

〔23〕 刘宪权：《金融犯罪刑法学新论》，上海人民出版社2014年版，第63～66页。

〔24〕 参见卢勤忠：《中国金融刑法改革研究》，华东政法学院2004年博士学位论文，第118～119页。

〔25〕 参见胡启忠：《金融刑法适用论》，中国检察出版社2003年版，第24页。

〔26〕 参见刘建：《建构独立的金融刑法学》，载《检察日报》2007年3月23日，第3版。

不符合真正刑法规范的要求。值得注意的是，刑法规范和刑法条文并非等同，附属刑法中的规定也许的确不算典型的刑法条文，但是刑法规范是指规定犯罪和刑罚的法律规范，虽然附属刑法中刑事责任条款只是一个简单的“标示”，但是依然具有指明和强调刑事责任的作用，至于是否便于确认具体刑法条文则是另一个问题。综上所述，我国经济犯罪的立法模式是刑法典为主、附属刑法为辅，特别刑法为例外的立法模式。

二、经济犯罪立法模式的不同方案

针对我国经济犯罪立法模式的问题和反思，不同的学者对我国应该采取何种经济犯罪立法模式都有自己的不同方案，可以说经济犯罪立法模式的主张已涵盖了刑法典、附属刑法、单行刑法和经济刑法典，涉及了国际范围内经济刑法立法模式的所有方式，区别在于对不同立法模式的取舍和组合。以下这些不同的方案是具有代表性的几种方案，建立在学者们对我国当前经济犯罪立法模式的认识和未来经济犯罪立法模式的展望之上，展示了不同的思想交锋和情感倾向。

其一，我国应该推行刑法典和单行刑法的立法模式。中国人民大学肖中华教授采“刑法典和单行刑法说”，认为经济犯罪采取何种立法模式应当立足于本国立法体制机制的现实，顺应国民的犯罪观念，尊重立法技术的合理性，考虑司法适用的便捷性，因而我国今后应仍然积极采取单行刑法的方式来规定经济犯罪，但是要以刑法典集中规定为最终目标。[27] 也有研究认为，我国应该实行多元化的刑事立法模式构建，有必要制定诸如《计算机与网络犯罪法》这样的单行刑法。理由为：首先，网络犯罪领域的立法滞后比传统犯罪更为突出，不少新兴的网络犯罪于法无据难以规制。其次，网络犯罪更新速率远超一般的自然犯罪和传统犯罪，可能出现刑法典一公布就滞后的情形。最后，网络

〔27〕 参见肖中华：《集中是发展方向 散在为存在形态——论经济犯罪立法模式之抉择》，载《法治研究》2010年第5期。

的专业性很强，需要专门的一体化的刑事法反击策略。[28] 总体来说，坚持此种立法方式的人们主要考虑到要顺应国民观念，尊重以刑法典规制经济犯罪的立法传统，但又要顾及经济犯罪的特点，因而支持以单行刑法来应对经济犯罪的发展。

其二，我国应该推行刑法典和附属刑法的立法模式。华东政法大学游伟教授主张"刑法典和附属刑法说"，经济犯罪立法模式的选择要根据经济犯罪的特点做通盘设计，以附属刑法规定为主、刑法典规定为辅的"双轨制"经济犯罪立法模式较为妥当。它使附属刑法规范成为刑法调控经济的主导，同时将某些行为方式相对稳定且典型的经济犯罪规定在刑法典之中，更能兼顾集中性和分散性立法模式的优势。[29] 此种立法旨在兼顾集中性和分散性立法模式的优势，从而避免集中性和分散性立法模式的弱势。集中性立法模式集中规定经济犯罪的罪状和刑罚，使之能够形成条理清晰的法律体系，但是却无法及时应对经济犯罪的新情势，而且出于立法技术的要求，有时也无法用简洁的文字描绘出具体的罪状；而分散性立法正好相反，它们可以在不同的经济法律当中规定罪状和刑罚，但是其呈现出零散状态，使查找和应用法律的成本较高。

其三，我国应该制定专门的《经济犯罪法》或《经济刑法典》。华东政法大学杨兴培教授认为，我们有必要因时设想、因势设制，制定一部相对独立的《经济犯罪法》，俗称"经济刑法"，并就该单独性法规的名称问题、附随性刑事规范问题、立法编纂问题进行探讨。[30] 无独有偶，山东大学刘军教授采"经济刑法典说"，认为统一刑法典的立法模式有利于彰显刑罚威慑效应，吓阻社会潜在的犯罪人。而附属刑法的模式有助于国民形成统一的守法性意识，防止人为地割断行政法与刑法的

---

〔28〕 李怀胜：《论多元化刑事立法模式的建构及方向》，载《山东大学法律评论》2010年第00期。

〔29〕 参见游伟：《经济犯罪立法模式新论》，载《检察日报》2010年2月5日，第003版。

〔30〕 参见杨兴培、李翔：《经济犯罪和经济刑法研究》，北京大学出版社2009年版，第391～394页。

内在关联,因此各有利弊难以取舍。兼顾两者的立法模式便是设立独立的经济刑法典,既可发挥刑法典一般预防的效果,同时又保证附属刑法立法灵活的特性,有助于全景式地对待经济犯罪,立体式地安排刑事政策,并最终实现社会福利的最大化。〔31〕

其四,我国应该坚守当下的刑法典模式。以上都是改变现有经济犯罪立法模式的观点,但也存有坚持刑法典模式的学者,比如北京师范大学博士后王利宾副教授采"刑法典说",认为虽然在国内外,经济犯罪立法模式不乏同时采用刑法典、附属刑法和单行刑法的形式,但在我国,关于经济犯罪的实体性内容即经济犯罪的犯罪构成和刑罚制裁不宜分散于附属刑法或单行刑法之中,而应坚持刑法典集中规定的立法模式。〔32〕 此种立法模式认为,虽然我们当下具有刑法典、附属刑法和单行刑法,但是为了统一刑罚权,建立系统的经济犯罪刑事法律规范,不如采取刑法典模式。与其"大动干戈"地重新确定经济犯罪的立法模式,动摇刑法典在经济犯罪规制上的主导地位,不如采取"镇之以静"的方式坚守现有的经济犯罪立法模式,从而避免法律的动荡不安。

三、经济犯罪立法模式的优劣评估

正如这世界少有放之四海而皆准的标准,所以不同的经济犯罪立法模式也各有优劣,难分高下。一个国家要选择何种经济犯罪立法模式应该建立在对立法模式的评估基础之上,同时更要考虑经济犯罪的属性和特点,反思国家本身的立法传统,吸收域外先进的立法经验,把准当前立法模式的现状和问题,如此一来才有可能作出正确而又具有前瞻性的抉择。以下是我国不同经济犯罪立法形式的优势和劣势,它们的有机组合是经济犯罪立法模式的基础和前提。

第一,刑法典具有稳定性和系统性,但是也意味着它具有滞后性和

---

〔31〕 参见刘军:《我国经济犯罪的立法模式探析》,载《河南省政法管理干部学院学报》2008 年第 5 期。

〔32〕 参见王利宾:《经济犯罪规范化防控研究》,载《刑法论丛》(第 4 卷)2011 年版,第 447 页。

含糊性。1979 年修订刑法时秉持“宜粗不宜细”的指导思想，短期内即暴露出与社会的不相适应之处。1979 年至 1997 年间，立法机关采用单行刑法、附属刑法的模式来惩治新增加的犯罪，因而 1997 年刑法修订时，为了结束刑法典、单行刑法和附属刑法多头治理、混乱零散的治理模式，立法者希望制定一部“统一而完备”的刑法典，在当时的历史情境下具有合理性。刑法典模式有其自身的优势，它在形式上根据不同客体的分类实现犯罪的分类，有新出现的需要规制的犯罪则按照客体分类划入其中一个相应的章节，无法有效归类的话则可单独另设一章或将其归入本身就是“箩筐”的章节，具有形式美和逻辑美；在内容上，刑法典便于专业人士和普通公众的查阅与研究，具有系统性和稳定性。然而，刑法典模式一样也有其难以克服的缺陷。首先，频繁修改损害了刑法典的稳定性，从而造成刑法权威的下降。从 1997 年刑法修订到如今，本以为可以保持十几年甚至几十年不变的刑法典早已经被修改过多次。刑事立法的扩张态势并没有随着刑法典的形成而消失，反而随着社会改革期和经济转型期不断变化的社会关系持续上升。其次，强行将单行刑法、附属刑法纳入刑法典，却不及时进行两者之间的协调和补充，容易造成司法适用上的失调。比如前置性法律中要求按照刑法定罪量刑的，但是刑法却没有规定。例如，《招标投标法》规定：“招标代理机构与招标人、投标人串通，损害国家利益、社会公共利益或其他人合法利益的……构成犯罪的，依法追究刑事责任。”但是，《刑法》第 223 条关于串通投标罪的犯罪主体却只有投标人、招标人，而没有规定招标代理机构，从而使关于招标代理机构参与串标的行为无法追究刑事责任。[33] 最后，由于刑法中空白罪状需要参照前置性法律，而经济领域的法律法规更新速度又十分快速，所以在法典化后节省下来的找法成本又在参照其他法律法规的司法成本中被抵消。

第二，单行型立法虽然能够适应经济犯罪领域的规则需求，因地制

---

〔33〕 参见吴情树：《〈食品安全法〉中刑事责任条款的设定》，载《重庆工商大学学报》2008 年第 6 期。

宜、因时制宜地制定针对性的法律,但是也因此缺乏体系性的制度安排。1997 年刑法修订之前,已经一共颁发 23 个单行型刑事法律,一半以上涉及经济犯罪。单行型立法的优势首先在于其具备灵活性。刑法的修改需要全国人大或全国人大常委会来审议通过。全国人大一年才召开一次,全国人大常委会则每两个月召开一次,且刑法属于国家基本法律,需要做到垂范久远,不可轻易更改。其次是单行型立法具有替代性。《关于惩治走私罪的补充规定》将走私文物的行为纳入走私罪范围,并规定较重法定刑,代替了原《刑法》第 173 条盗运珍贵文物出口罪的规定。最后单行型立法具有补充性。市场经济社会中经济是最为活跃的因素,面对新的经济模式或制度创造时,需要单行型刑事法律法规对刑法典不曾规制的内容加以补充,对已经规定但是不够详尽的地方加以明确。例如,我国 1957 年颁布《国境卫生检疫条例》第 7 条规定:"如果因违反本条例和本条例实施规则而引起检疫传染病的传播或者引起检疫传染病的严重危险,人民法院可以根据轻重依法判处二年以下有期徒刑或者拘役,并处或者单处一千元以上五千元以下罚金。"其缺陷也十分明显,单行刑法往往针对特定犯罪进行调节,无法形成系统性的体系;单行刑法具有调整对象的单一性,局限于要调整的领域;单行刑法更具政策性,制定本身就是出于遏制该类犯罪行为,因而具有天然的"从重从快"的刑事政策倾向。

第三,附属刑法立法模式是更为普遍的立法模式,是从违法到犯罪的"桥梁",但是我国附属刑法的规定过于简单,其概念也容易让人产生刑法和其他法律之间存在附属关系。有学者认为,附属性规范包括三种:一是概括式,是指在附属刑法规范中仅仅概括地规定对某一种或某几种犯罪行为"依法处罚"或者"依法追究刑事责任",至于如何追究刑事责任,要依附刑法典或单行刑法的规定;二是明示式,是指在附属刑法规范中指出或标出该条款所要依附的是哪一具体法律或者哪一法律中的哪一条款或哪一罪名;三是比照式,是指附属刑法规范对其规定的新的犯罪行为,只规定罪名与罪状,而其法定刑则比照刑法典或单行刑法某一条款处罚的立法方式。[34] 或者，我们也可以将附属刑法分为两类：一是原则性规定，在其他法规中原则性规定情节严重构成犯罪的，应当追究刑事责任。例如，《商标法》第 40 条规定：假冒他人注册商标，构成犯罪的，除赔偿被侵权人损失外，依法追究刑事责任。二是指示性规定，在法规中明确规定某种违法行为情节严重构成犯罪的，按照《刑法》中的某一具体条款处以刑罚，类似于"明示式"和"比照式"的附属性规范。比如《传染病防治法》第 38 条规定，违反有关规定造成传染病菌种、毒种扩散，后果严重的，依照《刑法》第 115 条规定追究刑事责任。附属型立法模式的优势在于，在一部法律中同时规定各种法律责任，设定轻重妥当的法律责任梯度，涵盖一般经济违法行为和经济犯罪行为的惩罚和预防。与专门行业法律法规的结合有助于帮助人们理解经济犯罪构成要件的内涵，实现准确的定罪量刑。同时经济犯罪的专业性和智能性需要打破学科界限，形成知识共享和智能合作，从而保证相关行业专业法律法规下的附属刑法条款更具科学性和专业性。然而，我国的附属刑法属于原则性规定，并没有发挥附属刑法的真正作用。附属刑法的提法也容易让人产生刑法和其他法律之间的高低之争，忽略了刑事法律规范之间并不存在"主仆"或"高低"的区别，而是一个不可分割的有机整体。

第四，刑法修正案立法模式已经成为现行刑法颁行后最主要的立法修改模式，虽然没有严重伤及刑法的体系性，但是却破坏了刑法的稳定性。作为我国自 1997 年后通行已久的刑法修改方式，刑法修正案早已取代之前的单行刑法或附属刑法修正模式成为刑法修改的主要形式。回顾历次刑法修改的轨迹，我们的确可以看到刑法修正案这一修正模式的优势。它既可以灵活地根据需要对刑法进行更新和修改，又能兼顾刑法典本身的体系而不加以破坏，但关键是刑法修正案如此高频率的修改几时能休呢？对此有学者认为应以刑法修正案和刑法立法

---

〔34〕 参见郝守才：《附属刑法立法模式的比较与优化》，载《现代法学》1996 年第 4 期。

解释两种方式作为刑法修正的模式,[35]有的则认为应以刑法修正案为主、单行刑法为辅作为刑法修正的立场。[36]一方面无论采取何种形式加以补足,刑法修正案如此高频的出台都有转型的中国社会对刑事立法的客观需求和路径依赖;另一方面也折射出了社会大众和立法机关对刑事立法的主观热衷和定力不足。首先,从条文的逻辑结构看,有时候刑法修正案新增加的犯罪无法合理嵌入刑法典当中。刑法典是按照犯罪所侵犯的犯罪客体轻重有序地对各类犯罪分门别类,讲究法条之间的逻辑结构和条文之间的内在关系。而刑法修正案增加的犯罪不一定都能融入当中,只能被规定为某某条之一的结构,造成了对刑法典本身形式美的破坏。其次,刑法修正案如上所述地对同一条法律条文反复修改,表现了刑法修正案本身缺乏足够的前瞻性。最后,刑法修正案无力改变经济犯罪的属性和特点,更无法无视转型社会时期经济领域的日新月异,刑法修正案越方便使用就越会被使用,越被使用就越远离当初制定垂范久远的刑法典的初衷。

---

〔35〕 参见郭泽强:《从立法技术层面看刑法修正案》,载《法学》2011 年第 4 期。

〔36〕 参见赵秉志、王俊平:《改革开放三十年的我国刑法立法》,载《河北法学》2008 年第 11 期。

第六章　经济违法犯罪法律责任立法一体化的趋势和意义

第一节　经济违法犯罪刑事立法模式的主动突围

一、经济犯罪刑事立法模式的创新

经济违法犯罪法律责任一体化是对我国经济犯罪刑事立法模式的创新。如前文所述，刑法典、单行刑法、附属刑法和刑法修正案模式是我国目前刑事法律规范的法律渊源，不同的刑事立法模式也是基于上述法律渊源的应用和组合。为了尽可能借鉴各自法律渊源的优势，避免各自的内在缺陷，我们不应该局限于具体修改方式如何组合，而应放眼整个刑事法学领域的维度，推行和建立新型的经济犯罪刑事立法模式——经济违法犯罪法律责任立法一体化。具体来说，首先，经济违法犯罪法律责任立法一体化要立足于整理和研究附属刑法法律规范的具体规定。不同的经济犯罪领域如知识产权犯罪、环境犯罪或公司犯罪都有其各自经济领域的专有特征。附属刑法中的违法行为类型是该类经济犯罪的“指向标”,有助于明确刑事司法实践对该类犯罪的理解。其次,要借鉴刑法典和刑法修正案中已有的刑事法律规范规定。对于典型的经济犯罪类型,可将该类法律规范剥离刑法典而与附属刑法规范相融合。刑法典立法模式固然有种种优势,但是它无法克服在经济领域犯罪防治中固有的内在逻辑缺陷,其大一统的立法模式在新型的经济犯罪趋势面前也难以为继。日本学者穗积陈重对法典之范围认为:“法典之范围,当便宜画定。非必一切法律,悉编入一法典之中。如民法法典中,画其关于商事者,别为商法;刑法法典中,画其关于军人犯罪者,别为海陆军刑法。此其最著者也。”[1]最后,立法者要吸收经济犯罪相关司法解释和前置性法律法规之内容,从而建立经济领域内专业的一体化刑事立法。尽管刑法典和刑法修正案中已有经济犯罪方面的规定,但是在我国,司法解释往往起到查漏补缺之作用,要想建立融合前置性法律法规、刑法典和单行刑法规范的一体化刑事立法必须要参考经济犯罪的具体规定,从而与现在点到为止、规定不明的附属刑法相区分。也许有人会担心,若在经济犯罪的附属刑法中建立法律责任一体化,是否会同样面临刑法典所面临的问题,即使附属刑法所在的法律也陷入频繁变更的情形。事实上,这个问题的前提是我们该如何看待法律的稳定性和适应性。若是注定需要更新法律来实现对经济犯罪的预防和治理,那么无论在程序上还是实体上,经济领域的专业性法律的修改都要比我国刑法典的修改更为方便和适宜。

二、古代经济犯罪立法策略的参考

我国古代经济犯罪立法由于其本身的经济属性,经历了分散—集中—独立的演化,其“统分结合”的立法模式值得借鉴。犯罪的刑事立法调整需要处理刑法和其他前置性法律特别是行政法、民法或商法的关系,由此就需要考察刑法和民法的历史演变和立法模式。中华法系

---

[1] 方潇:《“法典”意向变迁考——以中国语境为核心》,载《比较法研究》2005 年第 2 期。

曾被冠以“诸法合体、刑民不分”的立法特点，但法律史学者曾系统地对中华法系刑民不分说予以批驳，指出“刑民不分，诸法合体”主要指法典的编纂形式，而非法律体系。[2] 以往我们习惯性地接受我国古代在立法模式上“诸法合体、刑民不分”的定性，视这种在同一部法律上规定民事责任、刑事责任的立法方式为我国封建时代法治落后的一个重要表现。在《大清新刑律》成为我国第一部现代意义上的专门刑法典后，我们便一直极力避免在前置性法律法规中出现具体明确的刑事责任的情形，正所谓“好马不吃回头草”，因为一旦采取这种立法模式，就意味着我们好像陷入了“历史的倒退”。但是，就像第三章“经济犯罪立法模式的历史考察”所分析的，我国古代对经济犯罪采取了法典型和专门型法律相结合的立法方式，并非我们思维定式中的刑民不分。尤其是在社会矛盾激化、出现经济改革的历史时期，我国往往会制定和颁行包含罪状和刑罚的专门型法律。因此，我们不应该将我国古代的立法传统作为如今立法模式创新的障碍，恰恰相反，我国古代对经济犯罪的立法传统就是在法典型和专门型立法中确定具体的罪状和刑罚。同时，我国古代根据经济领域防治经济犯罪的需要的确设置了诸多经济法律规范，然而法律文本之多不代表法治效果之佳。一方面，“文书盈于几阁，典者不能遍睹。是以郡国承用者驳，或罪同而论异。奸吏因缘为市，所欲活则傅生议，所欲陷则予死比，议者咸冤伤之”。王朝盛世而日滋律令，“百有餘万言，奇请它比……自明习者不知所由，欲以晓喻众庶，不亦难乎”。[3] 另一方面，我国古代在经济犯罪上的刑罚的确偏重。因此，我们在借鉴古代立法模式的时候要警惕重刑文化的熏染，强调出礼入刑的转化，并最终实现刑民一体的超越。每览古今法统治道，若合一契，我们更应汲取得失而鉴之。经济违法犯罪法律责任立法一体化正是受到我国自古以来多层次、多维度经济立法模式的启发。

---

〔2〕 参见杨一凡：《中华法系研究中的一个重大误区——“诸法合体、刑民不分”说质疑》，载《中国社会科学》2002年第6期。

〔3〕 《汉书·刑法志》。

我国当代早已经没有"重农抑商"的基本国策,在专业性经济领域制定类罪化的具体刑事法律规范是治理经济犯罪的明智选择。诚如克劳斯·洛克辛在《德国刑法学总论》中所言,"刑法与民法在概念上的明确区别是19世纪法学的重大成就。但在今日,我们认为此项严格区别是一个错误的概念,刑法与民法的再接近实有必要"。

三、我国当代刑事立法经验的提炼

如果说统一的法典是立法技术和部门法律成熟的一个标志,那么由统一再次走向不一样的分散,则是事物发展"否定之否定"的必然规律。受到内在中国社会转型期和外在全球化浪潮的密切影响,经济领域一向是刑法修正案的高度集中地带。但是刑法修正案本身不是刑法规范,它是一种对旧有规范的解释或修改,只有在修正案通过之际才成为刑法典的一部分。1997年《刑法》颁布之后,短短20年里10部刑法修正案不但极大损害了刑法典本身,而且随之而至的司法解释更让刑法整体规范处于支离破碎当中,以至于司法实践当中研究刑法典不如直接阅读司法解释。难怪有学者慨叹,"如此频繁的刑法修改,不但在古今中国刑法立法史上绝无仅有,而且在有据可查的世界刑法立法史上,恐也无出其右"。[4] 以走私罪的沿革为例,1979年《刑法》用3个条文对一般的走私犯罪、重大的走私犯罪和国家工作人员利用职务便利进行走私犯罪作了规定。然而随着走私犯罪日益泛滥,严重阻碍我国经济发展和社会进步,为遏制和惩治走私犯罪活动,1982年全国人常委会通过了《关于严惩严重破坏经济的罪犯的决定》,对重大走私罪作了补充规定,提高了重大走私罪的法定刑,规定法定最高刑可以判处死刑。1987年,全国人大常委会通过新的《海关法》,首次在非刑事法律中规定了走私罪和准走私罪的刑法法律规范。1988年,全国人大常委会又通过《关于惩治走私犯罪的补充规定》,对走私犯罪作了较为全面和系统的规定。1997年《刑法》基本吸收了《海关法》和《关于惩治

---

〔4〕 参见邢馨宇、邱兴隆:《刑法的修改:轨迹、应然与实然——兼及对刑法修正案(八)的评价》,载《法学研究》2011年第2期。

走私犯罪的补充规定》中的法律规范，用 7 个条文将走私罪规定在“破坏社会主义市场经济秩序罪”之中。[5] 在这之后，《刑法修正案(四)》根据现实需要又对走私罪做了新的修改。比如，该修正案在第 152 条中增加 1 款作为第 2 款，“逃避海关监管将境外固体废物、液态废物和气态废物运输进境，情节严重的，处五年以下有期徒刑，并处或者单处罚金；情节特别严重的，处五年以上有期徒刑，并处罚金”，增加了液态废物和气态废物等废物种类；将《刑法》第 155 条修改为，“下列行为，以走私罪论处，依照本节的有关规定处罚：(一)直接向走私人非法收购国家禁止进口物品的，或者直接向走私人非法收购走私进口的其他货物、物品，数额较大的；(二)在内海、领海、界河、界湖运输、收购、贩卖国家禁止进出口物品的，或者运输、收购、贩卖国家限制进出口货物、物品，数额较大，没有合法证明的”，增加了界河、界湖领域的收购行为。然而，走私犯罪的专业性和经济性注定该领域的犯罪仍将会发生重大变化，与其以刑法修正案的方式加以修改，不如恢复在《海关法》规定刑事法律规范的先例，制定共同规定海关走私违法行为民事责任和犯罪行为刑事责任的一体化法律。

四、国外经济犯罪立法模式的借鉴

无论以何种角度观之，大陆法系和英美法系都是当今世界最有影响力的法系，英美国家因为在法治国家建设上起步较早，因而其在经济犯罪的防治上有值得我们借鉴的经验。不同于大陆法系的理性主义和思辨构造，英美法系的特征在于以经验主义和实践理性为指导，主张法官在遵循传统的众多判例法和功利务实的限量制定法中发挥自由裁量权，以法官作为“言出法随”的造法者。英美法系在经济犯罪的规制上多采用单行刑法和附属刑法，并且以附属刑法为主。比如在证券期货犯罪领域，美国采取的是附属刑法的立法模式。1933 年《证券法》、1934 年《证券交易法》、2000 年《商品期货交易现代法》等法律规定了

[5] 丁慕英、单长宗：《中国对有组织犯罪——走私罪和洗钱罪的惩治与防范——国际刑法学协会中国分会的国家报告》，载《法学家》1998 年第 2 期。

诸多类型的证券期货犯罪类型，如挪用保证金的犯罪、虚假陈述的犯罪、侵占财产的犯罪、操纵市场的犯罪、内幕信息犯罪、欺诈客户犯罪、非法从事证券期货犯罪等。2002 年颁行的《索克斯法》又对 1933 年《证券法》、1934 年《证券交易法》进行了大幅度的修改，被认为是 20 世纪 30 年代以来处罚措施最严厉的公司证券法律。该法案创造性地设置了第 404 条法律，要求公司首席执行官和首席财务官必须对财务报告的真实性宣誓；提供不实财务报告的，有可能将被处以 10 年或者 20 年监禁的重刑，并将可并处罚金扩大 10 倍至 2500 万美元。2010 年制定实行的《多德—弗兰克法案》更是旨在打击隐蔽费用、条款滥用等欺骗行为，采取各种手段保护消费者权益，并对以下法律进行了技术性和一致性修正，如 2002 年《索克斯法》、1991 年《银行企业法》、1990 年《犯罪控制法》、1989 年《金融机构改革、复兴与实施法》等。大陆法系的特征在于以系统完备、思辨精深的成文法设定社会成员的权利和义务，主张限制法官自由心证，以法学家作为阐释法律的主要力量，而英美法系则不同。国外刑法典大都是典型的固有刑法，所规定的基本上都是自然犯，违反行政法并应受刑事处罚的行政犯往往存在于附属刑法中。比如大陆法系国家一般把比较传统的金融犯罪规定于刑法典中，对于那些随着金融发展变化而快速变更的金融犯罪则往往规定在单行刑法或附属刑法之中，既维护了刑法典的稳定性，又保证了单行刑法的灵活性和附属刑法的适应性。再如，德国经济犯罪立法体系中有《经济刑法典》和《著作权法》；日本环境犯罪立法体系是实行环境刑法行政化、环境刑法法典化和环境刑法单行法化"三轨"制；荷兰于 1950 年也制定了《经济犯罪法》，既包括经济犯罪行为的实体法与程序法，又包括经济刑事司法组织上的措施，但该法仅仅标明该经济犯罪行为属于经济法规第几款，具体的构成要件和刑罚由相应的经济法规加以规定。它们都是属于典型的以附属刑法来规定经济犯罪具体罪状和刑罚的实例，这样的立法例在大陆法系十分普遍并且取得了不错的反响。也许英美法系对于我国来说具有不可跨越的法统障碍和文化差异，但是大陆法系则让同属大陆法系并大力引进德国刑法学理论的我国难以忽视。大陆法系和英美法系不约而同地让经济犯罪的规制形式跳出刑法典规制的框架立足于专门的单行法律或附属刑法,这不由得我们不加以深思。由于经济犯罪的行政犯属性,我国刑法分则也规定了大量的行政犯,而行政犯都以违反行政管理法律法规为前提,于是出现了大量的"违反……法规""违反……规定"之类的表述。[6] 又加上经济领域的风吹草动和民心变化最容易触动立法者的敏感神经,本着刑法万能论的立场使立法者迷信于快刀斩乱麻式的强力干预,使往往就刑法陷入频繁修改的境地。因而,通过对大陆法系和英美法系经济犯罪刑事立法模式的学习和借鉴,我们有理由改变我国目前的经济犯罪立法模式。

五、我国社会经济发展情势的需要

从本质来看,经济基础决定上层建筑,我国需要改变传统的经济犯罪立法模式是出于我国社会经济发展形势的需要。中国社会尚处于社会主义初级阶段,市场经济制度和商品经济社会还处于不够稳定的变革期,这也是我国自现行刑法全面修订以来便制定10个刑法修正案,使刑法不断修改的社会背景。从历次刑法修正案的内容来看,其修改增加的罪名、罪状和法定刑有很大一部分与经济犯罪相关。作为典型的行政犯,经济犯罪也是统治者根据国家行政管理需要而确立的犯罪。现代社会的法律模式往往根据社会经济情势的变化而不断变动,这就决定了经济犯罪必然会因为经济政策、经济制度和经济要素的变化而产生相应改动。以知识产权的刑法保护为例,知识产权的鲜明时代性意味着知识产权的刑法保护必须合理吸收国际条约中的相关规定,这是知识产权刑法变化的宏观因素。知识产权的二次违法性决定了知识产权的刑法保护必须参照前置性法律的规定,这是知识产权刑法变化的中观因素。知识产权的专业复杂性要求知识产权的刑法保护必须与时俱进地妥善处理知识产权领域的新型情况,这是知识产权刑法变化

〔6〕 张明楷:《刑法分则的解释原理》(第2版),中国人民大学出版社2011年版,第533页。

的微观因素。可以说,知识产权的发展会导致相关法律法规的新调整,知识产权犯罪的现实催生知识产权刑法保护的新需求,而知识产权商品和服务的流通将缔造知识产权国际保护的新趋势,这又将反过来影响知识产权国内法的具体规定,由此循环形成知识产权刑法保护的多种变量。2015 年 10 月 5 日,TPP(Trans-Pacific Partnership Agreement)即跨太平洋伙伴关系协议在历经五年磋商后正式宣告通过。它扩大了知识产权领域的刑法保护范围,缩减了知识产权领域刑事犯罪的构成要件,增加了知识产权领域刑事犯罪的行为类型,明确了知识产权领域刑罚的适用情形,丰富了知识产权领域启动刑事处理的程序。我国对此需要及早作出反应,其最佳策略是在专业性的知识产权法律中建立一体化的法律责任体系。这种立法需求同样会体现在环境犯罪、金融犯罪以及其他经济犯罪当中。总而言之,为了调和刑法典稳定性和适应性的矛盾,多数国家和地区往往只在刑法典中规定一些常见的稳定的犯罪,比如各种自然犯,而将行政犯的规定交给单行刑法与各行业性立法加以规范。我们将所有犯罪都规定在刑法典之中,面对不可阻挡的行政违法行为犯罪化的趋势,刑法典将不可避免陷入频繁修改的破坏刑法稳定性和系统性的命运。而若完全恢复 1997 年刑法全面修订之前的立法模式,在特定领域制定单行刑法虽然可以解决刑法典频繁修改的难题,但是又容易造成整个刑事法律规范破碎化的局面。面对如此两难情形,经济违法犯罪法律责任一体化将是平衡系统化和碎片化、一般化和特殊化的理想选择。

第二节 经济违法犯罪法律责任立法一体化的模型塑造

一、经济犯罪立法中的立法名称

在经济违法犯罪法律责任立法一体化模式中,集成了刑法典、单行刑法和附属刑法中某一经济犯罪刑事法律规范的法律应该如何称呼也是一个问题。从名称的习惯用法来看,我国刑法学界关于制定《经济刑法典》的呼声日益高涨,但是《经济刑法典》这一称谓有些不妥。在我国，刑法典一般是涉及犯罪与刑罚的一般原理和一般原则、犯罪的形式、刑罚的种类、刑法的总则、刑法的分则等内容的总体规范。建立经济违法犯罪法律责任立法一体化是基于自然犯和行政犯的理论将属于行政犯的经济犯罪独立出来，从而制定单独性的有关经济犯罪的刑事法律，主要是就某一经济犯罪作出的专门性法律规定，属于刑法典分则中的一类犯罪，因此不适合以刑法典称呼。从立法的法律角度来看，《立法法》规定此类立法适合以"××法"来命名。2000 年 3 月 15 日，第九届全国人大第三次会议表决通过了《中华人民共和国立法法》(以下简称《立法法》)，并于当年 7 月 1 日起实施。2015 年 3 月 15 日，第十二届全国人大第三次会议表决通过了修改后的《立法法》。该法第 8 条规定："下列事项只能制定法律：(1)国家主权的事项；(2)各级人民代表大会、人民政府、人民法院和人民检察院的产生、组织和职权；(3)民族区域自治制度、特别行政区制度、基层群众自治制度；(4)犯罪和刑罚……"同时，第 9 条规定："本法第 8 条规定的事项尚未制定法律的，全国人民代表大会及其常务委员会有权作出决定，授权国务院可以根据实际需要，对其中的部分事项先制定行政法规，但是有关犯罪和刑罚、对公民政治权利的剥夺和限制人身自由的强制措施和处罚、司法制度等事项除外。"从立法学角度来看，法的名称一般应当包含三要素：一是反映法的效力等级；二是反映法的适用范围；三是反映法的主要内容。因此，我国在经济违法犯罪法律责任一体化当中应该以具体经济犯罪所涉及的对象为名，如《知识产权法》《环境保护法》《公司法》等，或在时机成熟的情况下以单独个罪的法律规制为名称，如《内幕交易防控法》《计算机网络犯罪法》等。

二、经济犯罪立法中的立法主体

刑法是全国人民代表大会制定的权威性法律，涉及公民生杀予夺之大权，地位仅次于一国之根本法《宪法》。我国《宪法》第 62 条规定了全国人民代表大会的职权，其中之一就是"制定和修改刑事、民事、国家机构的和其他的基本法律"；《宪法》第 67 条规定了全国人大常委会的职权，即"制定和修改除应当由全国人民代表大会制定的法律以外的其他法律”,“在全国人民代表大会闭会期间,对全国人民代表大会制定的法律进行部分补充和修改”。2015年的《立法法》第7条规定:“全国人民代表大会和全国人民代表大会常务委员会行使国家立法权。全国人民代表大会制定和修改刑事、民事、国家机构的和其他的基本法律。全国人民代表大会常务委员会制定和修改除应当由全国人民代表大会制定的法律以外的其他法律;在全国人民代表大会闭会期间,对全国人民代表大会制定的法律进行部分补充和修改,但是不得同该法律的基本原则相抵触。”这些规定表明有关刑罚和犯罪方面的法律制定主体应当属于全国人民代表大会及其常务委员会。附属刑法中经济犯罪的罪状和刑罚属于刑事方面的法律,应当由上述国家权力机关制定。同时,《宪法》规定国务院只能“根据宪法和法律规定行政措施,制定行政法规,发布决定和命令”,单纯行政法规所规定的法律后果只能是行政处分与行政处罚,而不能是刑事处罚。所以,国务院制定的行政法规不能包含有关行政犯罪的罪刑规范。那么接下来的问题则是,如何理解全国人民代表大会常务委员会的权限?“全国人民代表大会闭会期间,对全国人民代表大会制定的法律进行部分补充和修改,但是不得同该法律的基本原则相抵触。”那么何为“部分补充和修改”?以刑法修正案为例,《刑法修正案(八)》的出台提出了立法权限的问题。该修正案共涉及条文49条,占到1997年刑法条文的1/10,并且涉及19个刑法总则条文的修改,比如废除死刑、增设社区矫正、提高有期徒刑的最高刑期、调整具体个罪的法定刑,对老年人确立特殊的死刑制度,规定坦白的法定量刑情节等,这都涉及刑法中的罪刑关系,是对刑法典进行的实质性改变,而且这种改变势必会影响公民最基本的人身权利、财产权利等重大法益,因而是一种完整意义上的刑事立法活动。[7] 若是如此程度地大规模修改都可称为“部分补充和修改”,那么全国人民代表大会的立法权就有被架空的风险。同理,在经济违法

---

〔7〕 参见姜涛:《谁之修正——对我国刑法修正案制定权的反思与重构》,载《中国刑事法杂志》2011年第5期。

犯罪法律责任立法一体化的过程中，根据宪法的基本精神和立法法的权限划分，涉及犯罪和刑罚、限制人身自由和剥夺公民基本权利的基本法律的立法主体应是全国人民代表大会。全国人大常委会只能对部分个罪进行罪刑条款的补充和修改，而应避免新罪名的增设或者刑法总则的修改。如此一来，会不会导致立法机关作为刑事法律规范制定者而出现负担过重的情形呢？客观来说，这种立法权限的划分会导致立法机关的任务增多，负担加重，但从另外的角度而言，这也正是立法机关收回相关立法权限并重视立法技术运用的应然要求。

三、经济犯罪立法中的立法内容

经济犯罪立法中的具体内容可以参考我国刑法典中对自然犯的规定，但是需要体现经济犯罪本身的属性和特点。在经济犯罪立法的原则性规定上，经济犯罪需要重视以下几个方面的设置：(1)经济犯罪的主体设置。在市场经济社会，单位在经济生活中起到越来越显著的作用，也出现了越来越众多的单位犯罪。我国在1987年制定的《海关法》中肯定了法人可以成为行政犯(如走私罪)的犯罪主体。该法在第47条第1款、第2款规定走私罪概念，在接下来的第4款规定单位也可成为走私罪的惩罚对象。“企业事业单位、国家机关、社会团体犯本罪的，由司法机关对其主管人员和直接责任人员依法追究刑事责任，对该单位判处罚金，判处没收走私货物、物品、走私运输工具和违法所得。”1997年刑法修订时，在总则部分明确肯定了单位的犯罪能力和受刑资格，根本上解决了行政犯的单位犯罪主体问题。由于目前单位犯罪主要存在于行政犯当中，又因为行政犯和自然犯的不同，因而可以将单位犯罪搬离刑法典，而安置在经济违法犯罪的一体化立法之中。(2)经济犯罪的主观方面设置。各国现行法律对于自然犯一般以惩罚故意行为为原则，以惩罚过失行为为例外，而对行政犯则无论故意或过失行为都加以处罚。有些情况下，立法者甚至设置了绝对责任或严格责任进行处罚。因而需要我们在立法上明确经济犯罪的主观罪过形式。同时，经济犯罪的违法性认识也是主观方面需要考虑的一个因素，自然犯不需要违法性的认识，法律的认识错误一般难以阻却犯罪的成立，而行政犯因为其性质的不同,需要在理论上探讨违法性认识的必要性问题和在实践中建立违法性认识的衡量性机制。(3)经济犯罪的客观方面设置。我国在1997年刑法之前具有制定独立性、专业性的经济犯罪规制法律的经验,比如各种单行刑法和附属刑法中刑事责任的设置。当时的规定显得粗糙,所以我们应该发挥不在刑法典中规定经济犯罪的优势,设置明确的罪状和刑罚,以有利于对罪与非罪,此罪与彼罪的判断。(4)经济犯罪的刑罚设置。由于行政犯和自然犯的不同,我们在考虑刑罚的强度和幅度上应该以形成对行政犯的有效威慑为限度。在行政犯的刑罚上设置轻重有度的"阶梯"性刑罚体系,提倡罚金刑的大量使用、确定适合的自由刑,限制死缓的使用和禁止死刑立即执行的立法。(5)经济犯罪罪名的具体安置。要将具体的经济犯罪迁移到前置性法律法规当中会遇到一个问题,即以何种标准决定将某一罪名安排在某一前置性法律法规当中。以集资诈骗罪为例,它可能发生在公司法领域,也可能出现在证券法领域,因此我们不应以部门法为标准,而是以客观的危害行为为标准来进行罪名的安排。(6)经济犯罪的立法形式。经济违法犯罪法律责任立法一体化并非意味着要在每一部前置性的专业性法律中都设置具体的罪刑结构,比如《著作权法》、《水资源法》或《破产法》等,也可以在适当的时机建立一个相对系统和集成的经济违法犯罪法律,比如《知识产权法》。国际上有各种各样的经济犯罪立法模式。中国也开始对是否构建一部总的知识产权法典展开讨论(包含著作权在内)。以法国和俄罗斯联邦最近所采用的模式为例,1992年《法国知识产权法典》是一部专门的知识产权法典,与此不同,俄罗斯法典则是对既有民法典的补充(位于第四部分),但是由于俄罗斯民法典第四部分仅仅包括有关知识产权的规定,其本身亦可理解为现代知识产权法典。它们的主要区别在于调整著作权法的方法不同。法国知识产权法典保持了著作权法及其内在结构不变,因为著作权法仅受法典第一部分调整,著作权和其他知识产权之间并没有共同规则。[8] 如此安排是因为著作权和工业产权(专利权和商标权)不同,具有强烈的人身权益特征。而俄罗斯则雄心勃勃地企图为各类知识产权(包括著作权)制定"一般性规定"[9],我国应该学习法国的做法,在尊重和吸收经济前置性法律和原先经济犯罪规制经验的基础上建立一体化的立法模式,而非一定要打碎所有原先的经济犯罪规制结构。

四、经济犯罪立法中的立法程序

如其他法律的制定、颁行、修改和废止等一样,经济犯罪的立法程序同样包含各个不同立法阶段的过程。以经济犯罪立法中的制定程序为例,首先,作为基本大法,刑法应由全国人民代表大会负责制定。全国人民代表大会常委会则在全国人民代表大会闭会期间,对其制定的法律进行部分补充和修改,但是不得同该法律的基本原则相抵触。2015 年最新的《立法法》第 29 条对法律制定程序一般规定了"三读":"列入常务委员会会议议程的法律案,一般应当经 3 次常务委员会会议审议后再交付表决。常务委员会会议第 1 次审议法律案,在全体会议上听取提案人的说明,由分组会议进行初步审议。常务委员会会议第 2 次审议法律案,在全体会议上听取法律委员会关于法律草案修改情况和主要问题的汇报,由分组会议进一步审议。常务委员会会议第 3 次审议法律案,在全体会议上听取法律委员会关于法律草案审议结果的报告,由分组会议对法律草案修改稿进行审议。常务委员会审议法律案时,根据需要,可以召开联组会议或者全体会议,对法律草案中的主要问题进行讨论。"《立法法》第 37 条规定:"列入常务委员会会议议程的法律案,应当在常务委员会会议后将法律草案及其起草、修改的说明等向社会公布,征求意见,但是经委员长会议决定不公布的除外。向社会公布征求意见的时间一般不少于三十日。征求意见的情况应当向

---

〔8〕 阿道夫·迪茨:《中国著作权制度:英美模式还是大陆模式?》,载《中国专利与商标》2011 年第 1 期。

〔9〕 See Chapter 69, Articles 1225 through 1254 of Part Four of the Russian Civil Code.

社会通报。”再以经济犯罪立法中的修改程序为例，首先，根据我国《宪法》第67条规定，全国人大常委会对刑法这样的基本法律只有进行部分补充和修改的权力，并且不得同该法律的基本原则相抵触。由于我国《刑法》并未在条文中对部分、基本原则的解释，因此我们要警醒经济违法犯罪法律责任立法一体化是否会出现与刑法基本原则不相协调的问题，即全国人大常委会对刑法的补充修改不能涉及刑法总则的内容，也不得与刑法总则的内容发生冲突与矛盾，且应当受到刑法总则内容的约束。其次，新修改的条文应该尽快确定新的罪名。罪名是刑法条文描述罪状的凝练总结，是对该犯罪的高度概括。在我国，罪名按例由“两高”来正式确定，但是纵观历次刑法修正案修改，罪名往往呈现出严重的滞后性，这样一来，当司法机关需要动用修正案修改后的条文裁判断案时，可能陷入沿用以往罪名不相适宜，拟用新罪名又于法无据的尴尬局面。这样的问题不应该再次在经济违法犯罪一体化立法中出现。再次，即使制定了违法犯罪法律责任一体化的《环境法》《知识产权法》《公司法》之类的法律，仍然要面临新的经济犯罪的立法需求。在修改上述法律之时，要同时注意附属刑法中刑事法律规范的编纂以及修改时该履行的立法程序。《刑法修正案（九）》的修改过程告诉我们，刑法修正案必须要经过“三读”，但是如何理解“三读”却十分重要。因为“三读”是为了最大限度地收集意见和反馈，增加刑事立法的科学性和严肃性，因而所有条款都应该经过“三读”，而非让有些条款在最后“一读”中就直接通过。为了完善立法程序，以后修法时可以对争议较多的条文暂时不予提交表决，待以后研究完善后再做立法，或者将其修改后单独表决通过，或者采用逐条表决通过的方式。〔10〕最后，如何协调全国人大及常委会和国家行政机关的立法权限也是一个必须予以重视的问题。行政法律法规的立法主体是国家的行政机关，在立法层级和立法技术上无法和全国人大及其常委会相提并论。立法主体的多元化和复杂化以及经济法立法权的不完善容易失去对经济违法犯罪法

〔10〕 汪东升：《刑法修改的反思与面向》，载《朝阳法律评论》2015年第2期。

律责任一体化立法的合理控制，因而建议在经济违法犯罪法律责任立法一体化的过程中按照《立法法》的要求，由全国人大及其常委会牵头，统筹安排法律、行政法规的整理和协调工作。

五、经济犯罪立法中的立法技术

立法技术形式多样，应用广泛，体现在经济违法犯罪一体化立法中，我们应该在经济犯罪的犯罪构成上采取以叙明罪状为主，空白罪状为辅的立法技术。在经济犯罪的规定上，我国普遍采取了空白罪状的模式。对于如何看待以空白罪状规定经济犯罪的犯罪构成，我国大致有以下两种意见。有学者认为，空白罪状有违罪刑法定原则的要求，应该采取叙明罪状的方式规定经济犯罪。首先，空白罪状援引了属于非刑法条文的法律规范，缺乏内容上的法定性。其次，经济犯罪的刑法规定中，存在大量的兜底性规定，不符合明确性的要求。最后，经济犯罪中空白罪状的法律解释本身具有不确定性，不同解释主体对空白罪状的解释很有可能完全不同。也有学者认为，空白罪状并不违背罪刑法定原则。首先，空白罪状所援引的相关法律法规本身具有法定刑，为国家按照立法程序所立。其次，大量的兜底性条款是因为刑法本身无法穷尽各种情况，不得不使用规范性的用语。最后，空白罪状在适用的过程中需要法律解释进行明确，以免任意解释空白罪状的含义。[11] 这种争论在国外刑法当中也大量存在，以德国经济刑法为例，“规范性”的概念在德国刑法中俯拾皆是，比如《刑法典》第 264 条资助诈骗罪中规定的“资助”；第 264a 条投资诈骗罪中使用的“有利”的概念；第 265b 条信贷诈骗罪中使用的“有决定性重大意义的说明”等。对此有些学者认为如果“空白”刑法的“空白”由刑法另外一个条款来补充是允许的，但是如果由刑法以外的法律或行政法规来填补则不被允许，因为它们不是真正的犯罪构成。但持异议者认为，“空白刑法规范”将刑法的行为规范交由行政管理机关或其他法律来填补或补充，有刑法的立法机关放弃自己立法职责之嫌。但这种立法方式仍然得到了德国联邦宪

---

〔11〕 程凡卿：《行政刑法立法研究》，法律出版社 2014 年版，第 78 ~ 81 页。

法法院的认可。法院认为这种做法并不违背《德国基本法》第103条第2款规定的法制原则。因为在空白构成的法条规定中,其犯罪构成至少已经说明了被宣布为犯罪的行为是什么,引述其他法律法规的规定只不过是进一步说明和价值评价的需要,空白刑法的违宪性以及随之而来的无效性是不能成立的。[12] 此外,一体化立法还需要解决特别刑法中的行为规范和制裁规范在形式上相互分离的问题。例如,在德国或日本都有特别刑法(比如《日本证券交易法》中惩罚证券内幕交易罪的刑法规定)。这样一来,刑法上的行为规范和经济法上(刑法以外)行为规范之间就会产生以下问题:它们既可能在内容上相同,也可能有部分相异。这时候就产生究竟按照哪一部法律来认定行为规范,即构成要件的问题。[13] 以上问题在刑法典型的立法模式中十分普遍,但是在经济违法犯罪法律责任一体化的立法中,我们应该在经济犯罪犯罪构成的制定上以叙明罪状为主,空白罪状为辅。之所以在刑法典中无法采取叙明罪状,是因为受限于刑法典对法律条文用语的要求和其与前置性法律法规的分离。经济违法犯罪的一体化立法给叙明罪状创造了可能性,同时由于"规范性概念"的不可或缺,空白罪状会成为经济犯罪立法中的辅助手段。

第三节 经济违法犯罪法律责任立法一体化的内在价值

一、经济违法犯罪法律责任一体化的立法价值

经济违法犯罪法律责任一体化有助于在立法上平衡刑法的稳定性和适应性。"价值问题虽然是一个困难的问题,但它是法律科学所不能回避的。即使是最粗糙、最草率的或最反复无常的关系调整或行为安排,在其背后总有对各种互相冲突和互相重叠的利益进行评价的某

---

〔12〕 参见王世洲:《德国经济犯罪与经济刑法研究》,北京大学出版社1999年版,第157~158页。

〔13〕 参见顾肖荣:《论经济刑法中的几个基本问题》,载《法学》2008年第8期。

种准则。"〔14〕经济犯罪的立法模式虽然看上去并不会对经济犯罪的预防和惩治产生立竿见影的作用，但是其奠定的格局和理念会间接决定经济犯罪的司法实践和理论研究。作为重新调整和分配社会利益，制定和修改法律的立法者，理应具备超越具体规范解释和得失的胸襟，在制定实用性、针对性和前瞻性的法律中体现立法者的智慧。我国当前采取的以刑法典为主的经济犯罪立法模式在经济犯罪预防和惩治方面越来越心有余而力不足，以至于必须通过不断修正才能使刑法典不落后于形势。法律的修改本是法律滞后性的自然体现，但是刑法典的频繁修改多少预示着此种立法模式的失败。作为国之重器，刑法典必须要保持足够的稳定性，不然就无法形成公众的相对预期。刑法条文的轻易改动不但有损刑法本身的权威，也让理性的经济人手足无措。面对刑法稳定性的强烈需求时，我们又不得不承认，日新月异的经济犯罪领域又确实无法缺少刑法的有效规制。在这种进退两难的困境中，勇于突破我国现有经济犯罪的立法模式，打破心中陈旧的思想桎梏，尝试经济违法犯罪一体化立法是立法者应该仔细思考的选择。考夫曼认为："法的安定性具有两种意义：(1)透过法律达成的安定性，例如借此达到防止抢夺、谋杀、盗窃、违约的安定性；(2)法律本身的安定性，即其认识可能性、操作可能性与实践可能性的安定。只有当法律本身是安定的，才能透过法律达成安定性。"〔15〕越是以为能不伤及体系的刑法典修改模式，越会牵一发而动全身，无法思虑周全，协调配合。以自然犯和行政犯的理论为基础，经济违法犯罪的一体化立法能够最大程度上平衡刑事法律规范稳定性和适应性的价值追求。"自然犯规定在刑事法律里，行政犯基本存在于刑法以外的法律中，后者数量几乎无例外地绝对超过前者，其优点在于在社会实际生活中，刑事犯的法规变异性小，而行政犯的法规变异性大，相应地修改也比较简便，这就有利于保

---

〔14〕　参见罗斯科·庞德：《通过法律的社会控制》，商务印书馆1984年版，第55页。

〔15〕　[德]阿图尔·考夫曼：《法律哲学》，刘幸义等译，法律出版社2004年版，第276页。

持刑法典的稳定。"[16]通过经济违法犯罪的立法一体化,可以有效降低刑法的修改频率,避免刑法典有朝一日在不停地修改中沦为臃肿庞杂的规则混合体,更有利于坚守刑法的二次规范属性以及提高刑法和其他前置性法律法规的协调性。

二、经济违法犯罪法律责任一体化的司法价值

经济违法犯罪法律责任一体化有助于在司法上增强经济刑法的明确性和应用性。经济违法犯罪法律责任一体化的建设必须站在立法的角度来进行一体化的思考,同时也要立足司法的角度进行类型化的总结。类型化的总结促进一体化的体系规划,一体化的思考引领类型化的应用方向。在经济领域,我国当前的刑事司法实践中不乏出现经济违法行为罪与非罪、此罪与彼罪的判断难题,这既有经济犯罪本身特点的缘故,更源于我国在经济犯罪具体立法上的缺陷。从系统论的角度而言,系统的正常运转取决于系统要素的协调功能的契合。[17]进一步说,系统的良性运转不但要求系统内各要素配置合理、协调,同时也要求各部分(要素)运转正常,各部分(要素)之间运转协调。社会转型和经济改革不应成为刑法条文模糊的理由,作为公民也不应为此付出刑罚上的代价。事实证明,我们希冀法典模式能够统筹兼顾,却往往顾此失彼。如果说刑法典是对犯罪的全面防守,那么具体前置性法律法规就仿佛一个士兵管理一个法律对象,守护一个关口,而经济违法犯罪法律责任立法一体化则像集合了同一个阵地上的所有士兵,按照一定的顺序和阵形来共同守护这个阵地。在经济犯罪的防治战场上,与其全面防守,漏洞百出,不如序列分明,分兵把守。它不必受到刑法典的体系制约、内容制约和程序制约,既可以规定融合了各相关刑事法律规范的专门性法律,又能够灵活地根据现实发展的需要进行刑事法律规范的修改增删,更避免了附属刑法规范和前置性法律散兵游勇式的零散规制。"刑法典分则维护的利益应该是那些对社会来说最重要、最有

---

〔16〕 储槐植:《论刑法现代化》,载《中外法学》2000年第5期。

〔17〕 曾粤兴:《刑法学方法的一般理论》,人民出版社2005年版,第251页。

意义的利益，并且人们还可以从分则条文的排列顺序中，清楚看到刑法保护价值的大小和范围。与此相应，特别刑法所维护的应该是那些局部的社会利益，或者是与社会发展一定阶段的政治经济关系相联系、与特定时期的社会政治目标相联系的利益。"[18] 经济违法犯罪的一体化立法就是针对某一个类罪或某一种个罪，在条件符合的情况下集成制定包含各种责任在内的一体化法律。我们都必须承认司法实践中的定罪并非教科书上标准的三段论，法律工作者面对案件时，往往"目光往返于规范与现实之间"。这是因为"三段论的大前提和小前提往往不表现为既定的因素，而是需要人们去认真探索、发现。在探索的过程中，法学家们从事实出发来寻找恰当的规则，然后又回到案件的具体情况中来检验是否一致"。[19] 在体系化的经济犯罪规制法律中，无论是语义解释还是体系解释，都更能发挥自身功用来有效解决经济犯罪的定罪量刑。

三、经济违法犯罪法律责任一体化的理论价值

经济违法犯罪法律责任一体化有助于在刑法理论上建立立法模式的本土性和创新性。在经济犯罪的立法模式上，不同学者都有自己的不同观点，如上文所述，单单是我国经济犯罪立法模式的方案就呈现目不暇接之感，比如"刑法典和单行刑法说"认为应采取单行刑法和刑法典的方式来规定经济犯罪；"刑法典和附属刑法说"认为要采取以附属刑法规定为主、刑法典规定为辅的"双轨制"经济犯罪立法模式。"经济刑法典说"认为应设立独立的经济刑法典，既可发挥刑法典一般预防的效果，同时又保有附属刑法立法灵活的特性。"刑法典模式"认为应坚持刑法典集中规定的立法模式。在多种立法模式的主张中，学者们分析了经济犯罪的特点，刑法典、单行刑法、附属刑法的优劣，希望实现的价值，由于他们的分析在每个环节都有自己的判断，因而形成了不

---

〔18〕［意］杜里奥·帕多瓦尼：《意大利刑法学原理》（注评版），陈忠林译，中国人民大学出版社 2004 年版，第 11 页。

〔19〕张明楷：《实质解释论的再提倡》，载《中国法学》2010 年第 4 期。

同的结论。经济违法犯罪法律责任的立法一体化参考了他们的看法，但是并没有盲从于其他学者的判断，而是在深入剖析影响经济犯罪立法模式的主要因素之后，得出一个虽然有所争议但是却踏实可靠的立法方案。在一体化立法中，针对特定经济犯罪的一体化立法有单行刑法的影子，但是多了单行刑法不具备的其他责任条款。针对某个经济犯罪类罪的一体化立法类似于经济刑法典的立法模式，但是却未必强求要建立具有普适性和原则性的经济法典体系，因为这样一来，此种经济犯罪立法模式同样会遭遇类似刑法典所遭遇的问题。更可能的是，在经济违法犯罪法律责任一体化中，针对特定经济犯罪的一体化立法往往是针对某个经济犯罪类罪的一体化立法的前奏。在知识经济、科技经济、生态经济发展强劲的时代，立法者面临着立法理念上的冲击和立法技术上的挑战。归根结底，经济违法犯罪一体化立法的创新立足于对经济基础的把握，一体化的立法模式有助于我们区分一般经济违法和严重经济犯罪，当一般经济"违法"符合入罪的条件时，就可以启动入罪化的立法程序，当严重经济"犯罪"不符合入罪的条件时，就可以启动出罪化的立法程序，如此就保证了经济犯罪立法体系的动态平衡。

四、经济违法犯罪法律责任一体化的教学价值

经济违法犯罪法律责任一体化有助于在专业认知上增加法学教育的便利性和交叉性。在我国，承担法学教育任务的法学院虽然开启了众多的实务课程，但是总体来说仍然以"学院派"的教学为主。学生在学校接受系统性的法学教育而非速成式的职业教育本是一件利在长远的好事，但是由于我国学科制度的限制，哪怕在同个一级学科里，学生所接受的法学教育仍然以学科为分野，这就导致了知识上的零碎和孤立。在我国，相对于有些应用性不强的法学专业，刑法学算是一门显学。而从普遍来看，这门显学在讲述经济犯罪时同样没有成功打通刑法和前置性法律的学科藩篱。作为体系化的知识，学科从"混合"到"独立"有利于形成学科内部的纵深发展和学科外部的精益求精。我国自古就有刑事法律盛行的文化，直到清末变法修律，沈家本主持起草的《大清新刑律》才打破两千年传统的诸法合体编纂形式，删除附例及与刑律无关的条文，改为“总则”“分则”两编……成为中国历史上第一部具有近代意义的专门刑法典。[20] 但学科一旦独立就会出现学科意识和学术界限，导致学科间的分道扬镳和壁垒分明。从知识本质上看，漫长的人类历史为秩序和制度的生成提供了肥沃的土壤，“一花开五叶，结果自然成”，[21] 自发的“社会实验”和有意的“制度建构”形成了各种刑事法律规范，但究其本质都是出于惩罚犯罪和保障人权的实际需要。从知识传播上看，福柯关于“权力—知识”的理论有助于我们在包含“规训”和“权力”的“学科”概念框架下分析现代知识生产和传播的体系。刑事法律学科制度界定了刑法知识生产的场域，决定着刑事法律人才的培养和学术职业的样式，[22] 刑法和其他法学学科的“专业槽”由此而生。因此，经济违法犯罪的一体化立法将倒逼法学教育从学科的过度独立性走向专业的相对综合性。它按照经济犯罪的类罪标准建立了融合前置性法律法规和专业性刑事法律规范的新立法体系，由此将会促进研习者对经济犯罪的全面掌握和深刻理解，不再限于刑法学科范围内犯罪构成的表面，而是深入交叉学科间融会贯通的细节。

五、经济违法犯罪法律责任一体化的文化价值

经济违法犯罪法律责任一体化有助于我们重新理解传统文化的合理性和片面性。“大一统”思想是中华文化的核心理念之一，汉武帝时期“罢黜百家，独尊儒术”，“大一统”思想被董仲舒推崇至“天地之常经，古今之通宜”的高度，并成为我国政治文化的核心内容。我国深受“大一统”思想的影响，在中国历史发展中也呈现“大分裂—统一 —中

---

〔20〕 参见陈浩：《百年回眸谁与功——记清末修律大臣沈家本与〈大清新刑律〉》，载《书屋》2005 年第 2 期。

〔21〕 本是形容禅宗的流派众多，在此形容刑事法学科的发展演变。

〔22〕 参见孙运梁：《“权力—学科”规训下刑事法学科的产生、嬗变及其整合——以“权力—学科—知识”理论考察刑法知识形态的尝试》，载《刑事法评论》（第 20 卷），北京大学出版社 2007 年版，第 1 页。

分裂—统一—小分裂—统一”的周期发展律。中国社会分裂的次数越来越少,分裂的程度也越来越低。[23] “大一统”的思想具有十分先进的一面,“它给我们带来一个安详而层次的社会,使我们的国家两千多年来始终维护大一统的局面,不像面积与中国等大的欧洲,一直四分五裂……”[24]同时,我国还有“盛世修书”“盛世修史”的文化传统,汉武帝时有司马迁修《史记》,明成祖时有解缙编纂《永乐大典》,清世宗时期有纪昀编纂《四库全书》,但是“大一统”也有不利的一面,它在求“大”求“全”的同时也意味着百家争鸣的文化现象难以再现。我国正处于国家统一、国力发展的重要时期,更需要注意政治上的大一统不意味着文化上的大一统,更不意味着法律上的大一统。现代意义上的法典法可以说是资产阶级运动的产物,其目标就是想在理性主义光辉的指导下以一部设计巧妙、构造清晰和全面丰富的立法成果来取代源于历史、零散纷乱和漫无头绪的各种法律。法典的追求实质上是理性人对自然理性追求的结果,它反映了人们对自身抽象概括能力的乐观和自信,更体现一种理性主义可知论的认识论。但人的理性存在限度,不管对于何种类型的犯罪都采取大一统的法典立法就是这种限度的表现。我国基于大陆法系的成文法传统和自古以来的大一统思想,法律法典化运动似乎成为我国立法者的本能想法和唯一选择。但是,在重新解读我国大一统的文化内涵和破除立法模式中的刑法典情结后,才会明白治国如治水,面对国家社会中破坏性的“浪潮”,社会治理者应致力于建设一个由伦理、纪律、民事、行政以及刑罚所筑的各层堤坝组合而成的系统工程,通过一道道的闸门控制和分流,从而减少动用最后手段即刑罚制裁的可能性。乱世用重典,此处之乱不仅在于兵荒马乱,也可能在于社会治理之乱,疏于系统建设,只能寄望刑罚,这将逼得刑罚成为社会管理的首选手段,从而形成心理上和制度上的依赖,更加丧

〔23〕 参见陈喜波、韩光辉:《中国古代“大一统”思想的演变及其影响》,载《中共中央党校学报》2005年第3期。

〔24〕 参见李威能:《董仲舒与西汉学术》,文史出版社1987年版,第63页。

失改良社会治理和推动制度创新的动力,法律治理上的恶性循环由此而生。因此,经济违法犯罪法律责任一体化是对法律领域大一统思想的一个反省,与其说这种立法模式分散了刑法典的内容,倒不如说是对刑法典模式的另一种升华。

参考文献

一、著作及译著类

1. [英]休谟:《人性论》,关文运译,商务印书馆 1980 年版。
2. 杨兴培、李翔:《经济犯罪和经济刑法研究》,北京大学出版社 2009 年版。
3. 萨瑟兰:《白领犯罪》,纽约 Drydon 出版社 1949 年版。
4. 王世洲:《德国经济犯罪与经济刑法研究》,北京大学出版社 1999 年版。
5. [日]中山研一等:《经济刑法入门》,日本成文堂 1992 年版。
6. 顾肖荣:《经济刑法总论比较研究》,上海社会科学院出版社 2008 年版。
7. [意]切萨雷·贝卡利亚:《论犯罪与刑罚》,黄风译,北京大学出版社 2008 年版。
8. 小野清一郎:《犯罪构成要件理论》,王泰等译,中国人民公安大学出版社 1991 年版。
9. 刘宪权:《金融犯罪刑法学新论》,上海人民出版社 2014 年版。
10. 张明楷:《法益初论》,中国政法大学出版社 2000 年版。

11. 蔡枢衡:《中国刑法史》,广西人民出版社 1983 年版。
12. 储槐植:《刑事一体化论要》,北京大学出版社 2007 年版。
13. 姜涛:《劳动刑法制度研究》,法律出版社 2012 年版。
14. 亚里士多德:《政治学》,商务印书馆 1965 年版。
15. 苏力:《法治及其本土资源》,中国政法大学出版社 1996 年版。
16. [意] 加罗法洛:《犯罪学》,耿伟等译,中国大百科全书出版社 1996 年版。
17. 张乃根:《西方法哲学史纲》(增补本),中国政法大学出版社 2002 年版。
18. 何勤华:《西方法学史》(第 2 版),中国政法大学出版社 2000 年版。
19. 徐爱国:《西方法律思想史》,北京大学出版社 2002 年版。
20. 郝守才、张亚军、蔡军:《近代西方刑法学派之争》,河南大学出版社 2009 年版。
21. 张明楷:《刑法学》,法律出版社 2011 年版。
22. 邱兴隆、许章润:《刑罚学》,中国政法大学出版社 1999 年版。
23. [意]菲利:《实证派犯罪学》,郭建安译,中国人民公安大学出版社 2004 年版。
24. [法]埃米尔·涂尔干:《社会分工论》,渠东译,三联书店 2000 年版。
25. 何怀宏:《底线伦理》,辽宁人民出版社 1998 年版。
26. 黄明儒:《行政犯比较研究——以行政犯的立法与性质为视点》,法律出版社 2004 年版。
27. [德]安塞尔姆·冯·费尔巴哈、C. J. A. 米特迈尔:《德国刑法教科书》,徐久生译,中国方正出版社 2010 年版。
28. [日]大塚仁:《刑法概说(总论)》(第 3 版),冯军译,中国人民大学出版社 2003 年版。
29. 林山田:《社会问题与法治现状》,台湾三民书局 1982 年版。
30. 李贵连:《沈家本传》,法律出版社 2000 年版。
31. 黄河:《行政刑法比较研究》,中国方正出版社 2001 年版。
32. 程凡卿:《行政刑法立法研究》,法律出版社 2014 年版。
33. 刘艳红、周佑勇:《行政刑法的一般理论》,北京大学出版社 2008 年版。
34. 李晓明:《行政刑法学》,群众出版社 2005 年版。
35. [日]福田平:《行政刑法》,有斐阁 1978 年版。
36. [日]福田平:《行政刑法(新版)》(日文版),有斐阁 1987 年版。

37. 马克昌:《比较刑法原理》,武汉大学出版社 2002 年版。
38. [法]卢梭:《社会契约论》,何兆武译,商务印书馆 1980 年版。
39. [日]田中二郎:《行政法总论》,有斐阁 1979 年版。
40. 屈学武:《金融刑法学研究》,中国检察出版社 2004 年版。
41. 张晋藩:《中华法制文明的演进》,法律出版社 2010 年版。
42. 刘海年:《中国古代经济法制之研究》,载《南京大学法律评论》1996 年秋季号。
43. 秦醒民:《金融犯罪的惩治与预防》,中国检察出版社 1996 年版。
44. 蒋晓伟:《中国经济法制史》,知识出版社 1994 年版。
45. 胡启忠:《金融犯罪论》,西南财经大学出版社 2001 年版。
46. 沈家本:《历代刑法考》(上册),商务印书馆 2011 年版。
47. 马克思、恩格斯:《马克思恩格斯选集》(第 1 卷),人民出版社 1972 年版。
48. 张晋藩:《中国法律的传统与近代的转型》,法律出版社 1997 年版。
49. 亨利·梅因:《古代法》,商务印书馆(北京)1959 年版。
50. 陈晏清:《马克思主义哲学纲要》,中央广播电视大学出版社 1983 年版。
51. [意]恩里科·菲利:《犯罪社会学》,郭建安译,中国人民公安大学出版社 1990 年版。
52. 任强:《知识、信仰与超越——儒家礼法思想解读》,北京大学出版社 2009 年版。
53. 赵秉志、李山河:《环境犯罪及其立法完善研究——从比较法的角度》(第 1 版),北京师范大学出版社 2011 年版。
54. 赵秉志、杜澎、王秀梅:《环境犯罪比较研究》,法律出版社 2003 年版。
55. 刘仁文:《环境资源保护与环境资源犯罪》,中信出版社 2004 年版。
56. 李希慧、董文辉、李冠煜:《环境犯罪研究》(第 1 版),知识产权出版社 2013 年版。
57. 吴汉东、胡开忠:《无形财产权制度研究》,法律出版社 2001 年版。
58. 刘科:《中国知识产权刑法保护国家化研究》,中国人民公安大学出版社 2009 年版。
59. [澳]布拉德·谢尔曼、[英]莱昂内尔·本特利:《现代知识产权法的演进——英国的历程》,金海军译,北京大学出版社 2012 年版。
60. 孙南申等:《美国知识产权法律制度研究》,法律出版社 2012 年版。

61. 王志广:《中国知识产权刑事保护研究(理论卷)》,中国人民公安大学出版社 2007 年版。
62. [英] 麦克·巴克尔、约翰·汤姆斯:《英国金融体系:理论与实践》,陈敏强译,中国金融出版社 2005 年版。
63. 郑顺炎:《证券内幕交易规制的本土化研究》,北京大学出版社 2002 年版。
64. 郭建安、张桂荣:《环境犯罪与环境刑法》,群众出版社 2006 年版。
65. [日]大谷实:《刑法总论》,中国人民大学出版社 2008 年版。
66. 范长军:《德国专利法研究》,科学出版社 2012 年版。
67. 李龙:《日本知识产权法律制度》,知识产权出版社 2012 年版。
68. 许久生、庄敬华译:《德国刑法典》,中国法制出版社 2000 年版。
69. [日] 西原春夫:《日本刑法与中国刑法的本质区别》,载《刑法评论(7)》,法律出版社 2005 年版。
70. 张明楷译:《日本刑法典》,法律出版社 2006 年版。
71. 刘宪权、吴允锋:《侵犯知识产权犯罪理论与实务》,北京大学出版社 2007 年版。
72. 胡启忠:《金融刑法适用论》,中国检察出版社 2003 年版。
73. 人民出版社:《中华人民共和国第五届全国人民代表大会第一次会议文件》,人民出版社 1978 年版。
74. 高铭暄、赵秉志:《中国刑法立法之演进》,法律出版社 2007 年版。
75. 高铭暄:《中华人民共和国刑法的孕育诞生和发展完善》,北京大学出版社 2012 年版。
76. 王迁:《网络环境中的著作权保护研究》,法律出版社 2013 年。
77. 张明楷:《刑法分则的解释原理》(第 2 版),中国人民大学出版社 2011 年版。
78. 罗斯科·庞德:《通过法律的社会控制》,商务印书馆 1984 年版。
79. [德]阿图尔·考夫曼:《法律哲学》,刘幸义等译,法律出版社 2004 年版。
80. 曾粤兴:《刑法学方法的一般理论》,人民出版社 2005 年版。
81. [意]杜里奥·帕多瓦尼:《意大利刑法学原理》(注评版),陈忠林译,中国人民大学出版社 2004 年版。
82. 李威能:《董仲舒与西汉学术》,文史出版社 1987 年版。
83. 郑旭江:《论恶意透支型信用卡诈骗罪应独立成罪》,载《刑法学研究》,上海人民出版社 2014 年版。

二、编著类

1. 周密主编:《美国经济犯罪和经济刑法研究》,北京大学出版社 1993 年版。
2. 张明楷主编:《行政刑法概论》,中国政法大学出版社 1991 年版。
3. 张晋藩主编:《中国法制史》,中国政法大学出版社 2007 年版。
4. 陈兴良主编:《经济犯罪学》,中国社会科学出版社 1990 年版。
5. 王世洲主编:《关于著作权刑法的世界报告》(第 1 版),中国人民公安大学出版社 2008 年版。
6. 赵秉志主编:《新千年刑法热点问题研究与适用》(下),中国检察出版社 2001 年版。
7. 高铭暄、赵秉志主编:《新中国刑法立法文献资料总览》(上册),中国人民公安大学出版社 1988 年版。

三、杂志类

1. 肖中华:《集中是发展方向　散在为存在形态——论经济犯罪立法模式之抉择》,载《法治研究》2010 年第 5 期。
2. 刘军:《我国经济犯罪的立法模式探析》,载《河南省政法管理干部学院学报》2008 年第 5 期。
3. 王利宾:《经济犯罪规范化防控研究》,载《刑法论丛》(第 4 卷),2011 年版。
4. 杨兴培:《中国刑法领域"法益理论"的深度思考及商榷》,载《法学》2015 年第 9 期。
5. 顾肖荣:《中日经济犯罪概念和范围的演进》,载《东方法学》2008 年第 1 期。
6. 杜宇:《再论经济犯罪的概念》,载《学术交流》2003 年第 10 期。
7. 冯天瑜:《经济辨析(上)》,载《湖北经济学院学报》2005 年第 6 期。
8. 王牧:《犯罪概念:刑法之内与刑法之外》,载《法学研究》2007 年第 2 期。
9. 刘宪权:《自贸区建设中刑法适用不可回避的"四大关系"》,载《政法论坛》2014 年第 5 期。
10. 郑旭江:《互联网金融的法律分析》,载《西华大学学报》(哲学社会科学版)2014 年第 6 期。
11. 陈兴良:《社会危害性理论——一个反思性检讨》,载《法学研究》2000 年第 1 期。

12. [意]艾米利·多切尼:《意大利法律制度中的犯罪:概念及其体系论》,吴沈括译,载《清华法学》2016 年第 1 期。
13. 张明楷:《从生活事实中发现法》,载《法律适用》2004 年第 6 期。
14. 于志刚:《从业禁止制度的定位与资格限制、剥夺制度的体系化——以〈刑法修正案(九)〉从业禁止制度的规范解读为切入点》,载《法学评论》2016 年第 1 期。
15. 杨兴培:《刑民交叉案件的类型分析和破解方法》,载《东方法学》2014 年第 4 期。
16. 晋龙涛:《对中国古代有无经济法的几点思考》,载《经济研究导刊》2014 年第 32 期。
17. 张德军:《刑法规制危害食品安全犯罪的系统论思考》,载《中州学刊》2015 年第 1 期。
18. 杨兴培:《刑民交叉案件中"先刑观念"的反思与批评》,载《法治研究》2014 年第 9 期。
19. 叶传星:《论设定法律责任的一般原则》,载《法律科学》1999 年第 2 期。
20. 麻锐:《论我国经济犯罪法律责任制度体系的构建》,载《法学杂志》2014 年第 11 期。
21. 胡玉鸿:《韦伯的"理想类型" 及其法学方法论意义——兼论法学中"类型"的建构》,载《广西师范大学学报》(哲学社会科学版)2003 年第 2 期。
22. 杜宇:《刑法学上"类型观"的生成与展开:以构成要件理论的发展为脉络》,载《复旦学报》2010 年第 5 期。
23. 张文、马家福:《我国刑事科学的学科结构研究》,载《北京大学学报》(哲社版)2003 年第 5 期。
24. 贾凌:《刑事一体化问题研究述评》,载《刑法论丛》(第 4 卷),2009 年版。
25. 储槐植、闫雨:《刑事一体化践行》,载《中国法学》2013 年第 2 期。
26. 柳忠卫:《刑法立法模式的刑事政策考察》,载《现代法学》2010 年第 3 期。
27. 杨兴培:《经济犯罪的刑事立法模式研究》,载《政治与法律》2006 年第 2 期。
28. 唐稷尧:《论我国经济犯罪的立法模式选择——兼谈空白罪状内涵的解释与补充》,载《四川师范大学学报》(社会科学版)2006 年第 6 期。
29. 罗国强:《西方自然法思想的流变》,载《国外社会科学》2008 年第 3 期。

30. 张文、杜宇:《自然犯、法定犯分类的理论反思——以正当性为基点的展开》,载《法学评论》2002 年第 6 期。
31. 郑旭江、杨兴培:《论犯罪学与刑法学的相互关系和互补共进》,载《青少年犯罪问题》2014 年第 3 期。
32. 米传勇:《阅读加罗法洛——以自然犯、法定犯理论为中心》,载《刑事法评论》2009 年第 1 期。
33. 姜涛:《行政犯与二元化犯罪模式》,载《中国刑事法杂志》2010 年第 12 期。
34. 张晋藩:《清代律学兴起缘由探析》,载《中国法学》2011 年第 4 期。
35. 李秀清:《〈大清违警律〉移植外国法评析》,载《犯罪研究》2002 年第 3 期。
36. 杨兴培、郑旭江:《两大法系刑法学之差异对中国的影响及我们的发展趋势》,载《苏州大学学报》(法学版)2014 年第 4 期。
37. 卢建平:《论行政刑法的性质》,载《浙江大学学报》(社会科学版)1993 年第 3 期。
38. 张明楷:《行政刑法辨析》,载《中国社会科学》1995 年第 3 期。
39. 郭润生、刘东生:《行政刑罚基本问题初探》,载《山西大学学报》(哲学社会科学版)1998 年第 3 期。
40. [日]秋山哲治:《"自然犯—法定犯"与"刑事犯—行政犯"的概念》(第 4 卷),载日本《刑法杂志》第 2 号。
41. 若然:《中国古代商品经济法律思想论辩考评》,载《烟台大学学报》(哲学社会科学版)1988 年第 8 期。
42. 窦炎国:《〈盐铁论〉中两种对立的经济伦理观》,载《齐鲁学刊》2006 年第 6 期。
43. 宋四辈:《中国古代刑法典的编纂体例和结构特点——兼论中国传统刑法文化的作用和影响》,载《郑州大学学报》2003 年第 4 期。
44. 杨一凡:《中华法系研究中的一个重大误区——"诸法合体、刑民不分"说质疑》,载《中国社会科学》2002 年第 6 期。
45. 张晋藩:《中国古代的法律体系与法典体例》,载《政法论坛》2001 年第 3 期。
46. 劳东燕:《风险社会与变动中的刑法理论》,载《中外法学》2014 年第 1 期。
47. 车浩:《刑事立法的法教义学反思——基于〈刑法修正案(九)的分析〉》,载《法学》2015 年第 10 期。

48. 杨兴培:《刑法实质解释论与形式解释论的透析和批评》,载《法学家》2013 年第 1 期。
49. 杨鹏、章文丹:《有限刑民一体观》,载《中国检察官》2013 年第 8 期。
50. 吴彤:《两种“地方性知识”——兼评吉尔兹和劳斯的观点》,载《自然辩证法研究》2007 年第 11 期。
51. 付立忠:《环境犯罪新论》,载《法律科学》1995 年第 2 期。
52. 王俊:《环境犯罪概念的刑法展开》,载《云南大学学报》(法学版)2006 年第 6 期。
53. 朱弘:《论环境的刑法保护》,载《法学》1996 年第 9 期。
54. 贾学胜:《美国对环境犯罪的刑法规制及其启示》,载《暨南学报》(人文社科版)2014 年第 4 期。
55. 曾睿:《20 世纪六七十年代美国水污染控制的法治经验及启示》,载《重庆交通大学学报》(社会科学版)2014 年第 6 期。
56. 徐红菊:《英国国家知识产权战略于我国立法的价值》,载《社会科学辑刊》2015 年第 3 期。
57. 胡启忠:《论金融犯罪的立法模式——金融犯罪立法研究》,载《西南民族学院学报》2002 年第 5 期。
58. 王吉春:《环境刑法立法模式比较研究》,载《福建法学》2014 年第 4 期。
59. 张小宁:《刑法谦抑主义与规制缓和——以日本金融犯罪的规制为鉴》,载《山东社会科学》2015 年第 6 期。
60. 蔡雪冰、谭静蓉:《论我国环境刑法立法体例问题》,载《时代法学》2014 年第 1 期。
61. 曾粤兴、张勇:《论我国环境刑法与环境行政法之间的协调与衔接》,载《河南财经政法大学学报》2013 年第 6 期。
62. 朱继良、雷东生:《对侵犯著作权犯罪的探讨》,载《法学评论》1995 年第 3 期。
63. 向开柱、李国如:《侵犯著作权犯罪的罪名确定和犯罪构成特征新论》,载《郑州大学学报》(哲社版)1996 年第 1 期。
64. 李秀清:《新中国刑事立法移植苏联模式考》,载《法学评论》2002 年第 6 期。
65. 张学兵:《当代中国史上投机倒把罪的兴废——以经济体制的变迁为视

角》，载《中共党史研究》2011 年第 5 期。
66. 赵秉志：《当代中国刑法法典化研究》，载《法学研究》2014 年第 6 期。
67. 赵秉志：《积极促进刑法立法的改革与完善——纪念 97 刑法典颁行 10 周年感言》，载《法学》2007 年第 9 期。
68. 王安异：《我国经济刑法的立法根据质疑》，载《中国刑事法杂志》2011 年第 3 期。
69. 庄乾龙：《从刑法修正案看经济刑法立法走向》，载《研究生法学》2012 年第 2 期。
70. 杨兴培：《刑法修正案九的得与失》，载《检察风云》2015 年第 20 期。
71. 赵秉志、袁彬：《刑法与相关部门法关系的调适》，载《法学》2013 年第 9 期。
72. 许其勇：《论经济犯罪的刑民一体化模式——从著作权犯罪切入》，载《福建警察学院学报》2012 年第 1 期。
73. 李怀胜：《论多元化刑事立法模式的建构及方向》，载《山东大学法律评论》2010 年第 00 期。
74. 吴情树：《〈食品安全法〉中刑事责任条款的设定》，载《重庆工商大学学报》2008 年第 6 期。
75. 郝守才：《附属刑法立法模式的比较与优化》，载《现代法学》1996 年第 4 期。
76. 郭泽强：《从立法技术层面看刑法修正案》，载《法学》2011 年第 4 期。
77. 赵秉志、王俊平：《改革开放三十年的我国刑法立法》，载《河北法学》2008 年第 11 期。
78. 方潇：《“法典”意向变迁考——以中国语境为核心》，载《比较法研究》2005 年第 2 期。
79. 邢馨宇、邱兴隆：《刑法的修改：轨迹、应然与实然——兼及对刑法修正案(八)的评价》，载《法学研究》2011 年第 2 期。
80. 丁慕英、单长宗：《中国对有组织犯罪——走私罪和洗钱罪的惩治与防范——国际刑法学协会中国分会的国家报告》，载《法学家》1998 年第 2 期。
81. 姜涛：《谁之修正——对我国刑法修正案制定权的反思与重构》，载《中国刑事法杂志》2011 年第 5 期。
82. 阿道夫·迪茨：《中国著作权制度：英美模式还是大陆模式?》，载《中国专利与商标》2011 年第 1 期。
83. 汪东升:《刑法修改的反思与面向》,载《朝阳法律评论》2015 年第 2 期。
84. 顾肖荣:《论经济刑法中的几个基本问题》,载《法学》2008 年第 8 期。
85. 储槐植:《论刑法现代化》,载《中外法学》2000 年第 5 期。
86. 张明楷:《实质解释论的再提倡》,载《中国法学》2010 年第 4 期。
87. 陈浩:《百年回眸谁与功——记清末修律大臣沈家本与〈大清新刑律〉》,载《书屋》2005 年第 2 期。
88. 孙运梁:《“权力—学科”规训下刑事法学科的产生、嬗变及其整合——以“权力—学科—知识”理论考察刑法知识形态的尝试》(第 20 卷),载《刑事法评论》,北京大学出版社 2007 年版。
89. 陈喜波、韩光辉:《中国古代“大一统”思想的演变及其影响》,载《中共中央党校学报》2005 年第 3 期。

四、学位论文类

1. 王奇冕:《托马斯. 阿奎纳〈神学大全〉自然法思想探究》,清华大学 2012 年硕士学位论文。
2. 王磊:《论刑事犯与行政犯》,山东大学 2007 年硕士学位论文。
3. 宋筱琦:《英国证券内幕交易的规制及其对中国的借鉴》,华东政法大学 2005 年硕士学位论文。
4. 卢勤忠:《中国金融刑法改革研究》,华东政法学院 2004 年博士学位论文。

五、古籍类

1.《论语》
2.《孟子》
3.《唐六典》
4.《唐律疏议》
5.《宋刑统》
6.《大清会典事例》
7.《国语 · 晋语四》
8.《汉书 · 任敖传》
9.《大明律 · 工律》

10.《汉书・食货志》
11.《宋史・食货志》
12.《清圣祖实录》
13.《问刑条例》
14.《大清律例》
15.《清世宗实录》
16.《礼记・曲礼》
17.《汉书・刑法志》

六、报纸类

1. 刘建:《建构独立的金融刑法学》,载《检察日报》2007 年 3 月 23 日,第 003 版。
2. 游伟:《经济犯罪立法模式新论》,载《检察日报》2010 年 2 月 5 日,第 003 版。

七、网站类

1. 习宜豪、梁嘉莹、单文晴:《"大学生掏鸟重判"的刑罚尺度》,http://www.infzm.com/content/113662,最后访问日期:2016 年 1 月 3 日。
2. FBI 官方网站:https://www.fbi.gov/about - us/investigate/white_collar,最后访问日期:2015 年 12 月 30 日。

八、外文论著类

1. Bryan A. Garner, Black's Law Dictionary, West Press, 2009.
2. Harrison, Karen and Nicholas Ryder, *The Law Relating to Financial Crime in the United Kingdom*. Ashgate Publishing, Ltd., 2013.

九、外文论文类

1. Mann K., "*Punitive Civil Sanctions: The Middleground between Criminal and Civil Law*", Yale Law Journal, 1992, pp. 1795 – 1873.
2. Baer M. H., "*Choosing Punishment*", Boston University Law Review 2, 2012, p. 92.
3. Kadish S. H., "*Some Observations on the Use of Criminal Sanctions in Enfor-*

cing Economic Regulations" ,The University of Chicago Law Review 30,1963, pp. 423 – 449.

4. Coffee Jr J. C. ,"*Does Unlawful Mean Criminal:Reflections on the Disappearing Tort/crime Distinction in American Law*" ,BUL Rev. 71,1991,p. 193.
5. Sayer F. B. ,"Public Welfare Offenses" ,Columbia Law Review 33,1993.
6. Robinson P. H. ,"*The Rise and Fall and Resurrection of American Criminal Codes*" ,Public Law Research,2014,pp. 14 – 38.
7. Robinson P. H. ,"*Cahill M. T. Accelerating Degradation of American Criminal Codes*" ,The Hastings LJ,2004,pp. 56 – 633.

后　记

人间路，快乐少年郎。在落下书稿的最后一字时，还记得当初开始写作时的迷茫。从博二出国前的初拟题目，到国外图书馆里的查找资料，再到回国后的题目修改、框架定型和集中写作，每一天的时间很飞快，每一日的时光很漫长。常常刚坐下去晨光熹微，一抬头却东方渐白。夜深人静读心语，旭日东升观云霞。每每在长时间的孤独写作中产生恍如隔世之感，惊讶自己竟然已经博士毕业，开始新的人生阶段了。回望来路，少时父母远游，独自待家，既无玩伴，更少娱乐，唯一的消遣便是看书写字。故事会，武侠书，科幻世界加知音，但凡有字的都不放过，囫囵吞枣饥不择食竟也渐渐在书中找到自娱自乐的小欢乐和大自在，真是不知“老之将至”的少年时代啊！即使蜗居在世界的角落，却也享受寂寞的欢愉。

然而，红尘里美梦有多少方向，在每一个人生的十字路口，都一直懵懵懂懂地在读书的“不归路”上越走越远。还记得硕士毕业准备考博时，恩师问我为什么要放弃好律所来读博？我期期艾艾，想了想也编不出什么伟光正的理由。毕竟世事难料,难保读博不是赌博,最后答曰:“小时候就想在三十岁之前写本书,觉得这是一个要完成的心愿……”是啊,这也许就是世间因果,对文字的亲切、对知识的好奇早在很多年前就已经种下,所谓命运,就是无数选择中所包含的必然和规律吧。站在又一个路口回望,转眼法学已十年,个中消息也寻常,世人欲问何处往?只是江南读书郎。曾经的年少轻狂、不知高低也慢慢被时间磨平,在生活面前“三十而立”的我也赶紧找地方安身立命。面对不同地域的不同就业选择,我在不断地扪心自问中找到自己真正的热爱。它不以一时的待遇条件为转移,更不会受到周围声音的影响,唯有如此才能足够坚定地一往无前直至终点。

人生里梦比路长,我们总要学会在那崎岖中看阳光。激烈的就业环境下四处奔走,艰难的论文写作中头痛恶心,然而依然要感谢生活能够提供我努力拼搏的机会,更要借此机会感恩生命中出现的很多贵人。感恩我的恩师杨兴培教授,不嫌我愚笨疏懒并提供给我宝贵的平台去攻读硕士和博士,无论在论文的写作和发表,游学的建议和帮助,工作的推荐和指导等方方面面都给了我极大的帮助。恩师关心法治又淡泊名利,专精学术又平易近人,“新时代自由信者”的箴言和追求让我常怀莫名的感动。师长恩情,非寥寥文字可以言表,唯有努力,才能稍报师长培育之情。感恩邵军老师、刘宪权老师、孙万怀老师、卢勤忠老师、郑伟老师、何萍老师、李翔老师、薛进展老师、沈亮老师、毛玲玲老师等人的教导和关心,在平常的课堂、讲座和生活中常常受益良多,正所谓“桃李不言,下自成蹊”。感恩虽然不常见面但却一直在远方关照帮助我的林叔叔,没有你的影响就不会有今日走上法学道路的我。感恩德克萨斯奥斯汀法学院的 Bintliff 教授和 Laurin 教授,诚挚邀请我成为法学院的访问学者。感恩国家留学基金委和上海市教委的领导和专家,为我提供了公派留学的财政资助。感恩赵运锋教授、高永明教授、李云波教授的推荐和帮助,在回国之前一直都没有机会当面致谢。感恩我的大学班主任肖艳红教授,虽然相隔千里却仍然关心我的学业,无论是词典还是好书的分享,都一如既往地用她的博学勤勉给予我胜过言传的鼓励。感恩浙江理工大学王健院长对我的赏识，使我能够得以实现在家乡大学从事教育的心愿。感恩于世忠院长对我的认可和厚爱，虽然没有成行，但是这份知遇之恩永藏心头。感恩我的辅导员缪老师，在我因为在外地面试而错过上海市优秀毕业生申请的时候主动提醒我并不辞辛苦地帮我提交表格。感恩我亲爱又给力的吴沈括师兄、周啸天师兄、詹巍师兄、李振林师兄、刘杨东师兄、李建星师兄、林慧师姐、龙敏师姐、邓淑娅师姐等师兄师姐，你们对我的帮助一直长留在我的心中。感恩刑法学专业的同学，万、熊、胡、林、李、金、陈，很荣幸能与你们一起成为同一个战壕的"战友"。感恩我博士班的同学，无论是身为班委的同事，还是同住一个屋檐的邻居，或者难得见面的在职博士，你们的才情、坚持和追求教会了我很多。最后我想感恩我的父亲、母亲、爷爷和奶奶，你们一直以来对我的要求就只有健康快乐。独行千里，亲人担忧，你们的付出如静水深流，常年在外的我让你们担心了。

百川东到海，光阴不复还，已识乾坤大，犹怜草木青。想起小时候住在爷爷奶奶、外公外婆家的日子，当时夕阳的温度仿佛仍然留在身上，如今门口亲植的樟树却已绿树成荫……在深夜静思的此刻，愿以除夕夜的一首"打油诗"来自勉："除夕夜里忆何夕，曾经年少求真经。曳尾涂中不足羡，乘风破浪会有期。稼轩难忘北归路，苏子不吝向南行。天高水阔终有尽，一身安处唯一心。"

2017 年 6 月 12 日

于杭州下沙高教园区

图书在版编目(CIP)数据

经济违法犯罪法律责任立法一体化研究 / 郑旭江著
. -- 北京 : 法律出版社, 2018
ISBN 978 - 7 - 5197 - 1970 - 8

Ⅰ. ①经… Ⅱ. ①郑… Ⅲ. ①经济犯罪 - 法律责任 - 立法 - 研究 - 中国 Ⅳ. ①D924.334

中国版本图书馆 CIP 数据核字(2018)第 020858 号

经济违法犯罪法律责任立法一体化研究
JINGJI WEIFA FANZUI FALÜ ZEREN LIFA YITIHUA YANJIU

郑旭江 著

责任编辑 刘 琳
装帧设计 凌点工作室

编辑统筹 法律教育出版分社
出版 法律出版社
总发行 中国法律图书有限公司
经销 新华书店
印刷 北京京华虎彩印刷有限公司
责任印制 沙 磊
开本 A5
印张 7.25
字数 188 千
版本 2018 年 1 月第 1 版
印次 2018 年 1 月第 1 次印刷

法律出版社/北京市丰台区莲花池西里 7 号(100073)
网址/www.lawpress.com.cn
投稿邮箱/info@lawpress.com.cn
举报维权邮箱/jbwq@lawpress.com.cn
销售热线/010 - 63939792
咨询电话/010 - 63939796

中国法律图书有限公司/北京市丰台区莲花池西里 7 号(100073)
全国各地中法图分、子公司销售电话:
统一销售客服/400 - 660 - 6393
第一法律书店/010 - 63939781/9782 西安分公司/029 - 85330678 重庆分公司/023 - 67453036
上海分公司/021 - 62071639/1636 深圳分公司/0755 - 83072995

书号:ISBN 978 - 7 - 5197 - 1970 - 8 **定价**:22.00 元
(如有缺页或倒装,中国法律图书有限公司负责退换)